保险机构投资者
与资本市场稳定研究

———— 何 娜 ○ 著 ————

西南财经大学出版社
Southwestern University of Finance & Economics Press

中国·成都

图书在版编目(CIP)数据

保险机构投资者与资本市场稳定研究/何娜著.

成都:西南财经大学出版社,2024.8. --ISBN 978-7-5504-6322-6

Ⅰ.F842.4

中国国家版本馆 CIP 数据核字第 2024S2K133 号

保险机构投资者与资本市场稳定研究
BAOXIAN JIGOU TOUZIZHE YU ZIBEN SHICHANG WENDING YANJIU

何 娜 著

责任编辑:孙 婧
助理编辑:程 兰
责任校对:陈子豪
封面设计:何东琳设计工作室
责任印制:朱曼丽

出版发行	西南财经大学出版社(四川省成都市光华村街 55 号)
网 址	http://cbs.swufe.edu.cn
电子邮件	bookcj@swufe.edu.cn
邮政编码	610074
电 话	028-87353785
照 排	四川胜翔数码印务设计有限公司
印 刷	成都金龙印务有限责任公司
成品尺寸	170 mm×240 mm
印 张	16.5
字 数	279 千字
版 次	2024 年 8 月第 1 版
印 次	2024 年 8 月第 1 次印刷
书 号	ISBN 978-7-5504-6322-6
定 价	78.00 元

前　言

　　坚持把防控风险作为金融工作的永恒主题。资本市场的持续稳定发展，一是需要有长期稳定的资金来源，二是需要有健康、众多的机构投资者。保险公司作为我国资本市场上第二大长期机构投资者，认识并引导保险机构投资者扮演上市公司"积极监督者"角色，既是保险资金运用领域防范系统性风险，维护国家金融安全的具体要求，也是推动我国保险业服务实体经济的现实需要。

　　本书借鉴现有文献，在总结保险机构投资者权益投资特点的基础上，对保险机构投资者持股、实地调研的信息治理效应进行了实证分析，以验证保险机构投资者对资本市场起到的稳定作用。

　　其一，从保险机构投资者的投资风格出发，研究发现保险公司权益投资存在的"本地偏好"，是否源于熟悉本地的认知偏误，这对我们深入理解机构投资者特别是保险机构投资者的行为、提高相关政策部门的监管能力以及提升保险资金投资的投资绩效都具有一定的参考价值。

　　其二，本书利用深圳证券交易所上市公司年报和"互动易"网站公开披露的保险类机构投资者调研信息，探讨保险机构投资者实地调研是否能对自身投资收益产生影响。研究发现随着保险机构投资者实地调研强度的提升，保险机构投资者的净投资收益率和综合投资收益率不断提高。这表明保险机构投资者的实地调研行为通过信息传递作用和股东积极行为这两种途径，能够显著提升自身的投资收益。

　　其三，本书探讨保险机构投资者实地调研能否通过与经理人私下沟通，对公司信息披露行为发挥治理效应。研究发现保险机构投资者实地调研显著改善了被调研公司的信息披露质量，具体表现为降低被调研公司的应计盈余管理水平和真实盈余管理水平。这对引导保险资金服务实体经济以及改善微观企业信息披露质量，以及对于最大限度地发挥证券市场的资源配置功能具有重要意义。

其四，本书将研究视角从信息提供者的信息披露行为拓展到信息使用者的投资决策上，本书进一步分析了保险机构投资者实地调研通过吸引投资者注意力，形成"眼球效应"并提升公司股票流动性。研究发现保险机构投资者实地调研能促使股票价格包含更多上市公司价值的信息，降低股票流动性成本，增强股票流动性，即保险机构投资者实地调研提高了公司股票信息效率，而不是导致逆向选择问题。

其五，本书将视角从信息提供者和使用者转换到资本市场的定价效率上，基于宏观资本市场信息效率是由微观企业价格效率构成的逻辑，本书从股价反应时滞和股价信息含量两个维度测算资本市场定价效率，并检验保险机构投资者实地调研能否提升市场定价效率。研究发现保险机构投资者实地调研能显著降低资产收益率对过去市场信息的依赖程度，同时还能增加股票价格的信息含量，降低股价同步性，提升资本市场定价效率。

本书为如何引导保险资金加大股票投资和更好地服务实体经济提供了一个框架性指导，既不能视保险资金为"洪水猛兽"加以全盘否定，也不能任由保险资金"兴风作浪"。特别地，保险机构投资者作为规模较大的"财务投资者"，难以通过股东大会投票、派驻董事等正式治理机制发挥积极作用，甚至可能对微观企业治理和资本市场稳定性产生一定的负面影响。例如，保险机构投资者可能在利差损风险的压力下，凭借规模效应通过低买高卖的频繁炒作进行市场投机，以追逐短期超额投资回报。因此，如何引导保险资金通过合理渠道发挥治理作用，推动保险机构投资者作为长期稳定的"财务投资者"分享上市公司增长红利，提升市场配置效率和服务实体经济能力，成为当前监管机构、业界与学界重点关注的研究命题。

本书结论表明保险机构投资者实地调研行为能够缓解和投资标的之间的信息不对称问题，增强投资信心，同时也能对上市公司产生积极的治理效应，从而维护资本市场稳定。因此，保险机构应大力培养调研团队，加强对实地调研的重视，通过开展实地调研获取更多、更充分的信息，降低上市公司内外部信息不对称程度。对上市公司而言，管理层应重视保险机构投资者实地调研，积极接待并配合实地调研所需要的相关信息。对外部中小投资者而言，应该对保险机构投资者实地调研进行重点关注。对金融监管部门而言，应继续完善保险资金加大股票投资机制和提升其服务实体经济能力的相关政策。

相比已有文献，本书的贡献在以下三个方面：第一，为保险机构投资者实地调研是否具有信息效率以及如何发挥公司信息治理效应提供经验证据，从非正式治理视角拓展到保险机构投资者参与公司治理的研究。第二，基于保险机构投资者实地调研视角，为现有研究中有关保险机构投资者究竟是通过逆向选择降低股票流动性，还是通过优化信息效率提升股票流动性的争论提供新的经验证据。第三，对原银保监会（2023 年改为国家金融监督管理总局）积极引导"险资入市"并发挥治理作用提供了一些有价值的现实启示。本书实证检验规模庞大、发展迅速的保险机构投资者，在我国资本市场信息治理上的效率提升效应，为现阶段关于保险机构投资者究竟是"积极的监督者"，还是"激进的投资者"的争论提供经验证据，进一步补充和丰富了保险机构投资者与资本市场稳定领域的现有文献。

本书最终得以完成并出版离不开各方的大力支持。首先感谢西南财经大学余海宗教授、夏常源副教授的指导和支持，本书从最初思想的形成，到撰写，再到最后的出版，都得到了两位教授的悉心指导。感谢西南财经大学保险会计专业硕士吴舒程在数据搜集和文献整理上的协助。本书为2021 年度教育部人文社会科学研究青年基金项目"保险机构投资者与资本市场稳定研究：投资风格、作用路径与治理效果"（编号：21YJC630038）重要研究成果。感谢教育部社会科学司对本书出版的支持。本书也是四川省哲学社会科学"十四五"规划 2022 年度课题"区域性股权市场支持四川中小微企业创新发展的特征事实与路径研究"（编号：SC22JJ08）阶段性成果。感谢四川省哲学社会科学规划办公室对本书出版的支持。最后，本书的成稿和出版还获得了西南民族大学 2023 年中央高校基本科研业务费专项资金项目"区域协调发展新机制与供应链高质量发展：基于成渝地区双城经济圈战略的实证研究"（编号：2023SCYJJQ01）的支持和帮助。

何娜

2024 年 4 月

目　录

1 绪 论

1.1 研究背景与问题提出

资本市场的发展，需要有长期稳定的资金来源，也需要有众多健康的机构投资者①。积极引导保险机构作为规模大和投资稳定的"积极的监督者"，从而服务实体经济、参与上市公司治理，进而维护资本市场稳定发展。2019 年，中国银行保险监督管理委员会（以下简称"银保监会"）提出，"鼓励保险资金增持上市公司股票，拓宽专项产品投资范围，维护资本市场稳定"，是我国保险业服务实体经济的现实需要。在市场长期资金来源方面，保险机构将加大保险资金投资优质上市公司的力度，壮大机构投资者力量，巩固市场长期投资的基础。保险资金作为长期机构投资者，在短期外部环境不确定性加大、市场信心不足的环境下，其积极发挥价值并配置长期优质标的，对于我国资本市场长期稳定健康发展具有重要意义。

近年来，伴随我国保险业的快速发展，保险资金运用总量在不断提升。统计资料显示，截至 2023 年年末，我国保险资金运用余额达到 28.16 万亿元，同比增长 11.05%，相较于 2004 年的 1.07 万亿元，增长了约 25.32 倍，年均增长率高达 22.58%。其中，债券投资占据保险资金运用余额的主导地位，占比高达 43.6%。相比之下，保险资金在股票和证券投资基金上的投资占比仅为 14% 左右。保险公司已经成为我国资本市场上的第二大机构投资者，但与美国等发达经济体相比，现阶段我国保险资金的股权投

---

① 周亮. 保险公司已成为中国资本市场第二大长期机构投资者[N/OL].新京报,2020-03-22 [2021-11-04].https:www.sohu.com/a/382105413_114988.

资占比仍然处于一个较低的水平。以美国保险业 2020 年数据为例，其高达 8.2 万亿美元的资产规模中，权益资产规模占比约 30%。相较于我国保险资金运用在股票投资占比常年在 15% 左右，我国保险资金的股票投资业务仍有较为广阔的增长空间。

保险资金作为机构投资者，具有规模大、来源稳、长久期的特性，是除养老金外金融市场少有的长期资金和耐心资本。它形成了与长期资金优势相匹配的投资风格和投资专长，使其能够作为"积极的监督者"，更好地解决中小投资者普遍存在的"搭便车"问题。因此，保险资金有动力和能力完善上市公司治理机制。事实上，这也是各监管机构积极引导保险资金股票投资的题中之义，对于提升市场资源配置效率和维护市场稳定发展具有重大意义。银保监会于 2018 年 10 月 25 日发布的《关于保险资产管理公司设立专项产品有关事项的通知》（银保监发〔2018〕65 号）明确指出，要发挥保险资金长期稳健投资优势，加大保险资金投资优质上市公司力度。2019 年 1 月 29 日，银保监会发布的《银保监会简化股权投资计划和保险私募基金注册程序　支持保险机构加大股权投资力度》的公告，支持保险机构加大股权投资力度，鼓励保险资金进入资本市场，使得保险资金在 A 股投资市场有了更多的资金配额。2023 年 9 月，国家金融监督管理总局发布的《关于优化保险公司偿付能力监管标准的通知》提出，降低对负债久期长的保险品种偿付能力要求，进一步引导"长钱长投"。

与实务迅猛发展和监管机构重点关注相对应的是，众多学者开始关注保险资金股票投资对上市公司行为和资本市场起的稳定作用。但遗憾的是，现有研究多集中于从保险机构投资者持股上市公司的角度，探讨保险机构投资者如何影响上市公司会计、财务与治理行为，且尚未达成一致的研究结论。一方面，部分学者指出保险资金作为重要的机构投资者，能够有效发挥的治理效应，具体表现为其可以凭借资本运作经验等专业优势帮助上市公司制定更加合理的经营管理决策，提升上市公司价值（Cyert et al.，2002），提升信息透明度和市场信息效率（Diamond，1984；付从荣 等，2014；Khanna et al.，2007），降低公司违规风险（许荣 等，2019），减少大股东控制权的私人收益（刘汉民 等，2019），提升内部控制有效性（余海宗 等，2019），提高资产配置效率（王秀丽 等，2017），提升企业创新效率（刘冬姣 等，2021）和提高公司投资决策效率（玄宇豪 等，2023）等。另一方面，部分学者则认为保险公司往往与投资的上市公司存在显性或隐性的业务联系，从而导致保险公司更容易与公司大股东或经理人达成"合谋"，这将对上市公司的高管薪酬契约（吴先聪，2015）、现金分红（姚靠华 等，2015；彭利达 等，2016）和公司业绩（信恒占，2017）等造成负面影响。同时，保险机构持股易引发投资者的跟风炒作，导致市场情绪高涨和股价高估，成为公司股价崩盘的"加速器"（夏常源 等，2020）。

现有保险资金与上市公司治理相关研究未能达成一致结论的原因可能在于，已有研究多着重于简单分析保险机构持股与上市公司会计、财务与治理行为的相互关系，忽视了对保险机构投资者如何参与公司治理的理论路径和实际过程的充分讨论。除此之外，大部分研究是基于同质性机构投资者治理视角进行理论分析和实证检验，并未对保险机构投资者如何影响上市公司治理进行单独的理论建构和经验分析，因而难以很好地识别保险机构投资者的投资特点和行为偏好，从而使现有研究难以有效观测到保险机构投资者的治理效应，最终导致现有相关研究未能形成较为统一的结论。

因此，如何更为直接地观测保险机构投资者参与上市公司治理的现实渠道和作用路径，成为解答保险机构投资者能否发挥稳定资本市场效应的关键所在，而蓬勃发展的保险机构投资者实地调研为我们提供了一个较为理想的研究契机。根据手工整理的上市公司年报和深圳证券交易所"互动易"平台数据，2007—2018 年我国保险机构投资者实地调研活动从 2007 年的 45 次迅速增长到 2018 年的 1 929 次（如图 1.1 所示），实地调研成为保险机构投资者筛选投资标的、获取公司信息的关键渠道。在实地调研中，保险机构能够直接接触被调研公司的管理层和雇员，通过口头访谈可深入了解其所关心的问题，以获取第一手资料。同时，通过实地调研活动，投资者还可以实地观察公司的运营生产，从而了解年报中一些未披露信息，有助于他们掌握更多公司运营现状、前景和风险隐患等相关信息（Cheng et al.，2016）。

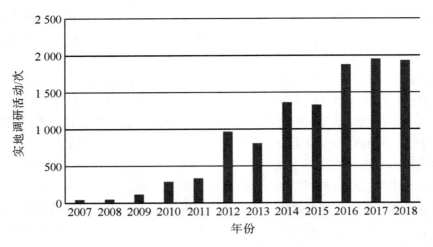

图 1.1　2007—2018 年保险机构投资者实地调研活动

　　对于保险资金而言，其长期稳定的负债资金来源具有长周期和逆周期配置的特殊性（Timmer，2018），在收益上既要满足负债端预定利率的成本要求，同时也要保障赔付支出与退保时的资金流动性，因此资产整体配置风格稳健，需要确保投资具备跨越周期获取稳定收益的持续性（刘璐等，2019)[①]。其一，通过实地调研的方式，与拟投资公司经理人进行私下沟通以获取相关信息，对于长期稳定的保险资金的投研策略和股票投资具有重要价值，这也为笔者直接分析保险机构投资者如何参与公司治理提供了更为直接的观测方式。其二，保险资金作为资本市场的"压舱石"和"稳定器"，要充分发挥其作为风险保障者、资金融通者和社会风险管理者的重要作用。保险资金投资仍以"稳"为首要目标，注重有效防控自身风险。其三，保险机构投资者不管从最初的"激进的投资者"，还是到现今"重要的机构投资者"，乃至"我国资本市场发展特定阶段重要的外部公司治理机制"（郑志刚 等，2019），"谨守财务投资者"都是其扮演股东角色的重要原则。因此，分析保险机构投资者实地调研通过与上市公司私下沟通的形式能否发挥信息治理效应，不仅能为现有有关保险机构投资者与上

---

　　① 保险资金股票投资受到中国银保监会、中国证监会的严格监管（保险公司的保费收入作为一种负债，在投资的环节所受到的监管一直是金融机构中最严格的一类），作为负债性资金，具有期限长、规模大、来源稳定的特点，面临较高的资产错配风险（任春生，2018），因此决定保险资金运用必须兼顾安全性、收益性和流动性统一结合，保险资金股票投资是坚持在资产负债匹配管理基础上的长期投资、价值投资和稳健投资。

市公司会计、财务与治理行为相互关系的研究提供进一步的经验证据，也能指导我国监管机构如何引导保险机构投资者更好地扮演长期稳定"财务投资者"的角色，共享公司增长红利，并作为市场长期稳定的推动力，具有重要价值。

　　基于此，本书将从保险机构投资者的投资风格出发，重点观测保险机构投资者持股与实地调研对资本市场稳定的影响及其作用路径。本书利用保险机构投资者持股数据，从保险机构投资者的投资特点出发，探究其权益性投资是否存在"本地偏好"；利用深圳证券交易所上市公司年报和"互动易"网站公开披露的保险类机构投资者调研信息，探讨保险机构投资者实地调研是否能对自身投资收益产生影响；最终从公司信息披露行为、股票流动性和市场定价效率三个维度研究保险机构投资者实地调研能否发挥信息治理效应①，达到稳定资本市场的目的。本书主要研究内容包括：①探讨保险公司权益投资是否存在"本地偏好"，及其动机是源于嵌入本地社会网络而来的信息优势效应，还是源于熟悉本地的认知偏误？②探讨保险机构投资者实地调研行为对上市公司及保险机构投资者自身的价值影响，明晰实地调研对于保险机构投资者自身投资收益的影响机理。③保险机构投资者实地调研能否通过与经理人的私下沟通对公司信息披露行为发挥治理效应？其具体的作用机制又是如何？④本书将视角从信息提供者的信息披露行为拓展到信息使用者的投资决策上，进一步分析保险机构投资者实地调研能否通过吸引投资者注意力，形成"眼球效应"并提升公司股票流动性？⑤本书将视角从信息提供者和使用者转换到资本市场的定价效率，基于宏观资本市场信息效率是由微观企业价格效率构成的逻辑，从股价反应时滞和股价信息含量两个维度测算资本市场定价效率，并检验保险机构投资者实地调研能否提升市场定价效率，并区分公司信息披露质量和股票流动性两种作用机制，展开进一步检验。

---

　　① 本书所探讨的保险机构投资者实地调研的信息治理效应体现在，内部信息治理效应为有效降低公司内外部信息不对称程度，提升公司信息披露质量；外部信息治理效应为吸引更多投资者关注增加企业的曝光率，降低流动性成本。最后将微观治理效应扩展到宏观效应，即保险机构投资者实地调研能促使公司信息更多、更快地融入股价中，提升市场定价效率，改善市场信息环境，稳定资本市场发展。

1.2 研究意义

1.2.1 理论意义

第一，现有关于机构投资者行为及治理研究多将机构投资者视为同质整体，少有区分其异质性并重点关注保险机构投资者这一重要机构投资者的相关研究（Ryan et al.，2002；伊志宏 等，2013），而本书以保险机构投资者投资风格为出发点，针对保险机构投资者与资本市场稳定及其作用机制展开实证研究，可以为保险机构投资者治理效应的现有争论提供新的视角与大样本证据。本书发现保险机构投资者的权益投资存在"本地偏好"，保险机构投资者的实地调研能够显著提高自身的投资收益。实地调研作为机构投资者非公开信息搜集的重要方式和渠道，可以给机构投资者带来超额收益，本书可以丰富现有机构投资者实地调研的相关研究。

第二，相较于现有保险机构投资者相关研究多集中于探讨其是否持股、持股比例及持股特征（夏常源 等，2020；赖黎 等，2020），本书基于实地调研这一重要私下沟通渠道的研究，有助于丰富保险机构投资者治理效应的现有文献。保险机构投资者通过实地调研上市公司发挥信息治理效应，成为保险资金运用有效防范系统性金融风险的重要路径选择，丰富了新兴市场中关于保险机构投资者治理效应对资本市场稳定性影响的相关研究。本书能够对保险机构投资者的积极主义动机作出更为准确的阐述，有利于从理论上进一步解释保险机构发挥治理作用的具体机制，丰富了不同类型机构投资者的公司治理效应的现有文献。

第三，防范金融风险、维护资本市场稳定的重要性不言而喻，本书基于统一的理论分析体系，重点探索保险机构投资者这一重要"财务投资者"如何发挥市场"压舱石"作用，这将为监管人员、实务界人士和学者更好认识并引导保险机构投资者发挥治理效应提供理论指导和政策参考。机构投资者已成为发达国家资本市场上的主要投资主体，它们利用在购买、持有、卖出上市公司股票上的优势影响资本市场，特别是影响被投资公司的公司治理机制，如股东提议权（Gillan et al.，2000）、股东投票权（Li et al.，2008）、CEO 变更（Parrino et al.，2003）、管理层薪酬（Hartzell et al.，2003）、反接管条款修订（Borokhovich et al.，2006）、并购

（Chen et al.，2007）、股价崩盘风险（许年行 等，2013）等，但已有研究大多数未区分机构投资者的异质性，且现有文献对保险机构投资者的信息披露治理效应的研究相对较少。当前中国各界人士对保险机构投资者究竟是"积极的监督者"，还是"激进的投资者"还未形成一致结论。本书的实证研究发现，保险机构投资者通过实地调研这一获取信息的重要方式，能够发挥信息治理效应，进而起到稳定资本市场的作用。

1.2.2 现实意义

第一，证券市场的本质是信息市场，本书基于保险机构投资者信息治理这一独特视角展开研究，将有助于金融监管部门、上市公司管理层及投资者重新认识保险机构投资者的重要性，这具有重要的现实启示作用。保险机构投资者通过实地调研上市公司发挥信息治理效应，成为运用保险资金有效防范系统性金融风险的重要路径选择。党的二十大报告提出，加强和完善现代金融监管，强化金融稳定保障体系，依法将各类金融活动全部纳入监管，守住不发生系统性风险底线。尽管大量文献探讨了机构投资者对市场定价效率和证券市场稳定性的影响，但仍欠缺足够的经验证据支撑保险机构投资者的治理效应。特别是作为发展中经济体，中国当下部分正式制度建设及其执行仍相对滞后，保险资金监管的实际效果并不理想。因此，如何尽可能地推进符合中国国情的保险资金运用创新，以更好地改善信息环境和稳定资本市场发展，成为监管层、业界和学界重点关注的研究方向。

第二，帮助保险机构投资者重新认识正式治理机制（股东治理）和非正式治理机制（实地调研）的重要性，引导上市公司管理层、其他机构投资者和中小投资者关注保险机构投资者信息治理效应，为国家金融监督管理总局加快推动上市公司治理机制完善和市场信息环境建设提供理论依据和政策参考。本书对保险机构投资者进入上市公司能否发挥治理效应进行了深入探讨，这为中国在实践中激励保险机构投资者真正发挥公司治理效应、创造更多价值提供了参考意见。公司治理结构是一种对工商业公司进行管理和控制的制度体系（OECD，1999），其健全与否直接影响着上市公司与资本市场是否能健康发展。而信息披露质量的高低直接关系到公司治理的成败。积极的实地调研是对上市公司高质量信息披露进行监督的有力手段。毫无疑问，高质量的信息披露也有助于完善经理层的激励机制，抑制"内部人控制"，有助于资本市场对上市公司的监控，帮助公众了解上市公司的组织结构和经营活动。

第三，为国家金融监督管理总局如何引导保险资金加大股票投资和提高其服务实体经济能力提供了一个框架性指导，既不能视保险资金为"洪水猛兽"加以全盘否定，也不能任由保险资金"兴风作浪"。本书结论表明保险机构投资者的实地调研行为能够缓解保险机构投资者和投资标的之间的信息不对称问题，增强投资者信心，同时也能对上市公司产生积极的治理效应，从而维护资本市场稳定。因此，监管层落实和保险机构投资者实地调研的相关政策，积极稳步推动更多的保险机构投资者参与到实地调研活动中，引导保险机构投资者实地调研健康持续的发展，从而更好地发挥保险机构投资者稳定资本市场作用，促进资本市场的良性、健康发展。

1.3 研究思路与方法

本书主要关注的问题是保险机构投资者能否起到稳定资本市场的作用。在系统梳理现有相关的基础理论和最新研究进展的基础上，本书首先考察保险机构投资者的投资特点以及保险机构投资者实地调研能否对自身投资收益带来影响；其次考察保险机构投资者的实地调研所带来的信息治理效应，不仅包括作为信息提供者的公司经理人的信息披露行为，还包括作为信息使用者的外部投资者对于保险机构投资者实地调研的注意力变动及其对股票流动性的影响；最后还将视角从微观企业和投资者行为转向宏观市场定价效率，从股票价格反应时滞和股价信息含量两个维度考察保险机构投资者实地调研能否提升市场定价效率。因此，本书将从公司信息披露行为、股票流动性以及市场定价效率三个维度检验保险机构投资者实地调研的信息治理效应。

首先，在梳理现有机构投资者行为与治理、保险资金运用以及资本市场稳定研究的已有成果和信息不对称理论、投资者关注理论、有效市场理论的基础上构建保险机构投资者影响资本市场稳定的统一理论体系，为后续各实证研究专题奠定理论框架和分析方法。进一步地，本书系统地整理中国保险资金运用监管、多层次证券监管与公司治理制度演变的政策文件和相关信息，通过公开数据库和手工搜集信息构建保险机构投资者股东治理、实地调研和金融监管数据库，为后续各实证研究专题奠定可供验证的数据基础。

其次，在系统理论分析框架的指导下，针对五个实证专题的具体内容提出理论预期与研究假设，重点在遵循科学严谨的规范研究范式的基础上进行理论推演；进一步地，针对各实证专题的研究假设选取合适的指标、方法及样本进行实证研究设计。

再次，在模型构建与研究设计、样本收集和数据处理以及实证检验的基础上完成各实证专题的预期研究内容，重难点在于厘清各研究主题之间的因果关系。本书将基于描述性统计、单因素分析、多元回归分析，以及替代变量、PSM 回归、工具变量回归等计量方法，以期厘清各研究主题之间的因果关系，尽可能排除内生性问题对研究结论造成的可能干扰。

最后，在各实证专题研究发现的基础上提炼本书的研究结论与政策建议，重点探讨本书解答了哪些具体问题，这些具体问题的解答对于保险机构投资者理论与实务有哪些理论上的边际贡献，以及为监管部门和从业人员如何认识与引导保险资金参与股票投资与维护资本市场稳定提供有益的政策建议。

本书拟采用理论分析方法和实证研究方法相结合的研究方法。在理论分析方面，本书拟结合中国保险资金实务发展和相关研究、机构投资者治理相关理论和研究借鉴、证券市场信息环境相关理论和研究三个方面，充分借鉴信息不对称理论、投资者关注治理、有效市场理论等现有成果，梳理保险机构投资者实地调研的信息治理效应，探索影响公司内部经理人决策、外部投资者关注，以及提高市场定价效率和资本市场稳定性的作用机制，并做出科学合理的研究设计。

1.4 本书的结构安排与创新

1.4.1 本书的结构安排

根据上述研究思路，本书可分为 8 章，本书结构安排如图 1.2 所示。

第 1 章，绪论。本章主要介绍研究背景并提出问题，在介绍主要研究内容的基础上提炼本书的研究意义，在可行的研究思路规划基础上选择合适的研究方法，构建本书的研究内容和研究框架，并总结本书的创新和边际贡献。

第2章，理论基础与文献综述。本章基于经理人信息披露决策的基础理论——信息不对称理论、投资者决策的基础理论——投资者关注理论、资本市场运行的基础理论——有效市场理论，并结合中国保险资金实务发展、机构投资者治理相关研究、证券市场信息环境相关研究三个方面整理和总结已有文献，确定全书的理论基础和文献脉络。

第3章，保险公司权益投资的本地偏好。本章旨在探讨保险公司参股本地上市公司意愿，并以被投资公司经营绩效和市场绩效来判断保险公司投资"本地偏好"背后的内在动机，最后还将进一步区分地区文化认同、人寿与财产保险公司、国有和民营保险公司，对保险公司投资的"本地偏好"展开异质性分析。

第4章，保险机构投资者实地调研与投资收益。本章采用调整样本范围、变量的替代测量、动态面板回归、倾向得分匹配等多种方法来排除内生性问题对本章结论的可能干扰。从保险公司经营属性、经营模式、产权性质、资金运用模式等角度出发，研究保险机构投资者的实地调研行为对自身投资收益的异质性影响。最后探讨实地调研行为对上市公司及保险机构投资者自身的价值影响，明确实地调研对保险机构投资者自身投资收益的影响机理。

第5章，保险机构投资者实地调研与公司信息披露。本章首先从保险机构投资者与上市公司私下沟通的角度，考察保险机构投资者实地调研对公司信息披露行为的治理效应，其中包括三个问题：其一，上市公司是否因保险机构投资者实地调研提高了信息披露质量？本章主要从上市公司应计盈余管理和真实盈余管理两个方面考察保险机构投资者实地调研对公司信息披露行为的治理效应，并区分市值管理动机和融资约束缓解动机，作为内部经理人决策的两方面考量，这将有助于我们理解前述治理效应的作用机制。其二，保险机构投资者实地调研的信息披露质量提升效应是否依赖于公司信息环境？从审计监督和融资融券治理两个方面考察保险机构投资者实地调研与公司信息环境之间的关系，检验实地调研这一非正式的治理机制与审计治理、卖空机制等正式治理机制在抑制公司机会主义信息披露行为上呈现何种关系。其三，保险机构投资者实地调研对公司信息披露质量的影响是否因保险机构投资者异质性、实地调研异质性、保险机构投资者是否持股上市公司而呈现差异？本章将区分检验人寿保险、财产保险和养老保险公司实地调研，保险机构投资者单独调研和与其他机构投资联合调研，以及保险机构投资者作为"潜在买方"和"潜在卖方"实地调研上市对公司信息披露质量的影响差异，为保险机构投资者实地调研如何影响上市公司信息披露质量提供了进一步的经验证据。

第6章，保险机构投资者实地调研与股票流动性。本章将从保险资金提升投资者关注的角度，考察保险机构投资者实地调研对股票流动性的治理效应，其中包括四个问题：其一，保险机构投资者实地调研能否形成"眼球效应"，从而引发外部投资者关注度，并最终提升股票流动性？其二，在作用机制检验上，笔者以保险机构投资者实地调研前后1日或3日网络搜索量和股吧发帖量变动幅度，衡量保险机构投资者实地调研引起的投资者关注，并检验其对股票流动性的影响。其三，以审计治理和融资融券识别公司正式信息环境，考察保险机构投资者实地调研与正式治理机制在提升股票流动性上的相互关系。其四，本章还将区分保险机构投资者类型、实地调研类型以及保险公司是否为上市公司股东，进一步分析不同类型保险机构投资者实地调研对上市公司股票流动性影响的差异。

第7章，保险机构投资者实地调研与资本市场定价效率。本章将以股价反应时滞和股价信息含量两个维度识别市场定价效率，进一步考察保险机构投资者对上市公司信息披露和股票流动性的影响是否有助于提升市场定价效率。这一部分分为以下三个方面：首先，考察保险机构投资者实地调研是否有助于提升市场定价效率；其次，区分私下沟通和投资者关注，考察保险机构投资者实地调研对市场定价效率的影响是通过提升上市公司信息披露质量还是增加股票流动性来实现；最后，本章还进一步分析保险机构投资者实地调研的影响是否因公司产权性质和保险公司是否为股东而产生差异，为保险机构投资者实地调研的信息治理效应相关研究提供更加丰富的经验证据。

第8章，主要结论与政策建议。这是本书的最后一章，主要内容是对本书结论进行总结，提出研究结论对现实的启示和可进一步探索的未来研究方向。

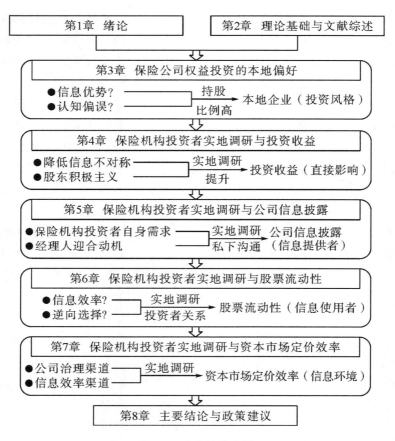

图 1.2　本书结构安排

1.4.2　本书可能的创新

与已有文献相比，本书可能的创新体现在以下三个方面：

第一，本书为保险机构投资者实地调研对信息效率的影响以及如何发挥公司信息治理效应提供经验证据，从非正式治理的视角拓展到保险机构投资者参与公司治理的现有研究。目前机构投资者持股、实地调研与信息治理效应的研究已取得了丰硕成果，但现有研究多将机构投资者视为同质整体，少有区分其异质性并重点关注保险机构这一重要机构投资者的相关研究，且尚未形成比较一致的研究结论（Ryan et al.，2002；伊志宏 等，2013）。少量文献从保险公司持股对企业资本投资决策（王秀丽 等，2017）、内部控制有效性（余海宗 等，2019）、股权制衡度（刘汉民 等，

2019）、公司违规（许荣 等，2019）、企业创新效率（刘冬姣 等，2021）和公司投资决策效率（玄宇豪 等，2023）等视角进行探讨；但也有研究认为，保险公司可能与公司管理者达成"合谋"，发挥不了公司治理效应（伊志宏 等，2013；吴先聪，2015；夏常源 等，2020）。而本书研究表明，相较于持股公司之后以股东大会投票、派驻董事等正式治理机制发挥影响，保险机构投资者通过私下沟通等非正式治理机制，尤其是持股公司之前与其管理层进行实际接触表达自身利益诉求以影响其决策，可能是保险机构投资者发挥治理作用更为重要且现实的途径。因此，本书基于保险机构投资者实地调研这一私下沟通渠道的实证研究，为保险机构投资者治理效应的现有争论提供了进一步的经验证据，拓展和丰富了现有文献。

第二，本书基于保险机构投资者实地调研视角，为现有研究中有关机构投资者究竟是通过逆向选择降低股票流动性，还是通过提高信息效率来提升股票流动性的争论，提供了新的经验证据。机构投资者作为成熟资本市场上的主要投资主体，其能够利用在购买、持有、卖出上市公司股票上的优势影响资本市场，特别是影响被投资公司的公司治理机制，如股东提议权（Gillan et al.，2007）、CEO 变更（Parrino et al.，2003）、管理层薪酬（Hartzell et al.，2003）、反接管条款修订（Borokhovich et al.，2006）、并购（Chen et al.，2007）、股价崩盘风险（许年行 等，2013）等。不同于现有研究更多关注公募基金、私募基金、QFII、银行等机构投资者（Brockman et al.，2009；雷倩华 等，2012；邓柏峻 等，2016；张燃 等，2019），本书实证检验规模庞大、发展迅速的保险机构投资者在我国资本市场信息治理上的提升效应，为现阶段关于保险机构投资者究竟是"积极的监督者"还是"激进的投资者"的争论提供经验证据，进一步补充和丰富了机构投资者与股票流动性领域的现有文献。

第三，本书为积极引导"险资入市"并发挥治理作用提供了一些有价值的现实启示。近年来，政府多次提倡推动保险资金加大股票投资和服务实体经济，但保险资金股票投资实际执行与监管预期往往出现较大偏差。对于保险资金股票投资的监管而言，国家金融监督管理总局等相关监管机构既不能视保险资金为"洪水猛兽"加以全盘否定，也不能任由保险资金"兴风作浪"，避免其凭借规模优势通过低买高卖的频繁炒作进行市场投机，甚至频频举牌争夺上市公司控制权（郑志刚 等，2019）。本书的结论表明，保险机构投资者能够通过实地调研这一非正式的沟通渠道影响上市公司信息披露质量和股票流动性，从而提升资本市场定价效率。因此，我国国家金融监督管理总局等相关监管机构在监管保险资金股票投资的过程中，要关注保险资金来源和交易逻辑的特殊性，通过引导保险机构投资者更多地利用非正式治理机制如实地调研等发挥作用，推动它们以上市公司长期稳定的"财务投资者"角色分享公司增长红利，并作为资本市场的稳定力量发挥信息治理效应。

2 理论基础与文献综述

　　本书所要解答的核心问题在于，保险机构投资者持股与实地调研对资本市场稳定的影响及其作用路径。首先，本书考察了保险机构投资者的投资特点以及保险机构投资者实地调研能否对自身投资收益带来影响，同时考察保险机构投资者实地调研所带来的信息治理效应，具体表现为保险机构投资者实地调研作为非正式治理机制，提升了信息提供者的信息披露质量、引起了信息使用者的"眼球效应"并降低了股票流动性成本，最终改善信息环境以提升资本市场定价效率。故信息不对称理论、投资者关注理论和有效市场理论是本书最为重要的理论基础。其次，保险资金股票投资发展及相关投资特性是探究保险公司作为第二大机构投资者，区别于其他机构投资者的重要特点。以机构投资者治理效应研究为代表的系列文献表明，其作为抑制公司经理人机会主义行为、缓解公司内外部信息不对称程度的有效机制，机构投资者的市场参与将对证券市场信息环境产生重要影响。而本书延续机构投资者治理效应的研究逻辑，从保险机构投资者的投资特点及其对上市公司股票投资的影响出发，探究保险机构投资者实地调研作为获取信息的重要渠道，是对公司治理和资本市场定价效率相关研究的进一步丰富和拓展。因此，机构投资者治理和证券市场信息环境的相关文献也是本书的研究起点。

　　基于以上分析，与本书核心内容相关的文献主要包括三个方面：①保险资金股票投资及相关研究，包括保险资金股票投资的发展、保险资金股票投资特点、保险资金股票投资影响因素和经济后果、保险机构投资者实地调研等；②机构投资者治理效应相关研究，包括机构投资者类型及其治理效应、机构投资者实地调研、机构投资者的信息治理效应；③证券市场信息环境相关研究，主要梳理证券市场信息环境的影响因素、股票流动性和股价同步性、机构投资者治理与市场信息环境的现有文献。因此，本章将从上述三个方面对已有文献进行整理和评述。本章的理论回顾和文献梳理，为后文的实证检验提供了坚实的理论基础和文献支撑，并为明确了本书的研究创新和边际贡献奠定基础。

2.1　理论基础

2.1.1　信息不对称理论

信息不对称理论作为资本市场研究中最为经典的理论之一，于 1970 年由 Akerlof 提出。其主要是指在市场交易中，买卖双方掌握信息的程度有差异，卖方因对产品质量更为了解，所以比买方更具信息优势，造成了买卖双方信息不对称。这种情况下，能获得和拥有更多信息的人处于信息优势地位，其极有可能利用这一优势而使自身利益最大化，而缺乏信息获取渠道的人则处于信息劣势地位，其利益会受损。信息不对称的存在主要导致两种后果，即逆向选择和道德风险。逆向选择是指处于信息劣势的一方无法根据掌握的信息辨别交易的另一方，导致价格产生扭曲，造成市场信息失效或者市场失灵。而道德风险是指处于信息优势的一方会采取损人利己的自私行为，最大化自身效用的同时损害他人利益。因此，Spence 提出信息传递是缓解信息不对称问题的重要方式，市场需要信息中介的信号传递作用去抵消逆向选择效应，同时缺乏信息的一方应考虑如何尽可能地获取更多信息。

以上理论极大丰富了现有资本市场相关研究。已有研究表明，资本市场不但存在还具有更为复杂的信息不对称问题，例如，上市公司信息披露不充分、不及时、不规范，投资者的信息甄别能力较弱，监管机制不完善，以及众多参与者构成的资本市场中，各方利益主体拥有或获取信息的差异均会产生信息不对称问题，进而对资本市场股票流动性产生影响，最终影响信息效率。汪忠等（2005）认为机构投资者能通过信息传递的方式参与公司治理，"关系投资"是一种较为理想的上市公司监控活动。高敬忠等（2011）认为机构投资者能够监督管理层盈余预告更及时、更准确和更稳健地发布，这能提升公司信息透明度。赵阳等（2019）提出降低信息不对称是推动企业环境治理的重要措施，机构投资者实地调研能够缓解环境信息不对称程度，促使企业积极进行环境治理。因此，在我国资本市场信息不对称程度较高、相关信息披露制度较不完善的现实背景下，在主动获取信息的过程中投资者性质以及其身份特点必然具有重要意义。笔者认为保险机构投资者实地调研能够给市场带来更多的增量信息，抑制经理人机会主义行为，降低公司内外部信息不对称程度，提升公司信息披露质量。信息不对称理论是本书研究保险机构投资者实地调研对公司信息披露决策作用机制的重要理论基础。

2.1.2 投资者关注理论

Simon（1971）提出投资者关注的经济含义，认为人的注意力是有限的，在经济环境中信息不是稀缺资源，稀缺的是关注并处理信息的能力，因此信息只有被投资者关注才具有市场反应。投资者关注是投资主体在反应系统和知觉系统共同作用下对信息的捕捉和加工（Kahneman et al., 1973）。这是一种由个体关注能力决定的信息输入主观活动，能满足其对信息的需求。由于个体注意力有限，而信息总量会不断膨胀，有限注意力需要在不同信息之间进行配置，个体对信息的关注度会刺激大脑做出反应，从而形成注意力驱动的交易行为，进而对股票市场流动性产生影响。Barber 等（2008）认为个人投资者一般都是从能吸引到其注意力的股票中选股进行决策的，注意力将对股票的流动性产生影响。Engelberg 等（2012）发现，投资者通常会去追捧有新闻热点的股票，进而提升相关股票的交易量。宋双杰等（2011）认为投资者关注的变化能系统地解释 IPO 中的首日超额收益、热销市场和长期反转这三种异象。赵龙凯等（2013）采用百度搜索量衡量上市公司股票受关注程度，发现投资者对股票关注度越高，股票的平均收益率也越高。

而如何衡量投资者关注度是学界的一大难题（张继德 等，2014）。已有研究主要从市场的量价表现（Hou et al., 2009；Cheng, 2016）、外部媒体报道（Fang et al., 2009；张圣平 等，2014；王建新 等，2015）、分析师跟踪（Hong et al., 2000；Zhang, 2008）、网络搜索量（Da et al., 2011；张谊浩 等，2014）、机构投资者持股比例（Collins et al., 2003；饶育蕾 等，2012）等方式度量市场投资者对资本市场信息的关注程度。

也有研究从心理学视角认为，人的眼球在一段时间内看到的信息碎片数量可以衡量注意力，即产生"眼球效应"。有关"眼球效应"的研究发现，更多分析师跟踪的上市公司存在更多的外部监督，促使管理层更积极履职，减少相关代理问题，开展更多的创新活动（陈钦源 等，2017；余明

桂 等，2017）。机构投资者的持股行为会吸引普通投资者关注，促使普通投资者更积极地去搜集和分析公司相关信息（王咏梅 等，2011）。胡国柳等（2019）认为购买董事责任保险的公司更可能会成为资本市场中的"明星"，能够吸引到更多的投资者关注、外部监管等，即产生"眼球效应"。董大勇和吴可可（2018）认为中国股市投资存在"眼球效应"，表现为个股的投资者注意力配置变动与个股收益率呈显著的正相关关系。

因此，笔者预期保险机构投资者实地调研形成的"眼球效应"，将会带来大量投资者关注，这将加快投资者之间的信息竞争并促使投资者更多地利用这些信息进行交易决策，促使信息更快地反映到股票价格中，最终通过信息效率影响股票流动性成本。因此，投资者关注理论能够为本书研究保险机构投资者实地调研对股票市场流动性影响的作用路径奠定理论基础。

2.1.3 有效市场理论

在一个有效的资本市场中，价格信息引导资本流向。有效市场理论有三个基本假定：一是基于所有投资者都是完全理性的，并且能够对证券的内在价值进行准确评估；二是即使存在某些非理性投资者，但这些投资者的交易方向和金额是随机的，而随机因素能够形成相互抵消效应；三是市场中大量理性的套利者会对非理性投资者的非理性行为进行修正，使得资产价格最终反映真实价值。Fama（1965）对有效市场理论进行综述和拓展，认为市场有效的基础在于投资者能搜集和反映信息，并据此进行投资决策，证券价格被视为所有市场参与者对市场信息做出反应的总和。市场若能实现信息有效，就能达到资源配置的帕累托最优，这种情况下，信息就是价格形成的基础，也是市场资源配置引导的基础（吴联生，2001）。因此，在有效市场中，资产价格是对所有可公开、可获取信息的最终反映。市场的有效性就体现在市场中所有参与者可根据他们所获信息自主地做出相应的投资决策。

在有效市场中，衡量一个资本市场定价效率的重要标准就是股价能否真实且充分地反映可获得信息、公司特质性信息和市场层面的信息，特别是基于公司层面的特有信息（李志生 等，2015）。自 Roll（1988）提出股价同步性的概念后，大量研究从公司特质性信息的角度进行检验。股价同步性即个股收益率和市场平均收益率之间的相关性，也就是个股股价是否和大盘"同涨同跌"。Jin 和 Myers（2006）发现一国市场的信息透明度会影响外部投资者对市场平均收益的依赖程度，当透明度越低时，股价中所反映的公司特质信息越少，股价同步性越高。而理性的机构投资者能够通过规范有序的市场交易行为纠正市场有偏信息和投资者非理性情绪，从而缓解信息不对称程度并将更多公司层面的特质信息纳入股票价格，从而提升资本市场定价效率。

事实上，现有关于证券分析师（Dasgupta et al.，2010；伊志宏 等，2019）、机构投资者（An et al.，2013；周林洁，2014）的研究验证了这一推论，他们发现证券分析师和机构投资者能够通过其信息搜集向市场传递更多公司层面特质信息，进而提升股票定价效率，降低股价同步性。钟覃琳和陆正飞（2018）以"沪港通"为自然实验，检验境外投资者的外部信息治理效应，发现境外投资者的市场参与直接促进了公司特质信息纳入股票价格和优化公司治理机制中，从而最终提升股价信息含量。因此，有效市场理论能够为本书研究保险机构投资者实地调研对资本市场定价效率影响的作用路径奠定理论基础。

2.2 保险资金股票投资制度背景及相关研究

2.2.1 保险资金股票投资发展

党的二十大报告中明确提出，"加强和完善现代金融监管，强化金融稳定保障体系，依法将各类金融活动全部纳入监管，守住不发生系统性风险底线"。2018 年 10 月，中共中央政治局委员、国务院副总理刘鹤表示，在鼓励市场长期资金来源方面，要加大保险资金投资优质上市公司的力度，壮大机构投资者力量，巩固市场长期投资的基础。2019 年 1 月，银保监会宣布支持保险机构加大股权投资力度，鼓励保险资金进入资本市场，让保险资金在 A 股投资市场有更多的资金配额。保险公司作为长期机构投资者，在短期外部环境不确定性加大、市场信心不足的环境下，能积极发挥价值，配置长期优质标的，有助于维持资本市场长期健康发展。同时，保险公司利用闲置资金进行投资，获取投资收益，投资业绩可以提高保险公司的竞争力进而扩大承保业务量（边文龙 等，2017）。

因此，保险资金在市场需求、投资需求和配置压力下，迫切需要拓宽保险资金投资渠道。保险资金股票投资大体经历了以下三个阶段。

第一阶段，2004—2012 年，拓渠道和严管控时期。2004 年 10 月，中国保险监督管理委员会（以下简称"中国保监会"）颁布《保险机构投资者股票投资管理暂行办法》，标志着保险资金开始参与我国二级市场股票投资，此后相关文件、规定的出台，进一步规范保险资金股票投资。2008 年全球金融危机爆发，监管部门一系列监管措施出台以管控保险资金股票投资相关风险。2010 年 7 月，《保险资金运用管理暂行办法》中对基础设施等债权投资、不动产、相关金融产品的投资比例做出新规定。2012 年，中国保监会正式启动第二代偿付能力监管制度（简称"偿二代"）建设，对偿付能力充足率的监管是保险资金股票投资业务开展的重要保障。

第二阶段，2013—2016 年，市场化改革时期。2013 年，费率市场化改革拉开帷幕，"放开前端、管住后端"，通过扩大保险资金投资渠道获取投资收益，以覆盖保险成本和履行未来保险责任。保险公司股票投资业务活跃度不断上升，2014 年以来，保险资金开始大量进入我国股票市场。2014 年 8 月 13 日，保险业"新国十条"明确要求保险资金支持股市。2015 年 7 月 8 日，《关于提高保险资金投资蓝筹股票监管比例有关事项的通知》，中国保监会响应"股灾救市"号召将投资单一蓝筹股票的比例由占上季度末总资产的 5% 提高到 10%，权益类资产余额不高于上季度末总资产 40%，加速"险资入市"。

第三阶段，2017 年至今，规范发展和严监管时期。基于上一个时期部分保险机构较为激进的投资行为，这一时期将坚决制止打击以防范风险，及时弥补监管短板和风险漏洞。2017 年 1 月，中国保监会发布《关于进一步加强保险资金股票投资监管有关事项的通知》，要求规范股票投资行为，同时规定保险机构投资单一股票账面余额不得高于本公司上季度末总资产 5%、投资权益类资产的账面余额不高于本公司上季度末总资产 30%，并要求保险机构应当根据投资计划和战略安排，加强与上市公司股东和经营层沟通，维护上市公司经营稳定。同年 5 月，中国保监会发布的《关于弥补监管短板构建严密有效保险监管体系的通知》（保监发〔2017〕44 号）明确要求，将"保险业姓保、保监会姓监"落到实处，深化偿付能力监管制度实施，严格保险资金运用监管。除上述《通知》之外，2018 年以来，监管机构出台一系列政策拓宽保险资金投资渠道，包括设立专项纾困基金产品、鼓励使用长期账户资金增持上市公司股票和债券、支持保险公司开展价值投资、长期投资等。2019 年 3 月，《上海证券交易所科创板股票发行与承销实施办法》提出，保险资金可通过新股配售、战略增发、场内交易等方式参与科创板股票投资，助力科技创新企业发展。2023 年 9 月，《国家金融监督管理总局关于优化保险公司偿付能力监管标准的通知》（金规〔2023〕5 号）提出，降低对负债久期长的保险品种偿付能力要求，进一步引导"长钱长投"。

2.2.2　保险资金股票投资特点

本书通过系统梳理保险资金股票投资相关政策可知，现阶段我国保险资金的股票投资具有以下特点：

第一，保险资金股票投资受到金融监管机构的严格监管，作为负债性资金，具有期限长、规模大、来源稳定的特点，并且面临较高的资产错配风险（任春生，2018），因此决定保险资金运用必须兼顾安全性、收益性和流动性，保险资金股票投资是坚持在资产负债匹配管理基础上的长期投资、价值投资和稳健投资，追求投资收益的长期持续稳定（刘璐 等，2019）。相关数据显示，截至 2022 年 6 月底，保险资金投资股票规模达到 2.67 万亿元，占 A 股流通市值的 3.77%，保险机构成为债券市场、股票市场最大的机构投资者之一。目前保险公司投资中股票、基金两类标准化证券占比在 8% 到 13% 之间，而这一比例远未达到监管上限的 30%。一方面，权益类投资上限提高可为资本市场带来增量资金，同时在市场行情较好的情况下，可为保险机构带来超额投资收益；但另一方面，权益投资占比上限提升在一定程度上将加大保险机构投资风险，同时随着新金融会计准则的实施，投资收益的波动性也会增加。同时，保险公司的保费收入作为一种负债，在投资的环节所受到的监管一直是金融机构中最严格的一类，以防止在监管不到位的情况下，一些进入保险业的资本可能将保险视为低成本的资金来源进行高风险的投资活动，从而导致经营活动脱离了保险的本源，最终酿成风险。

第二，保险资金作为资本市场的"压舱石"和"稳定器"，如何发挥其作为风险保障者、资金融通者和社会风险管理者的作用至关重要。相较而言，现阶段我国保险资金的股票投资业务仍然以"稳"为首要目标，注重自身风险防控的有效实施。例如，设立专业的资金运用和交易部门，建立强有力的内部风控制度，管理人员须具有一定的学历、专业、从业经历；从事保险资金股票投资的主要业务人员数量应当与股票投资规模相适应，并具备相应数量的宏观经济、行业分析、金融工程等方面的研究人员；坚持保险资金投资应该趋于分散，以财务投资为主、战略投资为辅，遵守长期投资、价值投资和稳健投资的理念。

第三，保险机构投资者从最初的"激进的投资者"，到现今"重要的机构投资者"，乃至"我国资本市场发展特定阶段重要的外部公司治理机制"（郑志刚 等，2019），保险资金股票市场持股行为受到投资者广泛关注以及学者的研究讨论（王秀丽 等，2017；余海宗 等，2019；许荣 等，2019）。已有研究发现，保险机构实地调研行为能降低被调研公司的违规概率（许荣 等，2019）。保险公司作为买方投资者，其调研目的是增加对目标公司的了解而做出自身的投资决策，因而关注公司的真实创新能力（杨鸣京 等，2018）。郑志刚等（2019）认为保险公司通过举牌提高股权制衡度来扮演积极股东角色，"谨守财务投资"和"非跨界并购"是保险资金改善公司治理结构的重要原则。

2.2.3　保险资金股票投资的影响因素

学界对保险公司权益投资的研究源于20世纪的美国市场，他们发现保险公司的盈利预期、风险偏好以及外部监管政策等会对其权益投资有重大影响。例如，Hart（1965）认为，法规并未限制作为长期固定收益投资者的寿险公司进行权益投资，但寿险公司会因达到盈利预期而涉及高风险投资，而高投资风险将导致企业融资成本和信用成本的增加（Reddy et al.，1993）。因此，风险和预期收益如何平衡是影响寿险公司进行股票投资的重要考虑因素（Gentry et al.，1969）。后续许多学者建立经济模型、机会约束模型等，通过实证检验的方式研究产品端的收益率和外部利率波动对寿险公司投资的影响（Vanderhoof et al.，2000）。

随着全球金融自由化的发展以及监管政策逐渐转向风险导向，保险公司资产和负债的风险属性受到关注和探究，围绕资产和负债如何匹配、风险如何量化、如何用风险大小定义监管标准的研究逐渐增多。Shim（2010）研究美国财险公司在偿付能力监管下的经营行为调整，资本不足的保险公司倾向于承担更高的投资风险以获取高收益。Bohnert 等（2015）研究投资策略和盈余拨款方案的选择如何影响寿险公司风险，提出资产负债管理决策能较好控制投资风险。

此外，监管机构通过对偿付能力的硬性要求，开始约束保险公司资产配置，这也对保险公司权益投资产生了重大影响。Solvency II 是欧洲国家对保险公司偿付能力监管制定的新框架，提出了偿付能力资本要求的量化指标，同时也对公司治理和信息披露等提出了新要求。新的监管框架限制了股票类风险资产的风险敞口，因为股票投资是短期高风险，但其长期收益较高，这样会大幅抑制保险公司对风险资产的追求，影响保险公司长期风险决策（Campbell et al.，2002；Braun，2016；Braun et al.，2017）。因此，在可变规则和最优投资策略下，保险公司在提供更为全面的产品的同时也要坚持审慎投资原则（Chen et al.，2018）。

国内学者关于我国保险资金股票投资的研究，主要起源于 2004 年以来中国保险业的迅猛发展和监管政策对保险资金权益类投资相关限制的逐步放松。从外部经济、监管、政策等宏观视角看，我国保险公司的经营绩效还有很大的提升空间，因此对风险较高的证券投资基金投资不足（秦振球等，2003）。而自 2008 年全球金融危机以来，部分学者关注到低利率环境对寿险公司投资产生的重要影响（王辉，2016；宋占军 等，2017），尤其是自 2013 年起我国保险行业费率市场化改革拉开帷幕，负债端的保险产品定价利率的市场化进一步挤压保险公司传统业务的利润空间，保险资金权益性投资因其高效和高收益开始得到更多青睐（李志辉 等，2019）。

除此之外，宏观经济的不确定性也会影响保险公司的投资决策（黄溪等，2012）。胡良（2014）从风险决策行为模型和预期响应分析方法出发，实证检验了开展偿付能力监测可显著提升对保险公司的投资规模和优化投资结构。雷鸣等（2015）认为监管压力对寿险公司的投资风险承担行为起到门限效应，但如果寿险公司偿付能力不足，前述效应也得不到发挥。因此，中国的偿付能力监管改革是对保险公司经营和投资决策最为重要的外部监管制度，也是为防止保险资金投资过热或是投机的限制措施，监管政策的影响是众多学者的研究重点（杨枫 等，2014；王灵芝，2016；王婧等，2019）。

从保险公司自身经营、结构等微观视角看，资产与负债匹配是影响寿险公司投资的首要原则（张艳妍 等，2008），李秀芳和景珮（2014）强调公司盈利能力、流动性能力、资产负债匹配、偿付能力等经营目标都会对寿险公司的资产配置产生影响。也有学者通过相关理论模型分析保险公司的最优投资策略，例如，王丽珍和李静（2011）结合当前金融风险管理和金融监管框架，建立了一个包含保费收取、赔付支出和破产概率的投资策略模型。张景奇（2012）结合 A 股历史滚动收益和寿险资金的特征，提出寿险资金的四种投资策略，包括大面积性、长期性、滚动性和周期性。赵景涛等（2014）认为超额现金持有会加重寿险公司的代理问题，进而造成过度投资。卞小娇和李方方（2014）基于动态多期投资模型，认为满足长期负债的持续期匹配才是资产组合管理中最重要的部分，不同风险偏好和投资期限下的债券和股票配置比例呈动态变化。此后，还有部分学者从公司治理（王媛媛 等，2017）、行业同群效应（刘玮 等，2018）等视角展开了进一步研究。

2.2.4　保险资金股票投资的经济后果

在现有保险资金股票投资经济后果的研究中，学者集中探讨险资举牌的经济后果，这是因为自 2014 年起，保险资金频频举牌上市公司的行为，在监管机构、业界和学界引起了广泛关注。险资举牌作为保险公司新的资产配置方式和现金流收入来源，一定程度上缓解了当前保险公司的资金运用矛盾，同时给被举牌公司和资本市场带来一定的影响。

第一，保险资金作为重要的金融资本，其有自身的投资偏好，喜好传统制造业、高科技企业、地产或金融类等企业，举牌的目的在于实现长期投资与多元化发展。徐高林和马世兵（2006）、张晓东（2013）用保险机构股票投资数据对保险机构持股的偏好进行了研究，发现保险机构的股票投资具有安全性和流动性的偏好。有学者利用现代组合理论和 CAPM 模型研究构建险资运用中的股票投资组合（罗庆忠和杜金燕，2007），也有学者运用非线性规划从保险公司的资产组合模型中求解保险资金的最优投资比例（王俊 等，2010）。何婧和徐龙炳（2012）则从产业资本和金融资本的角度对举牌问题进行了分析，认为举牌事件是产业资本通过金融市场向金融资本渗透的方式，金融资本向产业资本的"脱虚向实"及保险资金的资源整合，进而提升被举牌公司市场价值，对其后续投融资等也产生了一定的影响。

第二，如果保险资金只是短期举牌，希望通过炒作方式在较短时间内获益，一方面可能会引发市场上其他投资者对被举牌公司的恶意炒作，导致被举牌公司股价大幅波动，从而影响其经营稳定性；另一方面，市场上也会对保险公司举牌上市公司行为的评价存在异议，被举牌公司可能吸引到过多关注，影响被举牌公司的市场口碑，甚至会错误地引导投资者反应。韩浩等（2017）通过事件研究法发现，险资举牌后的短期内，被举牌公司的股价具有显著的波动，但市场对多次举牌未形成预期，且现阶段财务投资比战略投资更能得到市场的认可。陈宪等（2018）认为保险资金举牌导致被举牌公司的股价变化存在短期效应，而险资举牌信息存在提前向市场泄漏的情况，引起投资者关注进而交易以获得短期超额收益，但没有证据显示保险资金举牌会扰乱股票市场价格。多数研究也从理论上进行探索，如凌秀丽等（2015）分析安邦保险的举牌事件，反映了保险资金从交易性配置向战略性配置的转变，但须警惕"短线长投"的期限错配引发的现金流危机。

第三，保险公司作为资本市场上重要的机构投资者，其举牌上市公司将会引起显著的市场反应，短期内对被举牌公司的股价波动产生影响，长期来看会引发一系列连锁反应。如前海人寿、安邦、生命等保险公司的举牌，甚至成为主要控股股东的事件，引发市场其他投资者的重点关注。刘璐等（2019）发现保险公司是长期价值的投资者，股票投资不追涨杀跌，股市低迷时期能起到稳定市场的作用。而刘汉民和陈永安（2019）认为保险公司举牌上市公司存在"控制权竞争者"的可能，即险资举牌后大股东基于公司控制权的考虑会增持公司股权，保险资金进入公司后影响了股权制衡度。也有大量学者认为，随着保险资金规模逐渐扩大，保险企业参股数量不断增多，保险公司已经不能局限于"用脚投票"，它们越来越主动地参与到公司治理当中。保险公司往往具有较为雄厚的资金实力，作为投资者，不仅具有法人投资者特征，还具备机构投资者的特征，因此保险公司参股能提升上市公司盈余质量，具有公司治理效应并有助于提升公司价值（付从荣 等，2014）。尤其是在经济紧缩环境下，保险资金参股企业还能显著提高企业投资规模和投资效率，提升企业的资本配置效率（王秀丽 等，2017），以及在"偿二代"监管后的保险资金持股能显著提升上市公司内部控制有效性（余海宗 等，2019）。

2.2.5 简要评述

虽然大量文献从理论上探索了保险公司股票投资的背景、动因及投资逻辑等，也从实证上分析了其对公司投融资、股价波动、市场反应等行为的影响，验证了保险公司股票投资对资本市场发展的重要性。但是，少有文献从信息治理的视角考察保险公司股票投资对上市公司的影响，以及这一影响的作用机制及其效果。目前的研究，主要从保险资金持股上市公司后能否引发公司股价波动、投融资效率变化等视角进行实证检验。更为重要的是，现有文献对保险机构投资者的定位究竟是"激进的投资者"，还是"积极的监督者"尚未形成一致结论。因此，深入挖掘保险机构持股行为背后的作用机理，具有重要的理论价值。

资本市场是信息的市场，信息是促成保险机构进行股票交易的根本原因，信息的获取能够显著降低信息不对称程度，因而其是保险机构股票投资需要密切关注的问题。事实上，保险机构可以通过公开和非公开渠道获取信息做出投资决策，这意味着实地调研是保险机构投资者通过非公开渠道获得第一手信息的重要渠道。例如，保险机构投资者通过实地调研可以深入了解上市公司生产、经营、产品开发以及具体的生产经营环境等，有效识别上市公司是否存在相关财务问题；调研人员通过提出相对尖锐的问题，并对高管的回答进行追问，可以更准确地判断信息真伪，进一步挖掘信息；或是与高管面对面交流，观察高管的面部特征、肢体语言等，以挖掘更多可能被隐藏的信息。而目前鲜有研究从保险机构投资者实地调研的视角，挖掘保险资金股票投资对上市公司的影响。鉴于此，本书从保险机构投资者实地调研检验保险资金的信息治理效应，从机构投资者信息获取视角拓展到公司信息治理框架，为公司信息治理效应相关研究提供一定的增量贡献和现实启示。

2.3 机构投资者的治理效应研究

2.3.1 机构投资者类型及其治理效应

一方面，有效监督假说（Shleifer et al.，1986；Nesbitt，1994；Guercio et al.，1999）理论认为，机构投资者具备专业知识和易获取信息的能力，监督成本较低，因此能"用手投票"从而对上市公司治理发挥股东积极主义的作用。Wermers（1999）通过美国机构投资者的投资行为研究发现，机构投资者的"羊群行为"可以加快信息融入股价的速度，进而稳定股价。De Long 等（1990）认为机构投资者作为理性投资者具有信息优势，有利于市场稳定。这在祁斌等（2006）、胡大春和金赛男（2007）基于中国机构投资者的相关数据实证检验中也得到了证实。

已有的实证研究在挖掘机构投资者的特点、投资偏好以及持股对上市公司的影响时发现，由于在资金规模、信息传递等方面的优势，机构投资者能够提高持股公司董事会的独立性（David et al.，1996）。例如，研究发现对冲基金会迫使董事会做出更换经理人员的决议（Brav et al.，2008）；机构投资者能够缓解股东和经理人的利益冲突，抑制经理人负面信息隐藏（Callen et al.，2013），机构投资者提高经理人业绩薪酬敏感性（Almazan et al.，2005；张敏和姜付秀，2010），抑制经理人的机会主义行为，提升盈余管理质量（Velury et al.，2006；程书强，2006；薄仙慧等，2009；李善民 等，2011），同时促进公司研发支出的增长，进而显著影响企业创新（Wahal et al.，2000；赵洪江 等，2009），以及更好地发挥对企业管理层的监督作用，随着机构投资者的持股比例增加将带来股利支付的增加，应对"自由现金流假说"（Jensen，1986）；进一步地，王琨和肖星（2005）发现机构投资者持股比例较高，成为前十大股东有助于抑制控股股东的"掏空"行为，这在高雷等（2006）的研究中也得出了一致结论；另外大量研究还发现，机构投资者能够抑制企业避税（蔡宏标 等，2015）、降低费用黏性（梁上坤，2018）和提升信息披露质量（谭劲松 等，2016）等。

另一方面，基于利益冲突假说和战略结盟假说（Pound，1988；Bushee，2001；Parrinoa et al.，2003）的负面监督理论认为，当机构投资者和公司存在业务上的利益关系时，可能会被迫支持管理层，或是和管理层形成合作关系从而降低机构投资者的监督效应。因此，机构投资者也会出于自己利益最大化的考虑而"用脚投票"，当股东对所投资公司的管理层行为、决策不满时，出售股票可间接地对公司产生影响。Sias（1996）认为机构投资者并不总是根据信息进行交易，其存在的"羊群效应"和"噪声交易"会加剧市场波动，这在何佳等（2007）、刘京军和徐浩萍（2012）、史永东和王谨乐（2014）等研究中也有所证实。

尤其对于中国资本市场而言，其相对西方国家来说还不够健全和完善，机构投资者的持股比例偏低，力量较为薄弱，以及其自身的委托代理问题会更偏好流动性强和短期性的投资，可能不会对公司进行有效监督（Webb et al.，2010）。Grinstein 和 Michaely（2005）认为机构持股的高比例或高度集中并不能增加目标公司的股利支付。唐清泉等（2005）发现，如果机构投资者持股比例达到上市公司第二大股东时，其不能抑制第一大股东的"掏空"行为，反而和第一大股东一样会侵害中小股东利益。Tang 等（2010）发现，机构投资者持股比例与内部控制缺陷显著正相关，这主要是因为部分机构投资者只关注短期收益，持股期限较短，故少有动机和意愿参与到成本高昂的公司治理中去。

现有文献对于机构投资者到底是"积极的监督者"还是"利益的攫取者"，尚未形成比较一致的研究结论，机构投资者异质性可能是此问题的合理性解释之一。机构投资者与被投资公司的关系既可能是投资关系，也可能是商业关系。因此，对机构投资者的分类也存在多种方式，例如，有学者将机构投资者分为压力敏感型和压力不敏感型，只有在压力不敏感型机构投资者组别中，机构投资者持股比例和公司运营现金流回报的正相关关系才显著（Parrino et al.，2003；Cornett et al.，2007），因此压力不敏感型机构具有更强的积极主义动机和效果。也有学者将其分为稳定型和交易型的机构投资者，研究发现稳定型的机构投资者能显著提升公司的自愿信息披露水平（牛建波 等，2013）。杨海燕等（2012）将机构投资者是否与公司具有商业联系分为独立型与非独立型机构，独立型机构持股能显著降低公司代理成本，带来显著的公司治理效应。温军和冯根福（2012）则考察不同类型的机构持股对企业创新行为的影响，认为国有企业中较高的基金持股比例会抑制企业创新。

除此之外，不同的机构投资者搜集信息和处理信息的能力存在显著的差异。目前，中国资本市场经过多年的发展，已形成以证券投资基金为主，保险公司、社保基金、银行、信托公司等为辅的多机构投资者并存的格局（李青原 等，2018）。截至 2022 年 6 月底，保险资金投资股票 2.67 万亿元，占 A 股流通市值的 3.77%，保险机构成为债券市场、股票市场最大的机构投资者之一。近年来，学界开始陆续讨论保险机构投资者通过长期的持股对股票市场起到的稳定作用。保险公司管理的资金来源较为长期、稳定，且持股周期较长，作为上市公司的价值投资者可以稳定股价，对资本市场的稳定具有重要作用。例如，盛军锋等（2008）研究发现，机构投资者进入我国证券市场后，市场波动性出现了结构性降低，保险资金的市场稳定性作用更为突出。

保险公司区别于大多数机构投资者，其投资行为不存在"羊群效应"（潘婉彬 等，2014）。童元松和王光伟（2014）的研究发现，当保险资金投资金额增加时，当季和下一季度的股市波动率将会降低。同时，保险公司由于其投资期限、投资策略和风险偏好等与其他机构投资者有着天然的异质性，这使得保险公司有内在动力去成为上市公司的积极投资者，发挥公司治理效应（刘汉民 等，2019）。例如，王秀丽等（2017）发现，保险公司参股企业会影响企业的资本投资决策，在经济紧缩环境下对参股企业的投资规模和投资效率有显著的正向影响，能够提高企业的资本配置效率。余海宗等（2019）发现保险资金持股上市公司能够显著提高上市公司的内部控制有效性，并且这一效应在保险行业的第二代偿付能力监管改革后更加显著。刘汉民和陈永安（2019）提出保险公司通过"控制权竞争者"的角色参与持股上市公司的公司治理，在一定程度上有利于缓解被持股公司的内部人控制现象，减少大股东控制权的私人收益。玄宇豪等（2023）认为，保险资金基于稳定和长期的投资策略，是资本市场中的战略投资者，保险资金持股能有效提升被持股公司投资决策效率，降低企业风险。

但也有研究认为，如果保险公司、券商等机构与投资的上市公司有业务联系，可能存在和公司管理者"合谋"或是内幕交易，发挥不了公司治理效应（伊志宏 等，2013；吴先聪，2015）。杨海燕等（2012）认为保险公司可能与被持股公司存在某种商业关系，因此其有动机为了维持现有或潜在的商业关系而不会对被持股上市公司的会计信息质量发表独立意见。吴先聪（2015）认为，保险公司作为非独立的机构投资者，其对高管薪酬契约没有积极的影响，对公司的现金分红也没有显著的相关性（姚靠华 等，2015）。彭利达和张文霞（2016）将保险公司归类为压力敏感型机构投资者，认为其持股并不能促使上市公司进行现金分红，且对上市公司现金分红意愿和现金分红水平的影响不可持续。信恒占（2017）研究发现，保险资金不能真正提高持股公司的公司业绩。保险公司调研获取信息主要用于内部投资决策，较少将调研信息和信号传递给外部投资者，因此保险公司调研难以提升并购公告效应（傅祥斐 等，2019）。罗丹和李志骞（2019）认为保险公司由于持股比例的严格限制，以及对投资风险的管控，一般倾向于投资内部治理较好的蓝筹股公司，因此实地调研对公司治理的边际效应较小，对公司违规的抑制作用不显著。也有学者发现，保险资金持股易引发投资者的跟风炒作，导致市场情绪高涨和股价高估，成为公司股价崩盘的"加速器"（夏常源 等，2020）。赖黎等（2022）认为保险资金持股对企业形成了过度监督效应，抑制了企业的研发投入和专利产出。

2.3.2　机构投资者的信息治理效应

以机构投资者和证券分析师为代表的信息交易者，能够促进股价对市场信息的反应和渗透速度，有利于提高市场信息效率（Kyle，1985；Foster et al.，1993）。机构投资者的信息搜集是为了获取其自身权益的重要途径，同时以较低代理成本获取对内部人的监督需要足够的信息。Jiambalvo 等（2002）认为，机构投资者能识别上市公司的真实业绩、盈余等情况，增加股价的信息含量，其持股比例越高越能降低公司内外部的信息不对称程度。Ajinkya 等（2005）研究发现，积极的机构投资者作为重要的外部治理机制，其能够提升管理层业绩预告质量。程书强（2006）研究指出，机构持股比例越高，越能有效抑制企业操纵性应计利润的盈余管理行为，提高盈余信息含量。高敬忠等（2011）则发现，不同的机构投资者对管理层盈余预告选择的治理作用不一致，保险类机构相对较弱。朱红军等（2007）认为分析师的信息搜寻活动可以提高股票价格的信息含量，使股价中反映更多的公司层面信息，进而提高资本市场的运行效率。

进一步地，谭劲松和林雨晨（2016）基于机构投资者调研的实证发现，机构投资者作为公司治理机制重要环节之一，其能够通过提高公司治理水平来提升信息披露质量。除此之外，部分学者还利用融资融券的准自然实验考察机构投资者卖空压力对管理层自愿性信息披露质量的影响。例如，Li 等（2015）基于 SEC 于 2005 年实施 SHO 法案的实证发现，卖空压力显著提升了管理层业绩预告质量。李志生等（2017）通过研究中国 2010 年启动的融资融券分批试点发现，卖空压力对管理层业绩预告能够发挥显著的信息治理作用。杨海燕等（2012）研究发现，机构投资者总体持股降低了财务报告可靠性，但能提高信息披露透明度。从分类来看，证券投资基金、保险公司、社保基金和 QFII 等持股不影响财务报告可靠性，但能提高信息披露透明度；一般法人持股降低了财务报告可靠性，特别是加大了公司向下盈余管理程度，但不影响信息披露透明度；信托公司持股既不会影响财务报告可靠性，也不会影响信息披露透明度。

2.3.3　机构投资者实地调研的相关研究

机构投资者实地调研是投资者和上市公司进行互动交流、获取公司经营信息和未来发展战略的重要手段（Solomon et al.，2015；谭松涛 等，

2015；Cheng et al.，2016）。机构投资者通过实地调研可以观察到公司的生产和经营管理情况，同时也可以主动咨询公司在公开披露的信息中没有披露的相关经营细节，并在对管理层的追问中最大限度地获取信息。

针对机构投资者实地调研的研究大多集中于信息的获取及其对上市公司治理的影响方面。例如，Cheng 等（2013）认为，机构投资者实地调研会引起显著的市场反应，可以获得与企业未来业绩相关的信息，提升公司股票回报率与未来盈余的相关程度。Solomon 等（2015）发现，在机构投资者和管理层一对一的互动中能进行更多的知情交易，不过这主要发生在套利的投资者当中。孔东民等（2015）发现，共同基金的上市公司访问会显著影响其交易，能够获得信息优势并做出更好的投资决策。机构投资者的信息搜寻除了能帮助优化自身投资决策外，还能降低公司的私有信息套利空间（陈小林 等，2012）。机构投资者的实地调研，能够提升企业的信息披露质量（谭劲松 等，2016），影响管理层盈余预测的方式（程小可等，2017），抑制企业过度投资（Cao et al.，2017），抑制企业商誉泡沫（王建新 等，2023），促进企业创新（Jiang et al.，2018；张宏亮 等，2024），监督企业金融资产配置（施慧洪 等，2024）。在企业环境治理领域，赵阳等（2019）研究认为，机构投资者实地调研积极地推动了企业的环境治理。在提升信息的披露效率和质量方面，王李月等（2023）发现机构投资者实地调研对提升资本市场信息披露效率具有重要作用，能够有效抑制审计延迟。王伊攀和张含笑（2023）研究认为，投资者实地调研能够降低金融资产投资从而抑制企业庞氏融资。

我国上市公司投资者实地调研的参与对象主要是机构投资者，包括基金公司、保险公司、证券公司等，而证券公司中的分析师是近年来实地调研的主体。机构投资者可能会利用证券分析师的研究报告进行信息的再加工，分析师的信息偏好会传递给机构投资者。因此，较多学者从证券市场重要的信息中介、卖方分析师的视角研究实地调研这种互动方式对市场的影响。Lees（1981）认为分析师与管理层的沟通是其最主要的信息来源，甚至比公司提供的年报、中期报告等公开披露信息更重要。卖方分析师通过包括实地调研在内的多种信息获取渠道去收集和关注公司相关的信息（徐媛媛 等，2015），能够提高公司透明度，降低信息不对称程度（薛祖云 等，2011），从而为预期的形成和投资决策提供帮助（Bradshaw，2011；Yuan et al.，2013；Chen et al.，2015）。随着实地调研的深入，分析师能充分挖掘公司未公开的信息，提高预测的准确度（胡奕明 等，2005；贾琬娇 等，2015；Cheng et al.，2016；Han et al.，2018），同时分析师实地调研也会引发市场的强烈反应（Solomon et al.，2015），降低公司股价同步性（曹新伟 等，2015）。Cheng 等（2016）发现，有分析师实地调研的公司在调研日前后的市场反应更显著，Cheng 等（2018）进一步发现，实地调研增加了基于预测修正的市场买卖行为。并且实地调研次数越多，其越能发挥信息效应、信号传递效应、监督效应，进一步缓解企业融资约束（翟淑萍 等，2020），抑制企业配置投资替代类金融资产（施慧洪 等，2024）。

2006 年 8 月，深圳证券交易所（以下简称"深交所"）先后发布了《深圳证券交易所上市公司公平信息披露指引》和《深圳证券交易所中小企业板上市公司公平信息披露指引》中规定，上市公司应定期披露投资者关系管理活动的要求。从 2009 年起，深交所要求上市公司在年报中的"报告期内接待调研、沟通、采访等活动登记表"披露本年度内所有接受机构投资者调研的记录。2011 年 11 月 12 日，深交所推出"互动易"网络交流平台，为实地调研信息的披露提供了平台。2012 年 7 月，深交所进一步出台《中小企业板信息披露业务备忘录第 2 号：投资者关系管理及信息披露》，规定若上市公司与特定对象进行直接沟通，其主要内容应当记录存档并及时公开，即投资者可以在"互动易"网站上直接下载"投资者关系活动记录表"。因此，更多的研究将视角转向异质性机构投资者的实地调研。唐松莲等（2017）基于基金公司和证券分析师的联合调研行为发现，两者调研后的持股变动调整方向具有一致性，基金公司持股变动越多，越能获得超额收益。此外，实地调研也可能会给市场参与者带来信息干扰，影响其对公司价值的判断。谭松涛和崔小勇（2015）研究发现，分析师在分析报告公布前实地调研公司，会降低分析师的预测精度，预测的乐观度也会提高。

2.3.4　简要评述

保险机构投资者公司治理效应的研究成果日益丰富，但尚未形成较为一致的结论。造成这一局限的原因可能在于，现有研究未能很好地识别并分类不同机构投资者的投资特点和行为偏好，导致难以有效观测到异质性机构投资者的治理效应。鉴于保险资金的重要性，也有部分文献关注保险机构投资者的特殊性并展开实证研究，这些研究主要集中于从保险机构是否持股以及持股比例识别保险资金治理效应，考察其对上市公司盈余管理、财务重述、股价信息含量的影响。

保险公司与证券投资基金、券商、社保基金、QFII 等机构投资者相比具有较强的异质性，其投资风格、资金来源、投资逻辑等存在明显差异，并且各个独立的机构投资者可能存在不同的信息偏好，不同的调研主体对信息的收集、加工、传递也存在一定的差异，因此有必要就保险公司如何参与公司治理进行专门的研究，进一步揭示保险机构投资者实地调研如何发挥信息治理效应。

2.4 资本市场稳定的相关研究

2.4.1 资本市场信息环境的影响因素

公司信息披露及其治理是会计与财务领域亘古不变的重要研究命题之一，其对于公司治理与市场健康发展的重要意义早已被广泛证实（Healy et al.，2001；Bushman et al.，2001；Leuz et al.，2008；Armstrong et al.，2010）。一般认为，公司治理是促使管理层采取与股东利益一致的行动或选择的契约集（Watts et al.，1990）。其中，通过强制性和自愿性披露向市场传递的会计信息被视为解决管理层与股东之间信息不对称和代理问题的重要工具。Bushman 等（2004）研究发现，公司外部董事监督和咨询作用的有效发挥，需要上市公司更加及时地披露财务报告信息；类似地，Ferreira 等（2011）也发现外部董事比例与上市公司的盈余信息含量和盈余质量显著正相关。胡奕明和唐松莲（2008）、黄海杰等（2016）基于中国数据的实证研究，也得到了类似的研究结论。

因此，大量文献重点研究了哪些机制能够有效发挥信息治理效应，降低股东与管理层之间的信息不对称问题。Cai 等（2009）实证发现，在信息不对称使得直接监督管理层治理变得非常困难时，管理层股权激励作为一项重要的间接监督机制，能够有效发挥的治理作用。苏冬蔚和林大庞（2010）也以中国市场的大样本数据，验证了股权激励对于上市公司盈余管理的治理效应。积极的投资者能对上市公司信息披露发挥有效的监督作用（Bushman et al.，2004；李青原 等，2018）。例如，Bhojraj 等（2003）基于信用评级的实证发现，机构投资者持股比例能够显著提升上市公司的信用评级和信贷利率，这是因为积极的机构投资者的监督能够改善公司信息环境和抑制管理层自利行为。陈晖丽和刘峰（2014）以融资融券的准自然实验实证发现，融资融券试点带来的卖空压力和投资者信息搜寻，促使融资融券标的公司显著降低了应计盈余管理水平和真实盈余管理水平。

2.4.2 机构投资者治理与市场信息环境

机构投资者、信息不对称与市场定价效率是会计与金融领域历久弥新的研究主题，信息是促成机构投资者进行股票交易的根本原因（Karpoff，1986；Kim et al.，1991），故尽可能地降低信息不对称程度是机构投资者密切关注的问题，而且这个问题也会影响公司和市场信息环境以及定价效率，从而促使机构投资者发挥外部信息治理效应。机构投资者作为重要的市场交易主体，它们拥有专业化的分析队伍和更为丰富的信息总量，能够提升股价信息含量（Potter，1992）。Drake 等（2015）考察了机构投资者卖空压力对股价信息含量的影响发现，卖空压力增加了股票当前价格与公司未来盈余的相关性。钟覃琳和陆正飞（2018）以"沪港通"为自然实验检验境外投资者的外部信息治理效应发现，境外投资者的市场参与直接促进了公司特质信息纳入股票价格和优化公司治理机制，从而最终提升了股价信息含量。除此之外，众多学者还验证了机构投资者对于公司盈余管理（Kim et al.，2016；Sakaki et al.，2017；李青原 等，2018）、会计稳健性（Ramalingegowda et al.，2012；李争光 等，2015）、负面信息隐藏（Callen et al.，2013；高昊宇 等，2017）、管理层业绩预告（Ajinkya et al.，2005；高敬忠 等，2011；Boone et al.，2015）等信息披露行为的外部信息治理效应。

机构投资者的外部信息治理效应如此重要，以至于大量文献考察了哪些机制能够促进这种治理效应的有效发挥。例如，Jiang（2010）实证检验了公司上一期信息是否影响机构投资者的当期交易，结果表明公司股价中的无形信息显著影响了机构投资者的持股变动。Chung 等（2011）指出，公司治理质量的提升显著增加了机构投资者的持股比例及其治理效果；类似地，陈小林和孔东民（2012）也发现，公开信息披露透明度能够促进投资者信息搜寻对私有信息套利和市场操纵的治理效应。韩晴和王华（2014）则考察董事会独立性对机构投资者治理效率的影响发现，独立董事责任险能够提升机构投资者对公司信息披露的治理效应。蔡庆丰和杨侃

（2013）认为机构投资者具有信息偏好，投资决策时受到股价中无形信息的影响较多。

机构投资者的实地调研使得经营管理、公司战略及其他私人信息通过信息中介的传递被市场挖掘，改善了投资者的投资决策和资产配置，进而对市场信息效率产生影响（孔东民 等，2015）。黎文靖和潘大巍（2018）认为分析师实地调研提供的增量信息可被作为公司会计盈余的参考，证明了投资者能够利用分析师实地调研的信息优势，进一步提高资本市场运作效率。肖斌卿等（2017）研究认为分析师对上市公司调研形成的调研报告具有丰富的信息含量，提升了投资决策的信息价值。以上研究表明，机构投资者作为一项外部治理机制，其信息治理效应的发挥需要健全的内外部治理机制作为保障。

2.4.3 股票流动性的相关研究

流动性是股票市场最为重要的特征，已有研究发现全球数次金融危机的发生都与股票市场流动性的变化密不可分（Switzer et al.，2015）。流动性成本是股票交易时发生的成本（Amuhud et al.，2008），是衡量股票流动性的重要因素。从微观经济意义看，交易成本的降低有利于增加投资者的投资收益（Korajczyk et al.，2008），因此股票流动性会对上市公司价值和治理造成重要影响（陈辉 等，2011）；宏观意义则体现于降低交易成本能够给整个股票市场庞大的交易量带来显著的经济意义（Biais et al.，2005），对股票市场的资源配置效率具有重要影响。

股票流动性对于资本市场效率与稳定是如此重要，以至于众多学者对股票流动性的成因与影响展开了广泛的理论与实证研究，并形成了丰富的研究成果（Chen et al.，2007；Agarwal，2007；Chung et al.，2010；孔东民等，2015；刘晓星 等，2016；林永坚 等，2018）。已有研究中发现高铁开通（韩琳 等，2019）、股东持股比例（Attig et al.，2006）、股权结构（Kothare，1997）、投资者关注（Ding et al.，2015）、信息透明度（Ng，2011）等会对股票流动性产生影响。其中，鉴于机构投资者持股份额和交易量在资本市场中的特殊作用，越来越多的学者重点探讨了机构投资者在股票流动性中所扮演的角色（侯宇 等，2008；杨华蔚 等，2011），并形成了截然不同的两种观点。

一方面，部分学者指出机构投资者作为理性、逐利的市场主体，相较于个人投资者，其能够利用自身的专业技能和规模优势搜寻并解读更多公司私有信息，成为知情交易者（Zhang et al.，2001；陈辉 等，2012）。而信息是影响股票流动性的关键因素（Bartov et al.，1996），公司信息披露水平的提高能降低权益资本成本和提升股票价格（张宗新 等，2005；曾颖 等，2006）。机构投资者对股票流动性的影响可以通过信息渠道实现，因此其基于自身信息优势进行的股票交易行为，能够促使股票价格更多地反映公司私有信息，从而有助于提升股价信息效率，最终降低股票流动性成本（Subrahmanyam，1991；Mendelson et al.，2004；孟为 等，2018）。尤其是，不同机构投资者之间普遍存在着激烈的信息竞争，促使他们尽快地利用自身掌握的信息进行交易决策，那么信息将迅速反映到股票价格之中，最终提升股票流动性。

但另一方面，机构投资者作为知情交易者拥有相对信息优势，有可能利用多于另一方的信息使自己收益而使得另一方受损，因而信息劣势方需要增加买卖价差来弥补和知情投资者交易的损失。此类知情交易者的存在，将会产生逆向选择效应，即在股票流动性的影响上具体表现为买入股票时设定较低的买价，在卖出股票时设定较高的卖价，这会增加股票流动性成本，降低股票流动性。雷倩华等（2012）认为机构投资者会利用知情交易者的信息优势操纵市场而获得短期收益，这会降低个股的流动性。张原野和白彩全（2019）认为机构投资者的信息交易能使价格更有效地反映资产潜在收益，提高市场效率，但因为有大量个人投资者的存在，机构投资者的交易规模扩大可能会加剧个人投资者的逆向选择和羊群效应，从而降低市场流动性。

随着机构投资者与股票流动性研究的不断深入，逐渐有学者认识到不同类型的机构投资者在交易策略、信息搜寻能力和治理角色上存在本质差异（Bushee et al.，2014）。部分学者开始对公募基金、私募基金、QFII、银行等不同类型的机构投资者分别进行实证研究，形成了较为丰富的研究成果。雷倩华等（2012）区分证券投资基金持股和其他机构投资者持股的实证发现，相较于其他机构投资者，基金持股将会导致更多的逆向选择问题，从而降低股票流动性。也有学者发现，境外股东持股份额的增加会导致更高的信息不对称问题，进而降低流动性（Brockman et al.，2009；邓柏峻 等，2016）。孟为和陆海天（2018）从新三板高科技挂牌公司的样本中发现，风险投资能显著提升被投资企业的股票流动性。张燃等（2019）进一步对阳光私募基金的研究发现，阳关私募基金持股能够在一定程度上提升股票流动性。

2.4.4　简要评述

流动性是股票市场最为重要的特征，已有研究发现全球数次金融危机的发生都与股票市场流动性的变化密不可分。流动性变化体现在投资者"接收信息—转化信息—行为决策"的动态过程，最终反映到资产价格和交易中，即信息需要有投资者关注这一载体，才能充分发挥效应。机构投资者是资本市场重要的参与者和信息中介，信息是促成机构投资者进行股票交易的根本原因，故尽可能地降低信息不对称程度是机构投资者密切关注的问题，而且这种关系也会影响公司和市场信息环境以及定价效率，从而影响外部信息治理效应。大量研究表明，公司治理机制的良好安排能够抑制控股股东和管理层的机会主义行为，推动公司信息披露水平的提高，从而有助于公司层面的特征信息被纳入股票价格。而机构投资者能够优化公司治理机制，这将有助于提升公司信息披露水平，进而促进资本市场定价效率的提升。

近年来，伴随我国保险业的迅猛发展，以及监管机构不断出台保险资金股票投资的相关政策，保险公司已成为当前我国资本市场上的第二大机构投资者。保险资金对于提升资源配置效率和维护市场稳定的作用愈发受到监管机构、业界及学界的重视。但遗憾的是，与实务迅猛发展和监管层、业界广泛讨论相对应的是，现有研究对于保险机构投资者如何影响股票流动性还未给予足够的重视，缺乏大样本的经验证据。

2.5　文献评述

首先，本章以信息不对称理论、投资者关注理论、有效市场理论作为切入点，将保险机构投资者实地调研对上市公司发挥信息治理效应的理论基础进行较为全面的梳理，确定本书的理论基础并将其作为逻辑起点。其次，从保险资金的实务发展及相关研究出发，对保险资金股票投资的影响因素和经济后果进行梳理，进一步对实地调研的必要性进行铺垫，以简明扼要地将现有的相关文献进行总结和梳理。再次，保险机构作为重要的机构投资者，已有关于机构投资者治理效应相关文献，这些研究从信息披露、盈余管理、财务决策等各项公司决策出发，为保险机构投资者实地调研如何通过对经理人行为进行监督和抑制提供了理论支撑和经验证据。最后，从证券市场的本质是信息市场出发，公司的原始信息经过机构投资者的信息加工和传递，会影响中小投资者投资决策，最终会对资本市场定价效率产生影响，因此笔者梳理了证券市场信息环境相关的研究，即寻找保险机构投资者实地调研对市场信息环境产生作用和影响的内在逻辑。经过对相关文献梳理后发现，当前关于机构投资者的信息治理效应相关研究已取得较为丰硕的研究成果，为认识和理解保险机构投资者通过实地调研对上市公司、资本市场发挥信息治理效应的内在逻辑提供了较为充分的理论基础和经验证据，但仍然还存在较多尚未挖掘的话题值得进一步展开深入的研究。

前述研究发现保险机构投资者通过持股上市公司能影响企业投融资决策、违规成本、内部控制有效性等。然而，对于保险机构投资者与公司治理的关系尚有空白之处亟待研究。例如，保险机构投资者自身作为规模较大的"财务投资者"，往往难以通过股东大会投票、派驻董事进入董事会等正式治理机制发挥作用，但是如何引导保险机构通过合理渠道发挥治理作用的研究文献还比较缺乏。特别是，在保险资金股票投资实务发展迅速的背景下，学术研究中的实证检验还相对较为匮乏，这是本书的研究首要出发点。

在已有研究的基础上，本书将从保险机构投资者的投资风格出发，重点观测保险机构投资者持股与实地调研对资本市场稳定的影响及其作用路径。利用保险机构投资者持股数据，从保险机构投资者的投资特点出发，探究其权益性投资是否存在"本地偏好"；利用深圳证券交易所上市公司年报和"互动易"网站公开披露的保险类机构投资者调研信息，探讨保险机构投资者实地调研是否能对自身投资收益产生影响；从信息的获取过程中探讨保险机构投资者实地调研对上市公司信息披露质量的影响，从信息的传递过程中探讨保险机构自身的投资行为引发的"眼球效应"，通过吸引其他投资者注意从而影响其市场交易行为，进而提升股票流动性，到最后从信息的使用情况检验对资本市场定价效率的影响。本书遵循这一逻辑主线对保险机构投资者是否能发挥资本市场稳定作用展开进一步的实证检验，在厘清非正式机制和公司外部正式治理机制间关系的同时，也为进一步验证保险资金促进实体经济增长提供大样本数据的支撑。

更为重要的是，目前对于保险机构投资者如何发挥公司治理效应还存在激烈的争论，保险机构投资者到底是"积极的监督者"，还是"激进的投资者"，往往难以形成比较一致的研究结论。近年来原银保监会监管机构不断出台政策，鼓励保险资金"积极入市"，发挥稳定的长期投资者角色以维持资本市场长期健康发展。因此，如何引导规模庞大的保险资金进入股市，以及保险机构投资者如何形成合理的投资决策，鼓励和规范保险机构投资者进行实地调研将是一个非常重要的信息治理渠道，甚至成为保险机构发挥公司治理效应的重要渠道。

现有机构投资者行为与资本市场稳定研究虽已取得了丰富成果，但区分投资者异质性的文献仍相对较少，尤其是尚未有文献从保险资金来源和投研策略异质性的角度探索其在维护资本市场稳定中所发挥的作用，而保险资金是我国当前不断壮大机构投资者力量过程中至关重要的一环。因此，本书关于保险机构投资者如何影响资本市场稳定进行实证检验，能够更加清楚地观测保险机构投资者投资风格、信息治理效应及其作用机制，在进一步拓展和丰富保险机构投资者信息治理研究框架的同时，也为机构投资者与资本市场稳定的相关研究提供有价值的边际贡献和现实启示。

3 保险公司权益投资的本地偏好

3.1 引言

从世界范围看，保险资金在资本市场的直接投资是保险公司为获取预期收益而垫付资金以形成资产的经济活动，是现代保险公司生存与发展的重要支柱（王绪瑾，1998）。近年来，我国保险资金运用余额从 2004 年 0.57 万亿元迅速增长到 2023 年的 28.16 万亿元，如何引导这些规模庞大的资金有序进入资本市场进行理性投资，是当前监管层和业界急须深入思考的问题。相较于美国等发达国家保险资金权益投资常年基本维持在 30% 的水平，截至 2023 年年末，我国保险资金进入股票和证券投资基金的金额为 3.5 万亿元左右，占比在 14% 左右，还有较大提升空间。

2019 年 1 月，银保监会宣布支持保险机构加大股权投资力度，鼓励保险资金进入资本市场，让保险资金在 A 股投资市场有了更多的资金配额。2023 年 9 月，国家金融监督管理总局发布的《关于优化保险公司偿付能力监管标准的通知》提出，降低对负债久期长的保险品种偿付能力要求，进一步引导"长钱长投"。保险资金作为长期机构投资者，在短期外部环境不确定性加大、市场信心不足的环境下，积极发挥价值发现优势，配置长期优质标的有助于维持资本市场长期健康发展（任春生，2018）。而保险公司利用闲置资金进行投资获取投资收益，投资业绩可以提高保险公司的竞争力进而扩大承保业务量（边文龙 等，2017），使得保险公司成为金融业重要的组成部分。但现实情况是，在成熟的保险市场中，保险资金运用的年收益率一般明显高于 GDP 增长率，可以达到 10% 以上，但我国保险资金运用的平均年收益率大概在 5.3%。大量研究表明，投资渠道狭窄和投资配置无法多元化，造成我国快速增长的保费收入与保险资金偏低的投资收益率矛盾日渐严峻（胡宏兵 等，2009）。

行为金融理论是机构投资者投资及其绩效的有力解释（Bailey et al.，2008）。其中，投资者"本地偏好"引发各界广泛关注。从国家间投资来看，大量研究发现投资者倾向于投资本国公司的股票（Tesar et al.，1995）；而从国内投资来看，本国公司的股票又更多被公司所在地的投资者持有（Seasholes et al.，2010），这些现象不仅存在于一般投资者中，即使是专业的基金经理也同样更偏好本地公司的股票（Pool et al.，2012）。那么，作为我国资本市场上的第二大机构投资者，我国保险公司的权益投资是否也存在"本地偏好"的现象？其背后的投资动机和逻辑是什么？深入研究这些问题有助于我们更好地理解和认识保险公司权益投资，对于监管部门进一步优化保险资金监管和引导保险资金投资也有重要现实启示。

鉴于此，本章旨在探讨保险公司是否会更多参股本地上市公司，并以被投资公司经营绩效和市场绩效来判断保险公司投资"本地偏好"背后的内在动机，最后还将进一步区分地区文化认同、人寿与财产保险公司及国有和民营保险公司，对保险公司投资的"本地偏好"展开异质性分析。与现有文献相比，本章的贡献如下：①本章首次证实了保险公司持股中的"本地偏好"，拓展和丰富了"本地偏好"的动机和经济后果。②本章从"认知偏误"视角对保险公司股权投资的"本地偏好"进行解释，拓展和丰富了行为金融中投资者非理性因素影响投资决策的相关研究。③本章对于监管层如何监管和引导保险公司投资也有一定的现实启示。本章研究表明，保险公司在持有本地上市公司和异地上市公司股票后，其业绩提升并未有显著差异，说明保险公司偏好投资于本地上市公司的内在逻辑是熟悉本地带来的认知偏误，而不是在信息优势下的理性决策。这意味着，监管层引导保险资金发挥积极作用的关键在于健全资本市场信息环境，同时辅之以政策引导，鼓励保险公司权益投资时积极搜寻信息，降低认知偏差的不利影响以实现多元化投资。

3.2　理论分析与研究假设

3.2.1　保险公司权益投资的"本地偏好"

从交易成本理论来看，交易双方分析和处理信息的能力有限，使得双方均为有限理性的行为主体，在评估是否交易时将考虑交易成本的高低

（Williamson，1981）。Kang 和 Kim（2008）发现，在公司并购中，收购方偏爱于地缘较邻近的目标公司，而且这类目标公司相对于偏远公司实现了较高的异常公告收益和更好的收购经营绩效，因为地理距离减少了信息搜集和监督成本。这在风险投资机构进行投资时也有所体现，投资前的机会识别、目标企业评估和投资后对企业的监督、辅助和管理咨询等活动的有效开展，均依赖于风险投资机构与目标企业的空间邻近（Sorenson et al.，2001）。而保险公司股权投资的交易成本包括投资前的信息获取成本和投资后的监督管理成本，保险公司在开展投资前要对投资目标实际生产经营状况进行深入的调查，同时在投资后也要对目标公司进行监督，以提升资金运用效率，保证投资收益。因此，当保险公司和被投资企业空间距离接近时，双方能花费更低的成本和更少的努力，更为便捷地形成多次接触，信息沟通的渠道会更加畅通。尽管目前信息技术的发展和高铁的开通提升了交通便利度，使沟通成本大大降低，但投资者和管理层之间面对面的交流仍然非常重要（Lener，1995）。另外，股权投资市场普遍存在非完全公开信息的现象，此类信息往往容易通过人际网络、社会网络等非正式渠道进行传播（李志萍 等，2014），因此保险公司可通过区域性的各种网络，相对便利地获取本地目标上市公司的非完全公开信息。所以，空间距离的远近将影响到保险公司投资的交易成本。

从行为金融理论来看，在投资领域中普遍存在着投资者对本国股票过度乐观的特性（Cooper et al.，1995），投资者的心理特征驱使其持有大量的本地股票（董大勇 等，2011）。投资者认为与投资国外股票市场相比，投资本国股票市场将获得较高的收益（French et al.，1991），Strong 等（2003）也发现美国、英国、日本的基金经理更倾向于投资本国股票。Huberman（2001）认为对公司的熟悉性会导致投资者过多地配置本地股票。Solnik（2005）指出当所投资的国外资产表现差于本国资产时，投资者在投资决策时的后悔、厌恶情绪将导致出现"家乡偏误"现象。也有研究表明风险投资机构由于认为本地公司比外地公司更加熟悉和亲切，进而投资本地公司（张学勇 等，2016）。因此，保险公司因为地理距离近的因素，不仅能较为容易地获得本地公司的经营、治理等信息，也有更多机会向当地其他专业投资机构咨询，或是通过私人社交网络等获取非公开信息而认为对本地公司很"熟悉"，从而对本地公司业绩增值的信心更加强烈，更倾向于投资本地公司，减少外地投资目标的搜寻努力。

基于以上分析，本章提出假设 3-1：

假设 3-1：其他条件相同，保险公司更可能参股本地公司，且持股比例相应更高。

3.2.2 保险机构投资者持股"本地偏好"与公司绩效

如果假设 3-1 得到验证，则说明保险公司投资上市公司呈现"本地偏好"的现象，即保险公司更愿意投资于本地的上市公司。但是我们仍然无法分清这种"本地偏好"现象产生的原因究竟是什么。理论上，保险公司投资本地上市公司可能出于信息优势效应和认知偏误两种动机，但其经济后果却各有不同，我们相应从两方面阐述理论逻辑并提出研究假设。

基于信息优势效应来看，地理位置临近有助于识别信息。即使现代信息传播技术发达，但是距离仍然阻碍了金融市场参与者间的信息传递，特别是一些"软"信息的传递（Stein，2002）。保险公司投资本地上市公司能够利用当地的社会网络获取信息，比如通过当地媒体、社会互动等方式获得相关信息，也可与当地上市公司的管理层进行面对面交流，增加接触机会，以掌握更多公开信息以外的非公开信息。同时，利用大股东自身所具备的专业优势和人才优势，能够对公司管理层进行有效的监督，进而增加公司价值，使得机构投资者能从前述监督中获得超过监督成本的收益。也就是说，在信息优势下的保险公司能够通过多渠道获得本地上市公司更有价值的信息，选择较佳的投资机会将资源更好地配置，积极发挥机构投资者的有效监督作用，降低股东与管理层之间的信息不对称程度，缓解代理冲突。所以如果保险公司更多地参股本地上市公司，通过地理位置临近的优势多途径及时、便利地获取公司运营中的各种信息，以加强对持股公司的监督，积极参与公司治理来提升上市公司经营绩效，进而促进股价上涨获得投资回报。

与信息优势效应不同，认知偏误假说认为机构投资者仅仅是因为熟悉、相对乐观情绪或社会认同等多种心理因素更加偏好本地上市公司，而并不是通过地理位置临近的优势真正获得持股公司更有价值的信息。传统的经典投资理论认为投资者应该是完全理性的，但现实中的投资者只是相对理性的，机构投资者也会存在各种认知偏误，使得其偏好持有地理上临近、认知上熟悉的上市公司股票，表现出有限理性或非理性行为。风险投资机构认为本地公司比外地企业更加熟悉和亲切，进而投资本地公司（Ivkovich et al.，2007），在这种心理驱动下，投资者甚至可能违背投资组合理论进行投资。Pool 等（2012）验证了基金经理偏好投资家乡的公司股票，但并没有获得超额收益。杨晓兰等（2016）揭示了股票市场中存在的"本地偏好"现象依赖于投资者悲观和乐观的两种情绪，由于投资者较为有限的注意力和对非本地股票的厌恶，投资者会过度关注和偏好本地股票，这是一种固有的认知偏差。因此，在认知偏误假说下，保险公司持股本地上市公司并不能有效地获取有价值的信息，偏好参股本地上市公司可能只是因为心理上更加熟悉和亲近本地上市公司，使得保险公司的监督作用发挥受到限制，持股本地上市公司后也并未提升被持股公司的公司绩效，这与投资异地上市公司并不会存在显著差异。

基于保险公司持股"本地偏好"的信息优势效应和认知偏误假说会导致不同的经济后果，本书提出竞争性假设：

假设 3-2a：其他条件相同，保险公司参股本地上市公司的绩效相比参股异地上市公司的绩效更好。

假设 3-2b：其他条件相同，保险公司参股本地上市公司的绩效相比参股异地上市公司的绩效并无显著差异。

3.3 实证研究设计

3.3.1 样本与数据

本章的研究样本为沪深 A 股全部上市公司，样本期间为 2006—2016 年。在选定样本后，本书对数据进行如下处理：①剔除金融业上市公司；②剔除样本期间内 ST、＊ST 的样本；③剔除数据缺失的样本。

关于保险机构投资者持股的数据，本章根据国泰安（CSMAR）中"十大股东文件"和"机构投资者"数据库整理后得到。同时，本书根据保险公司的股权性质和出资人性质，将保险公司的产权性质划分为国有和非国有（民营）。其中，若保险公司的实际控制人为中央政府、地方政府、国有资产监督管理委员会以及其他各级政府部门，如财政部、国家发展和改革委员会等，本章将其认定为国有。进一步地，本章根据保险公司的主要业务范围，将其分为财产保险公司和人寿保险公司。关于保险公司本地投资，本章首先根据招股说明书分别查阅上市公司的注册地，并根据 2006—2016 年的《中国保险年鉴》手工整理保险公司的地理信息，因为实际发生投资行为的保险公司可能是总部或是某个分公司，所以本章将保险公司具体位置定位到地级市层面。其他相关财务数据、公司治理及其他变量的数据均来源于 CSMAR 数据库。在获得以上数据的基础上，本章参考已有跨国并购研究的处理方式（Ahern et al.，2015），构造"保险公司-上市公司-年度"的数据结构，如"中国人寿-万科-2006"可以观测中国人寿 2006 年是否持股万科股份及其持股比例。经过以上处理，本章最终获得了 342 202 个"保险公司-上市公司-年度"的观测值，为减少异常值的影响，本章对连续变量进行 1% 和 99% 水平的缩尾处理。

3.3.2 模型与变量

笔者构建模型（3.1）以验证假设 3-1：

$$\text{Insurer}_{i,j,t} = \alpha_0 + \alpha_1 \text{Local}_{i,j,t} + \alpha_j \text{Controls}_{i,j,t} + \varepsilon_{i,j,t} \qquad (3.1)$$

其中，下标 i 为保险公司，j 为上市公司，t 为年份。保险公司参股（Insurer），本章主要采用上市公司前十大股东中是否有保险公司持股的虚拟变量（Insurer Dummy）和保险公司持股比例（Holding ratio）来衡量。本地投资（Local），若保险公司与企业注册地位于同一地级市取值为 1，否则为 0。在稳健性检验中本章还将采取多个替代性指标，Local province 定义为保险公司与企业注册地位于同一个省份、直辖市或自治区则为 1，否则为 0；Ln（distance）反映实际地理距离，将其定义为保险公司与企业注册地经纬度的直线距离，并取对数值。

模型中还设置了国内外学者认为重要的控制变量。SOE 是衡量上市公司产权性质的虚拟变量，国有上市公司赋值为 1，否则为 0。Size 衡量上市公司的资产规模，为期末总资产的自然对数。Leverage 衡量上市公司的财务杠杆，为期末总负债除以期末总资产。Top1 衡量公司股权集中度，为公司第一大股东持股比例。ROA 衡量上市公司的盈利能力，为净利润除以期末总资产。Growth 衡量上市公司的成长性，为当期期末营业收入与上期期末营业收入差额除以上期期末营业收入；Dividend ratio 衡量公司的流通股比例，为当期已流通股份除以股本总数；Risk taking 衡量上市公司的风险承担能力，为年化月个股回报率方差的对数；Earnings management 衡量公司信息不透明程度，采用修正的 Jones 模型在行业-年份层面回归得到的残差并取绝对值来衡量；Market index 衡量上市公司注册地的市场化程度，数据来源于樊纲指数；GDP 衡量上市公司地级市的经济发展水平，为上市公司所在地的国内生产总值，Per capital GDP 为上市公司地级市的人均国内生产总值。

为了检验假设 3-2，本章设定如下模型：

$$\text{Perf}_{i,j,t} = \beta_0 + \beta_1 \text{Local}_{i,j,t} + \beta_j \text{Controls}_{i,j,t} + \theta_{i,j,t} \tag{3.2}$$

其中，下标 i 为保险公司，j 为上市公司，t 为年份。对于保险公司投资绩效（Perf），本章主要以保险公司参股上市公司未来 1 年、3 年的经营绩效（ROA1，ROA3）和保险公司参股上市公司未来 1 年、3 年的持股收益（BHR1，BHR3）进行测量。解释变量和控制变量的定义与模型（3.1）一致，具体定义和说明详见表 3.1。

表 3.1　变量定义

变量符号		定义和说明
被解释变量	Insurer Dummy	公司前十大股东中存在一个或多个保险公司则为 1，反之为 0
	Holding ratio	公司前十大股东中的保险公司持股比例
	ROA1	保险公司参股的上市公司未来 1 年的资产收益率
	ROA3	保险公司参股的上市公司未来 3 年的平均资产收益率
	BHR1	保险公司参股的上市公司未来 1 年的持股收益率
	BHR3	保险公司参股的上市公司未来 3 年的平均持股收益率
解释变量	Local	本地投资保险公司与上市公司位于同一个地级市则为 1，反之为 0
	Local province	保险公司与上市公司位于同一个省份、直辖市或自治区则为 1，反之为 0
	Ln（distance）	保险公司与上市公司经纬度的实际地理距离，取对数
控制变量	SOE	上市公司为国有控股则取 1，反之为 0
	Size	上市公司规模，为期末总资产的自然对数
	Leverage	财务杠杆，上市公司资产负债率，为总负债除以期末总资产
	Top1	上市公司第一大股东持股比例
	ROA	盈利能力，上市公司总资产收益率，为净利润除以期末总资产
	Growth	上市公司成长性，当期期末营业收入与上期期末营业收入差额除以上期期末营业收入
	Dividend ratio	流通股比例，已流通股份除以股本总数

表3.1(续)

变量符号		定义和说明
控制变量	Risk taking	公司风险承担水平,年化月个股回报率方差的对数
	Earnings management	公司信息不透明程度,采用修正的 Jones 模型在行业-年份层面回归得到的残差并取绝对值来衡量
	Market index	市场化程度,来源于樊纲指数
	GDP	公司所在地级市的 GDP 值
	Per capital GDP	公司所在地级市的人均 GDP 值

3.3.3 描述性统计分析

表 3.2 是主要变量的描述性统计结果。其中,对于"保险公司-上市公司-年度"配对数据而言,有 1.61% 的上市公司中存在一个或多个保险公司作为前十大股东。关于保险公司持股比例的平均值为 0.73%,对于配对数据而言,上市公司前十大股东中被保险公司持股的比例平均达到 0.73%。从保险公司与上市公司的地理分布来看,6.39% 的上市公司与保险公司位于同一地级市,有 8.15% 的上市公司与保险公司位于同一省、自治区或直辖市。从地理距离看,上市公司与保险公司平均相隔 726.25 千米。控制变量方面,46.27% 的公司为国有上市公司;上市公司资产负债率平均为 45.6%;总资产收益率平均为 4.76%。其他变量的描述性统计结果详见表 3.2。

表 3.2 主要变量的描述性统计

变量	平均值	标准差	1/4分位数	中位数	3/4分位数	观测值
Insurer Dummy	0.016 1	0.125 8	0.000 0	0.000 0	0.000 0	342 202
Holding ratio	0.007 3	0.057 9	0.000 0	0.000 0	0.000 0	342 202
Local	0.063 9	0.244 5	0.000 0	0.000 0	0.000 0	342 202
Local province	0.081 5	0.273 6	0.000 0	0.000 0	0.000 0	342 202
Ln (distance)	6.587 9	1.321 3	6.472 5	6.982 0	7.307 3	342 202
SOE	0.462 7	0.498 6	0.000 0	0.000 0	1.000 0	342 202

表3.2(续)

变量	平均值	标准差	1/4 分位数	中位数	3/4 分位数	观测值
Size	21. 988 3	1. 265 9	21. 109 1	21. 840 6	22. 718 7	342 202
Leverage	0. 456 0	0. 212 0	0. 293 6	0. 455 9	0. 615 2	342 202
Top1	0. 354 6	0. 152 1	0. 232 5	0. 334 4	0. 462 0	342 202
ROA	0. 047 6	0. 041 6	0. 017 3	0. 036 9	0. 064 8	342 202
Growth	0. 251 9	0. 660 6	−0. 006 7	0. 124 9	0. 300 9	342 202
Dividend ratio	0. 261 2	0. 312 9	0. 000 0	0. 194 7	0. 359 1	342 202
Risk taking	0. 029 6	0. 034 2	0. 009 7	0. 018 0	0. 034 2	342 202
Earnings management	0. 073 6	0. 092 4	0. 020 6	0. 046 3	0. 090 7	342 202
Market index	2. 135 2	0. 161 0	2. 057 5	2. 162 8	2. 232 8	342 202
GDP	9. 981 2	0. 658 7	9. 663 1	9. 967 9	10. 230 0	342 202
Per capital GDP	11. 173 6	0. 413 5	10. 982 5	11. 239 5	11. 457 9	342 202

3.4　实证结果分析

3.4.1　相关性分析

表3.3报告了主要变量的相关性分析结果,本地投资(Local)与保险公司持股(Insurer Dummy、Holding ratio)显著正相关,初步验证了保险公司可能偏好持有本地上市公司股份,并且持股比例也较高,支持了保险公司持股的"本地偏好"假说。同时,保险公司与企业注册地经纬度的直线距离[Ln(distance)]越远,保险公司投资本地上市公司的可能性越小,持股比例也越低,符合"本地偏好"假说的预期。主要变量间的相关系数并不高,表明变量之间不存在严重的多重共线性。

表 3.3　相关系数

变量	(1)	(2)	(3)	(4)	(5)	(6)	(7)	(8)
(1) Insurer Dummy								
(2) Holding ratio	0.98***							
(3) Local	0.02***	0.02***						
(4) Local province	0.02***	0.02***	0.87***					
(5) Ln (distance)	-0.02***	-0.02***	-0.77***	-0.79***				
(6) SOE	0.03***	0.03***	0.04***	0.01***	-0.02***			
(7) Size	0.07***	0.06***	0.05***	0.04***	-0.05***	0.30***		
(8) Leverage	0.01***	0.01***	-0.02***	-0.03***	0.01***	0.26***	0.37***	
(9) Top1	0.03***	0.02***	0.04***	0.03***	-0.05***	0.24***	0.26***	0.06***
(10) ROA	0.02***	0.02***	0.03***	0.03***	-0.02***	-0.11***	-0.09***	-0.30***
(11) Growth	-0.01***	-0.01***	0.00**	0.00	0.01***	-0.06***	0.02***	0.08***
(12) Dividend ratio	0.01***	0.01***	0.00	0.01***	-0.01***	-0.05***	0.06***	-0.18***
(13) Risk taking	-0.03***	-0.03***	-0.02***	-0.02***	0.03***	-0.06***	-0.25***	0.07***

表3.3（续）

变量	(1)	(2)	(3)	(4)	(5)	(6)	(7)	(8)
(14) Earnings management	-0.02***	-0.01***	-0.00	-0.01***	0.00	-0.05***	-0.09***	0.11***
(15) Market index	0.02***	0.02***	0.06***	0.07***	-0.14***	-0.08***	0.05***	-0.06***
(16) GDP	0.00	0.00*	0.04***	0.12***	-0.07***	-0.11***	0.10***	-0.08***
(17) Per capital GDP	0.04***	0.04***	0.06***	0.02***	-0.12***	-0.13***	0.12***	-0.10***

变量	(9)	(10)	(11)	(12)	(13)	(14)	(15)	(16)
(10) ROA	0.06***							
(11) Growth	0.03***	0.12***						
(12) Dividend ratio	0.09***	-0.03***	-0.11***					
(13) Risk taking	-0.06***	0.12***	0.14***	-0.17***				
(14) Earnings management	-0.02***	0.15***	0.25***	-0.11***	0.20***			
(15) Market index	-0.03***	-0.04***	-0.00***	0.04***	-0.06***	-0.05***		
(16) GDP	-0.03***	-0.02***	-0.01***	0.05***	-0.06***	-0.03***	0.49***	
(17) Per capital GDP	-0.03***	-0.03***	-0.01***	0.06***	-0.07***	-0.03***	0.62***	0.29***

注：***、**、*分别表示在1%、5%、10%水平上显著相关，下同。

3.4.2 保险公司持股的"本地偏好"回归结果

笔者将相关数据代入模型（3.1）进行回归，结果如表 3.4 所示。本节旨在探讨保险公司是否更多投资于本地上市公司，因此在所有回归中均加入地区（地级市）、行业、年度固定效应，以控制这些系统性的偏差影响。表 3.4 中第（1）列和第（3）列为未加入控制变量的结果，无论是以前十大股东中是否有保险公司持股，还是以保险公司持股比例来衡量保险资金投资上市公司，本地投资（Local）的回归系数 0.521 7 和 0.004 6 均在 1%的水平下显著。加入控制变量后，结果如第（2）列和第（4）列显示，本地投资（Local）的回归系数 0.262 7 和 0.003 4 仍然在 1%的水平下显著。这一影响在经济意义上也是显著的，以第（2）列结果为例，相较于异地公司，保险公司投资本地公司的概率要高 26.27%。这些发现表明，无论是在统计意义还是经济意义上，保险公司参股上市公司确实存在"本地偏好"现象，假设 3-1 得到验证。

控制变量方面，公司规模、总资产收益率、流通股比例、市场化程度显著为正，表明规模较大、经营业绩较好、流通股比例较高、市场化程度较高地区的公司易受到保险公司青睐，保险公司持股成为前十大股东的可能性、持股比例都较高。资产负债率、风险承担水平、信息不透明程度显著为负，表明保险公司对资产负债率高、风险承担能力较差以及公司信息透明度低、信息不对称较为严重的公司，保险公司投资意愿不高，持股比例也较低。

表 3.4　保险公司持股的"本地偏好"回归结果

变量	Insurer Dummy		Holding ratio	
	（1）	（2）	（3）	（4）
Local	0.521 7 ***	0.262 7 ***	0.004 6 ***	0.003 4 ***
	（7.16）	（3.78）	（5.05）	（4.05）
SOE		0.286 4 ***		0.002 0 ***
		（5.46）		（5.40）
Size		0.399 3 ***		0.002 9 ***
		（17.73）		（14.11）

表3.4(续)

变量	Insurer Dummy		Holding ratio	
	（1）	（2）	（3）	（4）
Leverage		−0.408 4***		−0.001 6**
		（−2.98）		（−2.07）
Top1		0.193 2		−0.000 8
		（1.24）		（−0.68）
ROA		4.516 4***		0.040 3***
		（8.87）		（10.33）
Growth		−0.124 5***		−0.000 7***
		（−4.08）		（−5.44）
Dividend ratio		0.120 1**		0.000 6*
		（2.28）		（1.76）
Risk taking		−5.006 2***		−0.017 3***
		（−7.17）		（−5.59）
Earnings management		−0.926 8***		−0.004 4***
		（−3.97）		（−3.71）
Market index		4.674 7***		0.020 0***
		（4.67）		（4.60）
GDP		−2.223 2**		0.000 1
		（−2.33）		（0.02）
Per capital GDP		−1.571 2**		−0.008 8***
		（−2.02）		（−3.05）
常数项	−4.304 9***	13.563 6**	0.005 9***	−0.008 5
	（−18.61）	（2.41）	（3.49）	（−0.62）
年份、地区和行业固定效应	控制	控制	控制	控制
观测值	333 244	333 244	342 202	342 202
Pseudo. R^2/R^2	0.033 3	0.069 8	0.004 9	0.010 1

3.4.3 保险公司持股的"本地偏好"与公司绩效：信息优势还是 认知偏误

表3.5是假设3-2的回归结果。第（1）列和第（2）列分别是以 ROA1和ROA3来衡量经营绩效的回归结果，可以看出本地投资（Local） 的系数均是不显著的；第（3）列和第（4）列分别是以 BHR1 和 BHR3 来 衡量持股绩效的回归结果，可以看出本地投资（Local）的系数也均是不显 著的。这说明虽然保险公司显著偏好于投资本地上市公司，但未发现本地 投资相较于异地投资在被投资公司经营绩效和持股绩效上存在显著差异。 这意味着，保险公司的股权投资行为确实存在"本地偏好"现象，但更适 合以认知偏误假说来解释，即保险公司在投资时可能仅仅是因为熟悉、相 对乐观情绪或社会认同等多种心理因素使得对本地上市公司更加偏好，而 并不能通过地理位置临近的优势真正获得持股公司更有价值的信息。因 此，本书的实证结果验证了假设 3-2b，拒绝了假设 3-2a。

表3.5 保险公司持股的"本地偏好"与公司绩效的回归结果

变量	ROA1	ROA3	BHR1	BHR3
	（1）	（2）	（3）	（4）
Local	0.001 2	0.002 8	−0.026 7	−0.021 5
	(0.94)	(1.60)	(−1.51)	(−1.25)
SOE	−0.001 0	−0.004 1 **	−0.064 8 ***	−0.056 9 ***
	(−0.83)	(−2.23)	(−4.62)	(−3.51)
Size	0.000 8	0.000 6	−0.021 6 ***	−0.038 4 ***
	(1.55)	(0.86)	(−3.27)	(−4.86)
Leverage	−0.009 7 **	−0.017 2 ***	0.179 7 ***	−0.014 2
	(−2.31)	(−2.96)	(3.69)	(−0.26)
Top1	0.000 9	−0.000 3	0.074 4 *	0.018 2
	(0.25)	(−0.06)	(1.84)	(0.40)
ROA	0.864 0 ***	0.765 3 ***	0.705 9 ***	0.130 1
	(45.14)	(24.75)	(3.73)	(0.63)

表3.5(续)

变量	ROA1	ROA3	BHR1	BHR3
	（1）	（2）	（3）	（4）
Growth	0.002 1 *	−0.000 5	0.005 3	−0.001 2
	（1.84）	（−0.31）	（0.30）	（−0.06）
Dividend ratio	0.006 1 ***	0.005 9 **	−0.010 4	0.021 5
	（3.02）	（2.04）	（−0.45）	（0.90）
Risk taking	−0.116 4 ***	−0.077 9 **	−0.688 7 **	−0.131 0
	（−3.71）	（−2.43）	（−2.38）	（−0.55）
Earnings management	−0.012 0	−0.024 9 ***	0.048 2	0.080 2
	（−1.60）	（−2.69）	（0.52）	（1.07）
Market index	0.053 7 **	0.045 3	0.329 5	−0.449 1
	（2.01）	（1.46）	（1.00）	（−1.27）
GDP	−0.031 5	−0.032 0	−0.199 2	1.034 7 **
	（−1.21）	（−0.74）	（−0.45）	（2.32）
Per capital GDP	0.007 5	−0.005 4	0.069 4	−0.626 5 **
	（0.32）	（−0.19）	（0.17）	（−2.23）
常数项	0.059 2	0.236 7	2.289 8	−0.419 8
	（0.35）	（0.93）	（0.81）	（−0.14）
年份、地区和行业固定效应	控制	控制	控制	控制
观测值	5 474	3 801	5 460	3 785
R^2	0.618 9	0.586 2	0.565 3	0.341 2

3.4.4 异质性分析

前文结论验证保险公司投资"本地偏好"主要源于认知偏误，此处将重点考察地区的文化差异性和保险公司异质性的作用差异。

3.4.4.1 文化差异性

已有研究发现，一个地方的文化往往对该地公司和个人行为产生重要影响，因此文化差异性不仅对人口流动、经济发展差距、跨国贸易、民间金融发展等具有显著的影响（张博 等，2018），而且对风险投资公司的资产配置、公司跨国并购、公司代理成本、公司创新等都发挥着重要作用（潘越 等，2017）。对于保险公司投资而言，文化差异性因素的影响更加不容忽视。Pool 等（2012）从基金经理的投资组合研究中发现，专业的基金经理更偏好于本地和家乡公司的股票投资。Fisman 等（2017）发现借贷双方的文化相似性能够减少信息摩擦，降低交易成本，使得银行增加贷款规模，提高贷款质量并减少违约风险。曹春方等（2018）基于身份认同经济学认为公司投资中存在 CEO "家乡偏好"，即公司会在 CEO 的家乡建立更多的异地子公司。因此，保险公司投资除了更多地受到监管政策的影响之外，汉语方言所体现的地域文化和身份认同以及由此形成的社会资本网络，在保障保险资金投资收益、降低投资风险方面的作用也更加突出。

本书借鉴高翔和龙小宁（2016）对文化差异性的测量，即判断每个城市所属区域文化是否与该省主流文化相同时，用该城市方言与省会城市方言是否相同来代理。因此，本书将研究样本分为同一方言地区和不同方言地区来检验保险公司投资的"本地偏好"效应。同一方言地区是指地级市与省会城市属于同一方言，不同方言地区是指地级市与省会城市不属于同一方言，就是文化分割区。回归结果如表 3.6 所示。无论是以保险公司是否为前十大股东，还是以保险公司持股比例来衡量保险公司投资，均发现本地投资（Local）的系数在不同方言地区的样本中都为正，且在 1% 的水平下显著，证明了当保险公司处于文化分割地区时，其"本地偏好"投资动机更强。这可能是相对于存在文化分割的地区，即当地的方言和省会城市的方言不是同一种类，使用同一种方言的群体内部拥有更易于接受的沟通方式、类似的风俗习惯、行为准则和道德规范，所以在文化分割地区的保险公司，到其他省份的城市或本省其他城市进行权益投资时，会因文化差异产生的不信任和非正式制度冲突提高交易成本，所以此区域的保险公司对本地上市公司的认同感会更加强烈，使得其更加愿意投资本地上市公司。

表 3.6　区分文化差异性的回归结果

变量	Insurer Dummy		Holding ratio	
	同一方言	不同方言	同一方言	不同方言
	（1）	（2）	（3）	（4）
Local	0.121 4	0.284 1***	0.001 0	0.004 2***
	（0.72）	（3.59）	（0.90）	（3.90）

表3.6(续)

变量	Insurer Dummy		Holding ratio	
	同一方言	不同方言	同一方言	不同方言
	（1）	（2）	（3）	（4）
控制变量	控制	控制	控制	控制
年份、地区和行业固定效应	控制	控制	控制	控制
观测值	85 186	247 568	90 282	251 920
Pseudo. R^2/R^2	0.068 1	0.071 1	0.007 2	0.011 1

3.4.4.2 保险公司异质性

已有研究表明，财产保险公司和人寿保险公司在产品特点、资金属性、资产负债匹配管理的期限等方面有所差异，财产保险公司基本以短期业务为主，而人寿保险公司以长期险种为主，因此人寿保险公司在投资期限和渠道选择上较财产保险公司而言会更为宽松。寿险资金具有投资期限较长、风险偏好较低、资金量较大等特点，其投资上市公司往往能够起到价值投资导向、平抑市场波动的作用（王媛媛 等，2017）；而财产保险公司的投资更加关注当期收益和股票流动性，即使作为大股东持股上市公司，介于资金来源的性质和资产负债匹配管理的要求，其只能短期持有股票。因此，人寿保险公司和财产保险公司在投资风格上的差异，使得各自的投资偏好也会有所不同。

本书从 CSMAR "十大股东文件"中获取保险公司投资上市公司的数据，将样本中的保险公司分为财产保险和人寿保险公司，以分组检验保险公司持股的"本地偏好"效应在两类公司中是否有明显差异。回归结果如表 3.7 中的 Panel A 所示，无论是以保险公司是否为前十大股东，还是以保险公司持股比例来衡量保险公司投资，均发现本地投资（Local）的系数在人寿保险公司的样本中都为正，且在 1% 的水平下显著，证明了当保险公司为人寿保险公司时，其"本地偏好"投资动机更强，也验证了不同来源的保险资金，其持股的"本地偏好"存在显著差异。这可能是由于人寿保险公司投资收益的波动性远远大于财产保险公司投资收益的波动性，投资于较为熟悉的本地上市公司更利于人寿保险公司控制投资风险，保障投资收益。

同时，考虑到不同类型的保险公司在投资逻辑和投资策略上可能存在较大差异，因此本章也具体区分国有保险公司和民营保险公司来进一步检验。本章从 CSMAR "十大股东文件" 数据库中获取保险公司投资上市公司的数据，将样本中的保险公司分为国有和民营保险公司样本，以分组检验保险公司持股的"本地偏好"效应在两类公司中是否有明显差异。回归结果如表 3.7 中的 Panel B 所示，无论是以保险公司是否为前十大股东，还是以保险公司持股比例来衡量保险公司投资，均发现本地投资（Local）的系数在国有保险公司的样本中都为正，且在 1% 的水平下显著，证明了当保险公司为国有时，其"本地偏好"投资动机更强，也验证了在不同产权性质下的保险公司投资，"本地偏好"存在显著差异。这可能是由于有政府背景的保险公司其投资地域更小。

表 3.7　区分保险公司异质性的回归结果

Panel A 区分人寿保险与财产保险公司的回归结果				
变量	Insurer Dummy		Holding ratio	
	财险公司	寿险公司	财险公司	寿险公司
	（1）	（2）	（1）	（2）
Local	0.259 7	0.266 0 ***	0.001 3	0.004 1 ***
	（1.33）	（3.76）	（1.50）	（3.98）
控制变量	控制	控制	控制	控制
年份、地区和行业固定效应	控制	控制	控制	控制
观测值	71 170	262 041	75 533	266 669
Pseudo. R^2/R^2	0.084 3	0.079 9	0.006 1	0.012 5
Panel B 区分国有与民营公司的回归结果				
变量	Insurer Dummy		Holding ratio	
	民营公司	国有公司	民营公司	国有公司
	（1）	（2）	（1）	（2）
Local	0.259 7	0.266 0 ***	0.001 3	0.004 1 ***
	（1.33）	（3.76）	（1.50）	（3.98）
控制变量	控制	控制	控制	控制
年份、地区和行业固定效应	控制	控制	控制	控制
观测值	71 170	262 041	75 533	266 669
Pseudo. R^2/R^2	0.084 3	0.079 9	0.006 1	0.012 5

3.4.5 稳健性检验

为确保主要结论的可靠性，本章进行了稳健性检验：采用保险公司与持股公司注册地是否位于同一个省、直辖市或自治区的哑变量（Local province）和保险公司与公司注册地经纬度直线距离［Ln（distance）］来替代测量地理距离，回归结果如表 3.8 所示。无论是以保险公司是否为前十大股东，还是以保险公司持股比例来衡量保险公司投资，均发现地理距离（Local province）的系数都为正，且在 1% 的水平下显著，证明了当保险公司和被投资公司位于同一个省、自治区或直辖市时，保险公司投资的"本地偏好"投资动机更强；第（2）和第（4）列的结果显示，地理距离［Ln（distance）］的系数都为负，且在 1% 的水平下显著，证明了当保险公司和被投资公司的距离越远时，保险公司的"本地偏好"投资动机越弱。以上证据表明，在进一步控制以上因素后，本章主要结论依然成立。

表 3.8　稳健性检验

变量	Insurer Dummy		Holding ratio	
	（1）	（2）	（3）	（4）
Local province	0.255 9***		0.002 9***	
	(3.95)		(4.17)	
Ln（distance）		−0.053 6***		−0.000 6***
		(−3.83)		(−4.07)
控制变量	控制	控制	控制	控制
年份、地区和行业固定效应	控制	控制	控制	控制
观测值	333 244	333 244	342 202	342 202
Pseudo. R^2/R^2	0.069 9	0.069 9	0.010 1	0.010 1

3.5　结论

本章基于 2006—2016 年全部 A 股上市公司为样本的研究，证实保险公司股权投资源于认知偏误而存在"本地偏好"，以此作为打开保险公司投资收益率低下"黑箱"的一个可能的解释。研究发现，保险公司显著偏好于投资本地上市公司，且未发现保险公司本地投资相较于异地投资在经营和市场绩效上存在显著差异。进一步发现，文化分割所在地区的保险公司股权投资"本地偏好"动机更强；人寿相较于财产保险公司、国有相较于民营保险公司的股权投资更容易出现"本地偏好"。以上证据表明，我国保险公司的权益投资行为确实存在"本地偏好"，并且更适合以认知偏误假说来解释，而不是信息优势效应。

本章的研究有如下几点启示：第一，在分析"本地偏好"问题时，不能只关注信息优势效应，随着行为金融理论的逐步发展和完善，投资者行为的认知偏误必将与"本地偏好"现象结合起来进行研究。第二，本章的研究结论对于我们深入理解机构投资者特别是保险机构投资者的行为、提高相关政策部门的保险资金监管能力以及提升保险公司投资的投资绩效都有着一定的参考价值。第三，资本市场的信息环境建设还未健全，应鼓励保险公司多元化、多地投资以真正发挥我国第二大机构投资者的信息治理效应。

4 保险机构投资者实地调研与投资收益

4.1 引言

实地调研已成为我国机构投资者与上市公司管理层开展私下沟通，获取私有信息的重要方式（谭劲松 等，2016）。已有研究发现，机构投资者能通过实地调研行为搜寻私有信息来提高自身的投资收益水平和投资能力（董永琦，2019）。具体到本章所研究的主体，保险机构投资者具有投资资金期限长、投资风格稳健审慎的特点。相较于其他机构投资者而言，保险机构投资者更注重自身投资资金的安全性，投资风格更为审慎稳健。因此，保险机构投资者近年来在资本市场上多以"财务投资者"的角色出现。

而随着资本市场深化改革的持续推进，资本市场的长远健康发展需要保险机构以一个更加积极的"外部监督者""价值创造者"的角色参与到资本市场的运作中（李蕾 等，2014）。于保险机构投资者自身而言，也希望进一步提高自身权益类资金的配置比例，更加深度地参与到资本市场中，以获得更高的投资收益和股东回报。但权益类市场投资的高风险性与保险资金的安全性底线之间的冲突成为制约保险机构投资者深度参与权益市场投资的矛盾，资本市场的信息不对称的程度高和信息披露制度的不完善使得保险机构投资者并不能全面地掌握投资标的的信息从而降低自身的投资风险。而实地调研作为保险机构投资者与上市公司管理层私下沟通，获取私有信息的重要方式，其能够降低保险机构投资者在资本市场的信息不对称程度，进一步提高自身的投资收益。

4.2　理论分析与研究假设

一方面，从信息经济学的角度出发，保险机构投资者实地调研所获取的非公开信息为其投资收益的提升提供了实现路径。资本市场是信息的市场，保险机构投资者依赖自身所拥有的信息进行投资决策，当拥有的信息越全面时，所做出的决策就越准确、科学，从而获得更高的投资收益。而实地调研作为机构投资者非公开信息搜寻的重要方式与渠道，可以给机构投资者带来更多的超额收益。唐松莲等（2017）指出实地调研行为能够帮助基金机构投资者建立信息优势，从而获得超额收益。而徐泽林等（2021）基于买方机构投资者也得出了类似的结论，即实地调研能够提高买方机构投资者的投资收益。保险机构投资者作为买方机构投资者中资金量大、投资周期长的稳健投资者，其也必然能够通过实地调研获取更多的公司信息，降低自身信息不对称程度，从而提高自身投资收益。

另一方面，从股东积极主义的角度出发，保险机构投资者频繁参与实地调研活动是股东积极主义的集中体现。保险机构投资者通过实地调研渠道参与到上市公司治理，能够发挥自身专业的风险管理职能，进一步提升企业的生产经营效率（睢岚等，2022）、内部控制水平（余海宗等，2019）、股价稳定性（夏常源等，2020）、业绩水平（付志刚等，2021）等。而被调研公司经营管理水平、业绩表现等方面的提高，也有利于保险机构投资者提高自身的投资收益。

综上所述，本章认为无论是从信息经济学还是从股东积极主义的角度，保险机构投资者实地调研行为都能够提升自身的投资收益。鉴于此，本章提出以下假设：

假设4-1：保险机构投资者实地调研可以提升其投资收益。

4.3　实证研究设计

4.3.1　样本选取与数据来源

本章初选2015—2019年中国保险公司的面板数据作为研究样本，检验保险机构投资者实地调研如何影响自身投资收益，共 181 个公司样本。对初始数据进行如下处理：①删除数据有缺失的样本，共 29 个公司样本。②专业型保险公司与传统的财产保险、人寿保险公司，在经营策略和投资行为上存在较大的差异，为避免专业型保险公司对实证结果的影响，本章剔除了出口信用保险、再保险、农业保险、机动车保险、健康保险、养老保险等专业型保险公司，共 49 个公司样本。③剔除保险集团公司，共 9 个公司样本。④为避免异常值对于回归结果的影响，对所有解释变量和控制变量采取上下 1% 的缩尾处理。最终，本章选取 94 家保险公司的面板数据，共 470 个观测值。保险公司数据是通过手工收集的，其来源是原银保监会、中国保险行业协会和《中国保险年鉴》。实地调研数据则来自 CSMAR 投资者关系管理库中的相关数据。本章使用 stata15 进行数据处理。

4.3.2 变量选取

4.3.2.1 核心被解释变量的选取

本章使用的投资收益指标数据是基于《中国保险年鉴》中保险公司的原始财务数据测算得出的。在指标的选取上，本章参考银保监会于 2015 年发布的《保险公司经营评价指标体系（试行）》和侯旭华（2019）的做法，采取两个投资收益率指标代表保险公司的投资收益水平。

净投资收益率（InvRate）通常作为保险机构投资业绩的评价指标，该指标体现了保险公司投资收益的长期性与稳定性。在净投资收益率的计算分子为利润表口径下的净投资收益，分母为平均投资资产。

净投资收益率的表达式为

$$净投资收益率 = 净投资收益 / 平均投资资产 \qquad (4.1)$$

其中，平均投资资产 =（本年年末投资资产总计+上年年末投资资产总计）/2

综合投资收益是在净投资收益的基础上考虑可供出售金融资产的浮盈亏变动所得，与净投资收益率相比，综合投资收益率更受投资者的关注，该指标代表保险公司的综合投资能力。

综合投资收益率的表达式为

$$综合投资收益率 = 综合投资收益 / 平均投资资产 \qquad (4.2)$$

4.3.2.2 核心解释变量的选取

本章使用的保险机构投资者实地调研数据来自 CSMAR 数据库，参考谭劲松和林雨晨（2016）的做法，采用保险公司实地调研活动次数（Visit）来代表保险机构投资者实地调研活动强度。用保险机构投资者在一年内调研次数加一的对数值来衡量，能够体现出保险机构投资者对于实地调研活动开展的强度。保险公司开展实地调研强度（Visit）表达式为

$$\text{Visit} = \ln（1 + 公司 i 在 t 年对上市公司进行实地调研的次数）\quad(4.3)$$

除此之外，为了更好地观察保险机构投资者开展实地调研的情况，本章参考卜君（2020）的研究，采用是否开展实地调研（VisitIf）衡量保险机构投资者在观测年内是否有开展过实地调研活动，若有则取值为 1，否则为 0。

4.3.2.3 控制变量的选取

在控制变量的选取上，本章借鉴占梦雅（2022）、李红坤和祁永正（2021）的方法，在公司层面上，选取资产规模（Assets）、保费规模（Inc）和利润增长效率（Devlp）来控制公司规模对于自身投资收益的影响，规模稳定、保费收入高、利润增长稳定的保险公司通常分担风险的能力更强，投资渠道更加多样，投资也相对稳健；但规模较大的公司往往能受到政府的保护和消费者的信赖，从而有更高的风险偏好，追求收益更高的投资组合，因此公司规模对于自身的投资收益存在影响，本章控制了公司的资产规模和保费规模。更进一步地，本章参照边文龙和王向楠（2017）的做法，选取员工教育程度（Edu）、分出保费占比（CeRatio）和市场份额（MP），控制了保险公司在市场层面上对于自身投资收益的影响，员工教育程度高、市场份额占比大的保险公司往往能够获得消费者的信任，有着更高的保费收入，从而能提供更多用于投资的资金；而再保险水平代表着保险公司对于自身业务风险的分散程度，保险公司能够通过再保险来降低自身的承保风险和提高投资风险的承担水平。参考赵桂芹和吴洪（2013）、胡良（2014）的研究，控制了综合偿付能力水平（Solvency）以控制偿付能力水平对于保险公司自身投资收益的影响，偿付能力水平较高的保险公司往往有着更高的风险偏好，倾向于更高的风险承担水平，追求更高收益的投资组合。本章考虑到保险公司投资收益受宏观经济环境变动的影响以及可能存在遗漏变量的内生性问题，控制了年度固定效应以及个体固定效应，弱化了宏观经济对于保险公司投资收益的影响，同时解决了部分遗漏变量的内生性问题。变量定义见表 4.1 所示。

表 4.1　变量定义

变量类型	变量名称	变量符号	计算方法
被解释变量	净投资收益率	InvRat	净投资收益/平均投资资产
	综合投资收益率	TInvRate	综合投资收益/平均投资资产
解释变量	实地调研强度	Visit	公司 i 在 t 年调研次数 +1 的对数值
	是否开展实地调研	VisitIf	公司 i 在 t 年开展实地调研取值为 1，否则为 0
控制变量	资产规模	Assets	保险公司期末资产的对数值
	保费规模	Inc	保险公司期末已赚保费的对数值
	员工教育程度	Edu	本科及以上学历人数/总职工人数
	分出保费占比	CeRatio	公司 i 在 t 年分出保费/总保费收入
	综合偿付能力水平	Solvency	公司 i 在 t 年偿付能力溢额对数值
	利润增长效率	Devlp	公司 i 在 t 的净利润增长额除以近两年的平均资产额
	市场份额	MP	公司 i 在 t 年总保费收入/全行业总保费收入

4.3.3　实证模型设定

为考察保险机构投资者实地调研行为与自身投资收益之间的关系，本章借鉴赖黎等（2020）的研究，构建如下模型：

$$\text{Invest}_{it} = \beta_0 + \beta_1 \text{Visit}_{it} + \beta_2 \text{Controls}_{it} + \sum \text{YEAR}_t + \sum \text{FIRM}_i + \varepsilon_{it} \quad (4.4)$$

其中，Invest_{it} 表示保险公司的投资收益水平，Visit_{it} 表示保险公司实地调研强度，Controls_{it} 为控制变量，$\sum \text{YEAR}_t$ 和 $\sum \text{FIRM}_i$ 分别代表年度固定效应和个体固定效应，ε_{it} 为随机扰动项。

4.4　实证结果分析

4.4.1　描述性统计与差异性检验

表 4.2 列示的变量描述性统计结果为初步了解保险机构投资者实地调研和自身投资收益的概况提供支持。从表 4.2 可以看出，保险机构投资者是否开展实地调研（VisitIf）的平均值为 0.485 1，说明只有 48.51% 的保险机构投资者开展过实地调研活动，我国保险机构投资者的实地调研活动的开展比例不到 50%。与我国基金公司平均参与比例高达 83.9%（董永琦，2019）相比，保险机构投资者开展程度不高，说明保险机构投资者大多没有开展实地调研的动机和意愿，原因可能是保险机构投资者不能准确地认识到开展实地调研行为对自身投资收益的影响。从另一个角度看，作为投资风格稳健、资金规模庞大的机构投资者，保险机构投资者普遍还未能通过实地调研这一方式对上市公司进行外部监督，起到外部治理作用，提高我国上市公司的质量，促进资本市场的健康发展。实地调研强度（Visit）的最大值为 4.663 4，该数值是经过对数化处理的，实际情况为保险机构投资者一年内最多对上市公司开展了 137 次实地调研活动，该数据为中国人寿保险股份有限公司 2016 年的实地调研数据；标准差为 1.332 7，实际情况为保险机构投资者实地调研的标准差为 17.68 次，说明不同保险公司的实地调研强度具有较大差异，这可能和公司经营策略有关，例如，以资产驱动模式经营的保险公司，会更注重自身投资业务的收益水平以弥补负债端的缺口，因此会更注重实地调研行为以降低自身与上市公司的信息不对称程度。

表 4.2　全样本变量描述性统计

变量	样本量	平均值	标准差	最小值	中位数	最大值
InvRate	470	0.048 9	0.020 8	0.000 1	0.047 9	0.125 3
TInvRate	470	0.052 3	0.021 5	0.000 2	0.051 0	0.132 4
Visit	470	1.029 5	1.332 7	0.000 0	0.000 0	4.663 4
VisitIf	470	0.485 1	0.500 3	0.000 0	0.000 0	1.000 0

表4.2(续)

变量	样本量	平均值	标准差	最小值	中位数	最大值
Assets	470	9.795 5	1.873 4	5.961 4	9.583 6	14.807 6
Inc	470	8.480 9	2.158 4	-1.386 3	8.450 4	13.010 1
Edu	470	0.423 9	0.238 3	0.042 6	0.400 0	0.997 1
CeRatio	470	0.075 9	0.116 9	-0.029 1	0.031 9	0.619 8
Solvency	470	7.712 7	1.771 1	2.545 6	7.581 8	13.021 7
MP	470	0.004 4	0.011 3	0.000 0	0.000 7	0.073 3
Devlp	470	-0.000 7	0.021 5	-0.096 0	0.000 0	0.059 8

在投资收益指标测度上，全样本保险公司的平均净投资收益率（InvRate）为4.89%，总体而言，我国保险机构投资者投资风格相对稳健，普遍呈低风险偏好；从另一个角度看，我国保险机构投资者仍有很大的权益性投资和另类投资资产配置空间，以充分提高自身投资收益，发挥服务经济发展、维护市场稳定的潜能；标准差为0.020 8，说明我国保险机构投资者的投资收益差异较大，这可能与不同保险机构投资者对于风险有不同的偏好水平和承担水平，从而选取风格不同的投资组合有关。综合投资收益率（TInvRate）的平均值为5.23%，标准差为0.021 5，相较于净投资收益率，综合投资收益率的均值较高，说明保险机构投资者参与到资本市场中基本获得了正的收益，而由于综合投资收益率包含了权益类资产的盈亏浮动，其波动性较大，但总体仍趋于稳定。

控制变量方面，资产规模（Assets）的平均值为9.795 5，最小值为5.961 4，最大值为14.807 6，与现有文献（崔微微 等，2020）基本保持一致。在保费规模（Inc）方面，全样本公司的平均值为8.480 9，最低为-1.386 3，最高达到13.010 1。员工教育程度（Edu）的平均值为0.423 9，说明保险公司本科及以上学历水平员工占比达到42.39%，体现了普遍较高的人员素质。在再保险水平（CeRatio）方面，分出保费占比的平均值为0.075 9，最大值为0.619 8，标准差为0.116 9，说明再保险业务在我国保险市场普遍低迷，不同保险公司之间的再保险水平差异较大。在偿付能力水平（Solvency）方面，全样本保险公司的偿付能力溢额平均值为7.712 7，标准差为1.771 1，说明我国保险公司普遍维持着较高的偿付能力水平，具有良好的风险承担能力。而在市场（MP）方面，市场份额的平均值为

0.004 4，最大值为 0.073 3，标准差为 0.011 3，说明我国保险市场分布并没有出现以往"一家独大"或是"四家独大"的局面，已经形成了良性的竞争市场。而在盈利能力（Devlp）方面，利润增长率的平均值为−0.000 7，中位数为 0，说明近半数保险公司利润情况并不乐观，一方面可能是因为人寿保险公司样本的利润需要长期释放，并不适用年利润增长率衡量；另一方面也在一定程度上说明保险公司风险偏好总体偏低，再加之对资本标的不熟悉，导致权益类资产配置常年处于低位，从而使得利润增长不乐观，进一步证明了需要通过保险机构投资者实地调研的方式加深对资本市场投资标的的了解，提高权益类资产配置占比，改善自身利润增长情况。

本章根据是否开展保险机构投资者实地调研对总体样本进行分组，然后对两组样本除解释变量外的所有变量进行差异性检验（T 检验），结果如表 4.3 所示。开展实地调研的保险机构投资者共计 228 个年度−公司观测值，没有开展实地调研的保险机构投资者则有 242 个年度−公司观测值。其中，开展实地调研的保险机构投资者组的平均净投资收益率（InvRate）和平均综合投资收益率（TInvRate）要高于未开展实地调研的保险机构投资者组。在进行差异性检验后，T 值为−4.906 4 和−5.712 9，结果显示均在 1%的水平下显著。这说明，无论从哪个投资收益指标来看，开展实地调研的保险机构投资者的投资收益率都要更高。这也在一定程度上说明，开展实地调研对于保险机构投资者自身的投资收益水平存在潜在影响。

表 4.3　单变量分析

变量	保险机构投资者未实地调研		保险机构投资者实地调研		均值差异	T 值
	数量	均值	数量	均值		
InvRate	242	0.044 4	228	0.053 6	−0.009 2	−4.906 4 ***
TInvRate	242	0.046 9	228	0.057 9	−0.011 0	−5.712 9 ***
Assets	242	9.177 4	228	10.451 6	−1.274 1	−7.822 3 ***
Inc	242	7.996 9	228	8.994 5	−0.997 6	−5.179 8 ***
Edu	242	0.474 5	228	0.370 2	0.104 4	4.855 7 ***
CeRatio	242	0.100 3	228	0.050 0	0.050 3	4.813 6 ***
Solvency	242	7.434 0	228	8.008 4	−0.574 5	−3.551 6 ***

表4.3(续)

变量	保险机构投资者未实地调研		保险机构投资者实地调研		均值差异	T 值
	数量	均值	数量	均值		
MP	242	0.003 6	228	0.005 3	−0.001 7	−1.572 7
Devlp	242	−0.001 0	228	−0.000 4	−0.000 6	−0.294 7

　　而从控制变量的差异性分析结果可以看出，相较于没有开展实地调研的保险机构投资者组，开展实地调研的保险机构投资者组的资产规模（Assets）、保费规模（Inc）、偿付能力水平（Solvency）均更高；而员工教育程度（Edu）和分出保费占比（CeRatio）均更低；市场份额（MP）和利润增长率（Devlp）在两组中未发现明显差异，说明控制变量的选取总体上比较合理。

4.4.2　相关性检验

　　为防止可能存在的多重共线性导致的伪回归问题，本章先对主要变量进行了相关性分析。表4.4列示了主要变量的 Pearson 分析和 Spearman 分析，可以看出，在被解释变量方面，保险机构投资者实地调研强度变量（Visit、VisitIf）与投资收益变量指标（InvRate、TInvRate）显著正相关。初步说明了保险机构投资者的实地调研能够提高自身的投资收益。在控制变量方面，保险公司的资产规模（Assets）、保费规模（Inc）、偿付能力水平（Solvency）、市场份额（MP）、利润增长率（Devlp）均与投资收益变量指标（InvRate、TInvRate）显著正相关，而员工教育程度（Edu）和分出保费占比（CeRatio）呈负相关关系，初步说明本书控制变量的选取是合理的。所有控制变量之间的相关性系数基本不超过 0.8，说明不存在严重的多重共线性问题。

表4.4　主要变量的相关性分析

Pearson	InvRate	TInvRate	Visit	VisitIf	Assets	Inc
InvRate		0.889 ***	0.305 ***	0.289 ***	0.318 ***	0.227 ***
TInvRate	0.914 ***		0.331 ***	0.309 ***	0.318 ***	0.250 ***
Visit	0.240 ***	0.282 ***		0.932 ***	0.413 ***	0.304 ***

表4.4(续)

VisitIf	0.221***	0.255***	0.797***		0.360***	0.261***
Assets	0.270***	0.276***	0.432***	0.340***		0.913***
Inc	0.255***	0.283***	0.291***	0.231***	0.853***	
Edu	−0.147***	−0.201***	−0.202***	−0.219***	−0.302***	−0.331***
CeRatio	−0.165***	−0.169***	−0.183***	−0.215***	−0.216***	−0.205***
Solvency	0.103**	0.107**	0.236***	0.162***	0.792***	0.690***
MP	0.087*	0.078*	0.234***	0.073	0.654***	0.577***
Devlp	0.271***	0.231***	0.036	0.014	0.141***	0.148***
Spearman	Edu	CeRatio	Solvency	MP	Devlp	
InvRate	−0.136***	−0.250***	0.128***	0.292***	0.270***	
TInvRate	−0.199***	−0.248***	0.142***	0.301***	0.229***	
Visit	−0.237***	−0.333***	0.201***	0.275***	−0.008	
VisitIf	−0.230***	−0.321***	0.177***	0.232***	−0.013	
Assets	−0.313***	−0.265***	0.757***	0.882***	0.122***	
Inc	−0.302***	−0.178***	0.765***	0.957***	0.103**	
Edu		0.258***	−0.203***	−0.279***	0.079*	
CeRatio	0.270***		−0.164***	−0.156***	0.048	
Solvency	−0.201***	−0.234***		0.752***	0.116**	
MP	−0.103**	−0.115**	0.679***		0.113**	
Devlp	0.065	0.012	0.134***	0.063		

注：Person、Spearman 系数位于表左、右下角；*，**，*** 表示在 10%，5%，1% 的显著性水平。

出于对于相关性分析结果稳健性的考虑，本章进一步进行了方差膨胀因子检验，表4.5 报告了方差膨胀因子检验所得到的结果，其中，各变量的方差膨胀因子值均小于10，进一步证明了本章的各变量之间不存在严重的多重共线性问题。

表 4.5　主要变量的方差膨胀因子检验

变量	投资收益率指标（InvRate、TInvRate）	
	VIF	1/VIF
Assets	6.35	0.157 6
Inc	3.91	0.256 0
Solvency	3.24	0.308 3
MP	2.04	0.490 4
Visit	1.34	0.746 0
Edu	1.23	0.812 6
CeRatio	1.14	0.878 5
Devlp	1.05	0.955 6
Mean VIF	2.54	

4.4.3　实地调研与保险公司投资收益

表4.6是保险机构投资者实地调研与保险公司投资收益的回归结果。其中列（1）、列（3）仅控制了年度固定效应和个体效应，在此基础上，列（2）、列（4）进一步控制了其他可能影响保险公司投资收益的控制变量。由表4.6可知，无论是否添加控制变量，实地调研强度变量（Visit）都与投资收益指标（InvRate、TInvRate）显著正相关，且控制变量添加前后，并不改变实地调研强度变量回归系数的显著性水平，说明实地调研能够提高保险公司的投资收益。回归结果的经济意义也同样显著，以列（2）和列（4）为例，在控制其他条件不变的情况下，保险机构投资者的实地调研强度每提高一个百分点，就会给自身带来平均值为0.063 3%的净投资收益率的提升和平均值为0.078 4%的综合投资收益率的提升，这意味着保险机构投资者能从实地调研行为中提高了自身的投资收益，支持了本章所提出的假设。

控制变量方面，本章发现保费规模（Inc）、分出保费占比（CeRatio）和利润增长率（Devlp）能显著提高保险公司投资收益。保费规模（Inc）的回归系数显著为正，说明保费规模的扩大会带来保险公司净投资收益率和综合投资收益率的提升，保费收入是投资资金的主要来源，保费收入的提高能够给保险机构投资者带来更多的投资资金，从而提高自身的投资收益率；分出保费占比（CeRatio）的回归系数显著为正，从风险的角度考虑，保险公司再保险比例的提高，能够减少保险公司的承保风险和财务风险，而投资风险和承保风险、财务风险之间存在着高度相关性，通过承保风险和财务风险的降低，能够进一步提高保险资金的使用效率，提高保险收益率；利润增长率（Devlp）的回归系数显著为正，说明保险公司利润增长率的稳步增加能够提高保险公司的净投资收益率和综合投资收益率。控制变量的结果与边文龙和王向楠（2017）、李红坤和祁永正（2021）基本保持一致。本章的回归分析没有发现资产规模（Assets）、员工教育程度（Edu）、偿付能力水平（Solvency）和市场份额（MP）与保险公司的投资收益之间存在显著关系。

表 4.6 保险机构投资者实地调研与保险公司投资收益的回归结果

变量	（1） InvRate	（2） InvRate	（3） TInvRate	（4） TInvRate
Visit	0.003 9 **	0.003 1 **	0.005 0 ***	0.004 1 ***
	(2.19)	(2.08)	(2.68)	(2.61)
Assets		0.000 9		0.000 3
		(0.17)		(0.05)
Inc		0.005 6 ***		0.006 5 ***
		(3.53)		(4.44)
Edu		0.000 0		−0.000 9
		(0.01)		(−0.16)
CeRatio		0.000 3 **		0.000 3 **
		(2.00)		(1.97)
Solvency		−0.001 8		−0.001 4
		(−1.32)		(−1.00)
MP		−0.000 2		0.001 0
		(−0.12)		(0.70)
Devlp		0.002 3 ***		0.001 9 ***
		(5.85)		(3.98)
FIRM	控制	控制	控制	控制
YEAR	控制	控制	控制	控制

表4.6(续)

变量	（1） InvRate	（2） InvRate	（3） TInvRate	（4） TInvRate
常数项	0.044 9 ***	0.002 2	0.047 1 ***	−0.000 6
	（22.11）	（0.04）	（22.66）	（−0.01）
N	470	470	470	470
adj. R^2	0.387	0.478	0.365	0.444

注：*，**，*** 表示在10%，5%，1%的显著性水平；括号内为 t 值，并经过 robust 调整。

4.4.4　内生性检验与稳健性检验

4.4.4.1　基于动态面板回归模型的内生性检验

由于数据收集的滞后性以及实地调研强度指标是由手工筛选的等，本章样本中可能存在着样本选择偏差。同时考虑到自身面临的投资风险大，过去投资收益率普遍较高的保险公司，在负债端产品设计上会倒逼资产端的投资收益要求。这些保险公司迫于投资业绩压力会倾向开展更多的实地调研，以进一步缓解其与被调研公司的信息不对称程度，从而导致实证结果在一定程度上受到互为因果的内生性干扰。而在指标考虑上，由于数据收集滞后和会计估计处理等，保险公司的投资收益测量指标难以避免存在那些在观测期已经发生的、难以观测到的外部冲击。为了进一步排除样本选择偏差与互为因果的内生性问题对回归结果的影响，本章借鉴边文龙和王向楠（2017）的做法，在模型（4.4）的基础上加入因变量的滞后项作为解释变量重新进行回归，设定计量模型如下：

$$\text{Inv}_{it} = \beta_0 + \beta_1 \text{Inv}_{it-1} + \beta_2 \text{Visit}_{it} + \text{Control}_{it}$$
$$+ \sum \text{YEAR} + \sum \text{FIRM} + \varepsilon_{it} \tag{4.5}$$

由于引入因变量的滞后一期项作为解释变量会引起解释变量的内生性问题，此时使用面板数据的固定效应所估计的参数值也是有偏的。本书借鉴张雪兰和何德旭（2012）的做法，采取系统 GMM 估计法对模型进行估计。同时将模型中的所有解释变量和控制变量的滞后项作为内生变量，将年份虚拟变量作为工具变量进行检验。表4.7报告了全样本系统 GMM 估计的回归结果。

由表4.7可知，实地调研强度（Visit）的回归系数仍在10%以上的水平显著正相关，且 HensenJ 检验和 AR（2）检验的 P 值均大于 0.1，说明工具变量的选取是合理的，回归结论具有良好的稳健性，仍然支持了本章的主要结论。

表 4.7 内生性检验：动态面板回归

变量	（1） InvRate	（2） TInvRate
LInvRate	0.038 9	
	（0.47）	
LTInvRate		0.032 4
		（0.44）
Visit	0.006 5**	0.005 3*
	（2.09）	（1.91）
Assets	−0.010 7	−0.003 6
	（−0.92）	（−0.46）
Inc	0.004 7	0.003 8
	（0.50）	（0.73）
Edu	−0.016 6	−0.001 9
	（−0.70）	（−0.11）
CeRatio	−0.031 0	−0.006 1
	（−0.58）	（−0.14）
Solvency	−0.003 9	−0.004 5
	（−0.70）	（−1.42）
MP	0.050 5	0.074 8
	（0.34）	（0.42）
Devlp	0.827 8***	0.556 2
	（4.66）	（1.53）
FIRM	控制	控制
Year	控制	控制
常数项	0.141 4**	0.081 0**
	（2.23）	（2.16）
HansenJ 检验	［0.972］	［0.738］
AR（2）检验	［0.637］	［0.743］

注：*，**，***表示在 10%，5%，1%的显著性水平；括号内为 t 值，并经过 robust 调整。

4.4.4.2 基于倾向得分匹配方法的内生性检验

如上一节所述,高投资收益率的保险机构投资者存在着较高的风险偏好,因此在投资过程中更偏向于通过实地调研来降低信息不对称程度以辅助投资决策。也就是说,投资收益率高的保险机构投资者相较于其他保险机构投资者要更加依赖通过实地调研路径来提升自身的投资收益,因此本章存在着一定的互为因果关系,为了进一步弱化本章的样本自选择偏差和互为因果问题,提高结论的稳健性,需要观察同一家保险公司在参与实地调研和不参与实地调研两种状态下的投资收益表现。倾向得分匹配法为笔者提供了解决思路,它将一系列保险公司特征作为标准,匹配样本中公司特征相似的参与实地调研和不参与实地调研的样本,因此基于匹配后的样本进行分析,就能够在排除其他因素干扰的情况下,判断实地调研是否会提高保险公司的投资收益。因此,本章借鉴唐松莲等(2017)的做法,根据保险公司是否参与实地调研的虚拟变量(VisitIf,参与实地调研时为1,不参与实地调研为0)进行匹配,匹配变量与本章主回归的控制变量保持一致,并使用卡尺为0.02的半径匹配法进行匹配。本章将基于匹配后的样本组别进行回归结果测试,以减弱互为因果和样本自选择的内生性问题对本书结论的干扰。

表4.8报告了采用半径匹配法进行匹配前后的均衡性检验结果。匹配后各匹配变量的均值标准差显著减小,标准化偏差(%bias)也在10%以内,T值均在0.1以上。说明匹配后各匹配变量间不存在显著差异,满足平衡性假设。

表 4.8 平衡性检验

匹配变量	匹配前后	均值		标准差	标准差减少幅度	t-检验	
		处理组	对照组			t	P>t
Assets	前	10.452	9.177 4	72.2		7.83	0.000
	后	10.405	10.449	-2.5	96.5	-0.26	0.794
Inc	前	8.994 5	7.996 9	47.6		5.14	0.000
	后	8.964 4	8.949 7	0.7	98.5	0.08	0.939
Edu	前	0.370 2	0.474 5	-44.8		-4.86	0.000
	后	0.375 2	0.370 2	2.2	95.2	0.22	0.824
CeRatio	前	5.001 3	10.031	-44.2		-4.77	0.000
	后	5.141 7	5.024 9	1.0	97.7	0.15	0.882
Solvency	前	8.008 4	7.434 0	32.8		3.56	0.000
	后	8.020 5	8.127 1	-6.1	81.4	-0.60	0.551

匹配变量	匹配前后	均值		标准差	标准差减少幅度	t-检验	
		处理组	对照组			t	P>t
MP	前	0.530 0	0.364 2	14.6		1.59	0.113
	后	0.530 4	0.567 6	-3.3	77.5	-0.34	0.732
Devlp	前	-0.041 7	-0.099 8	2.7		0.29	0.770
	后	-0.044 6	0.158 4	-9.5	-249.5	-1.18	0.239

在检验匹配有效性后，本章以净投资收益率（InvRate）以及综合投资收益率（TInvRate）作为输出变量，计算了处理组和对照组样本的平均处理效应（ATT）并报告于表 4.9。由表 4.9 可知，净投资收益率（InvRate）和综合投资收益率（TInvRate）在匹配后的 ATT 值显著，且差异系数为正，证明实地调研对于保险公司的投资收益有正向的促进作用，与本章主回归结论基本一致。说明实地调研行为能够提高保险公司的投资收益。

表 4.9　平均处理效应

输出变量	处理前后	差异系数	T 值
InvRate	前	0.009 3	4.92
	ATT	0.005 1	1.84
TInvRate	前	0.001 9	5.70
	ATT	0.002 8	2.57

最后，本章将匹配后的样本重新代入模型（4.4）中进行回归分析，结果展示于表 4.10。由结果可知，匹配后的样本共计 460 个观测值，其中无论是从第（1）列还是第（2）列的结果来看，实地调研强度（Visit）的回归系数仍在 5% 以上的水平下显著为正，且回归系数和显著性水平与主回归的结果基本保持一致。这一结果依然支持了本章的主要结论，说明本章结论仍是稳健的，具有较强的可靠性。

表 4.10　基于 PSM 方法调整的稳健性回归测试

变量	（1）InvRate	（2）TInvRate
Visit	0.003 0**	0.004 0***
	(2.22)	(2.72)

变量	（1） InvRate	（2） TInvRate
Assets	0.000 7 （0.14）	0.000 2 （0.05）
Inc	0.005 6 *** （3.77）	0.006 4 *** （4.67）
Edu	0.001 7 （0.33）	0.000 6 （0.11）
CeRatio	0.000 4 *** （2.69）	0.000 4 *** （2.60）
Solvency	−0.000 7 （−0.62）	−0.000 4 （−0.30）
MP	0.000 1 （0.12）	0.001 2 （1.08）
Devlp	0.002 3 *** （6.03）	0.001 9 *** （4.03）
FIRM	控制	控制
Year	控制	控制
常数项	−0.006 3 （−0.13）	−0.008 9 （−0.20）
N	460	460
R^2	0.618	0.586

注：*，**，*** 表示在10%，5%，1%的显著性水平；括号内为 t 值，并经过 robust 调整。

4.4.4.3 稳健性检验

（1）调整样本范围

保险上市公司与保险非上市公司相比，在法律环境、制度环境和投资环境存在着明显差异，会面临更多的投资约束与潜在风险。在此情况下，上市保险公司可能更加倾向于进行实地调研行为，一方面能够通过实地调研降低自身与被调研公司的信息不对称程度，从而辅助做出投资决策；另一方面可以通过保险机构投资者外部监管的作用，进一步改善被调研公司的融资约束，提高被调研公司投资效率和的业绩水平，进而提高股东利益与保险公司自身的投资收益。鉴于此，本章剔除了上市保险公司，并通过模型（4.4）对剔除后的样本重新回归分析。

而已有研究（彭雪梅 等，2016）表明，相较于大型保险公司，中小型保险公司在资金运用渠道和资金投资比例上面临诸多限制，且在经营发展策略上，中小保险公司出于自身发展和市场竞争的需要，在产品设计上会更多地考虑短期回报高、风险大的保险产品，导致负债端存在风险敞口，因此中小型保险公司更需要用激进的投资活动获取更高的投资收益以弥补负债端的缺口，从而对上市公司的业绩表现更加看重。而上市公司大多财力雄厚，在资金运用渠道和投资比例上都有较大的自由空间，在发展战略上更注重公司的长期价值发展，因此实地调研对于不同规模的保险公司应当有异质性的影响，本章借鉴郝臣和刘琦（2020）对于保险投资者的划分方法，将年度市场份额（MP）连续两年在4%以上的保险机构投资者视为大型保险机构投资者，将大型保险机构投资者从样本中剔除，并同样通过模型（4.4）对剔除后的样本重新进行回归分析，以增强本章结论的可靠性。

表4.11列示了回归结果，其中第（1）列和第（2）列为剔除上市公司后的回归结果。由结果可知，剔除后参与回归的样本值共430个，实地调研强度（Visit）的回归系数均仍在5%或1%的水平下显著为正，且并没有发生明显改变，依然支持了实地调研能够提高保险机构投资者投资收益的主要结论。而第（3）列与第（4）列为剔除了大型保险机构投资者的回归结果，由结果可知，参与回归总计440个样本值，实地调研强度（Visit）的回归系数显著性水平与主回归结果保持一致，且系数大小并没有发生明显变化，进一步证明了本章的主要结论是稳健可靠的，即保险机构投资者能够通过实地调研行为，提高自身的投资收益。

表 4.11 稳健性检验：调整样本范围

变量	剔除上市公司		剔除大型保险机构投资者	
	（1）InvRate	（2）TInvRate	（3）InvRate	（4）TInvRate
Visit	0.003 4 **	0.004 4 ***	0.003 2 **	0.004 2 ***
	(2.17)	(2.64)	(2.13)	(2.65)
Assets	0.000 7	0.000 2	0.000 8	0.000 2
	(0.14)	(0.04)	(0.15)	(0.04)
Inc	0.005 6 ***	0.006 5 ***	0.005 5 ***	0.006 4 ***
	(3.55)	(4.42)	(3.49)	(4.38)

变量	剔除上市公司		剔除大型保险机构投资者	
	（1） InvRate	（2） TInvRate	（3） InvRate	（4） TInvRate
Edu	−0.000 5	−0.001 6	−0.001 1	−0.001 9
	（−0.08）	（−0.24）	（−0.19）	（−0.30）
CeRatio	0.027 9**	0.029 2*	0.027 7**	0.028 9*
	（2.00）	（1.96）	（1.98）	（1.95）
Solvency	−0.001 9	−0.001 4	−0.001 9	−0.001 5
	（−1.34）	（−0.98）	（−1.37）	（−1.02）
MP	−0.153 8	0.048 1	0.341 7	0.470 1
	（−0.52）	（0.15）	（0.52）	（0.67）
Devlp	0.236 2***	0.194 6***	0.237 2***	0.195 1***
	（5.84）	（3.97）	（5.90）	（4.00）
FIRM	控制	控制	控制	控制
YEAR	控制	控制	控制	控制
常数项	0.005 0	0.002 0	0.005 2	0.002 4
	（0.10）	（0.04）	（0.11）	（0.05）
N	430	430	440	440
adj. R^2	0.471	0.438	0.475	0.441

注：*，**，***表示在10%，5%，1%的显著性水平；括号内为t值，并经过robust调整。

（2）变量的替代测量

为进一步丰富实地调研活动强度和投资收益指标的衡量办法，更好地反映保险机构投资者实地调研与自身投资收益的关系，进而增强主回归结果的可靠性和稳健性，本章对被解释变量和解释变量均采取了其他的衡量方式。

在被解释变量方面，本章借鉴李红坤和祁永正（2021）的做法，采用投资收益的对数值（Inv）重新衡量保险机构投资者的投资收益水平，投资收益能够直观反映出保险机构投资者的投资收益；参考卓志和张晓涵（2022）的做法，采用总资产收益率（ROA）重新衡量保险机构投资者的投资收益水平，总资产收益率能够衡量保险机构投资者的综合业绩和盈利能力，是衡量保险机构投资者业绩的常用指标。

在解释变量方面，本章参考谭劲松和林雨晨（2016）的做法，采用了调研公司数量（VisitNum）指标重新对保险机构投资者实地调研活动强度进行衡量，能够体现出保险机构投资者对于实地调研活动开展的广度。具体表达式为

VisitNum＝ln（1＋公司 i 在 t 年对上市公司进行实地调研的家数）

$$(4.6)$$

表4.12报告了相应的回归结果，表4.12中第（1）列和第（2）列为实地调研强度指标（Visit）与投资收益替代测量指标（Inv、ROA）的回归结果。由结果可知，实地调研强度的回归系数在10%的水平下显著为正，经济意义上，实地调研强度每提高1%，就能提高0.127 1%的相对投资收益和0.451 8%的资产投资收益率。第（3）列到第（6）列为实地调研强度替代测量指标（VisitNum）的回归结果。由结果可知，调研公司数量（VisitNum）的系数大小及系数显著性水平与主回归基本保持一致，说明当保险机构投资者实地调研的上市公司数量增加时，保险公司的净投资收益和综合投资收益都有一定程度的提高，保险机构投资者在实地调研中接触的上市公司数量越多，越能够提高自身的投资收益。这进一步证明了实地调研活动会进一步提高保险公司的投资收益。上述回归结果依然支持本章的主要结论，说明本章结论具有稳健性。

表4.12　稳健性检验：变量的替代测量

变量	（1）Inv	（2）ROA	（3）InvRate	（4）TInvRate	（5）Inv	（6）ROA
Visit	0. 127 1*	0. 451 8*				
	（1. 68）	（1. 78）				
VisitNum			0. 003 3**	0. 004 4***	0. 148 5*	0. 475 4*
			（2. 18）	（2. 75）	（1. 81）	（1. 79）
Assets	0. 932 2**	−3. 678 0*	0. 000 7	0. 000 0	0. 918 2**	−3. 698 9*
	（2. 17）	（−1. 90）	（0. 13）	（0. 00）	（2. 19）	（−1. 91）
Inc	0. 133 4	0. 385 7	0. 005 6***	0. 006 5***	0. 132 9	0. 386 5
	（1. 50）	（1. 63）	（3. 56）	（4. 47）	（1. 51）	（1. 64）
Edu	−0. 350 5	−0. 155 2	0. 000 0	−0. 001 0	−0. 351 5	−0. 158 8
	（−1. 17）	（−0. 43）	（0. 00）	（−0. 17）	（−1. 18）	（−0. 44）
CeRatio	0. 057 7	2. 397 7*	0. 028 0**	0. 029 4**	0. 063 3	2. 416 4*
	（0. 09）	（1. 78）	（2. 02）	（1. 99）	（0. 09）	（1. 80）

表4. 12(续)

变量	(1) Inv	(2) ROA	(3) InvRate	(4) TInvRate	(5) Inv	(6) ROA
Solvency	0.031 2 (0.43)	0.223 1* (1.85)	−0.001 8 (−1.30)	−0.001 4 (−0.97)	0.033 0 (0.45)	0.227 4* (1.87)
MP	11.210 7 (1.42)	28.586 8* (1.67)	−0.020 1 (−0.14)	0.100 9 (0.67)	11.091 3 (1.41)	28.128 6* (1.66)
Devlp	6.219 5** (2.55)	−0.208 0 (−0.11)	0.232 2*** (5.86)	0.192 0*** (3.98)	6.214 6** (2.55)	−0.278 0 (−0.14)
FIRM	控制	控制	控制	控制	控制	控制
YEAR	控制	控制	控制	控制	控制	控制
常数项	−4.116 0 (−1.13)	30.639 1* (1.88)	0.003 5 (0.07)	0.001 1 (0.02)	−4.008 9 (−1.13)	30.786 8* (1.89)
N	470	470	470	470	470	470
adj. R^2	0.868	0.414	0.479	0.446	0.868	0.417

注: *, **, *** 表示在10%,5%,1%的显著性水平;括号内为 t 值,并经过 robust 调整。

(3) 增加控制变量

保险公司的业务特征也是影响自身投资收益的潜在因素,因此本章在模型(4.4)的基础上进一步控制了相关变量,具体如下:

其一,保险公司的保费规模增长速度能够反映出保险公司的业务增长情况,保费规模连年增长的保险公司会有更充足的资金,风险分散的水平更高,也拥有更高的投资风险承担能力,因此本章控制了保费增长速度(Growth)对投资收益的影响,用观测年的保险业务同比增长率进行衡量。其二,保险公司的综合费用率(CER)能够反映保险公司的经营管理水平,而保险公司的总体经营管理水平与投资部门的经营管理水平有很强的相关性,能在一定程度上代表保险公司投研部门的经营成本情况,因此本章增加了控制变量赔付率(CER),其数值等于保险公司损益表中的税金及附加、业务及管理费、手续费及佣金支出以及其他业务成本的和,除以已赚保费。其三,保险公司的赔付率能够体现出业务端的风险承担水平,对于保险公司而言,其业务扩张的程度会受到监管部门要求计提的风险准备金的约束,最终将反映在赔付率上,因此本章借鉴了关蓉等(2020)的做法,控制了赔付率(CPR)对本章回归结论可能存在的潜在影响,用赔付支出占保险业务收入的比值进行衡量。

$$\text{Invest}_{it} = \beta_0 + \beta_1 \text{Visit}_{it} + + \beta_2 \text{Growth}_{it} + \beta_3 \text{CER}_{it} + \beta_4 \text{CPR}_{it}$$
$$+ \sum \text{Controls} + \sum \text{YEAR}_t + \sum \text{FIRM}_i + \varepsilon_{it} \qquad (4.7)$$

综上所述,考虑到遗漏上述变量可能对本书主要结论的干扰,本章基于模型(4.4)构建了模型(4.7)重新对全样本进行了回归分析,回归结果展示于表 4.13,其中 Controls 代表模型(4.4)的原有控制变量。

表 4.13 列示了添加一系列控制变量后的回归结果,由结果可知,解释变量方面,在控制了保险公司业务层面的相关控制变量后,实地调研强度(Visit)的回归系数仍在 5%以上的水平下显著为正,相关系数的大小与主回归基本保持一致,进一步验证了保险机构投资者实地调研行为能够提高自身的投资收益。控制变量方面,保费增长率(Growth)的回归系数在1%的水平下显著为负,说明保费增长情况良好的保险公司有着更高的风险承担水平,可能会导致偏好更高的风险投资,从而导致对自身的投资收益有着负向的影响。

综上所述,该回归结果依然支持本章关于保险机构投资者实地调研有利于提高自身投资收益的主要结论。

表 4.13 稳健性检验:增加控制变量

变量	(1) InvRate	(2) TInvRate
Visit	0.003 1**	0.004 2***
	(2.07)	(2.64)
Growth	−0.000 0***	−0.000 0***
	(−6.31)	(−3.75)
CER	0.000 0	0.000 0
	(1.12)	(1.38)
CPR	−0.000 0	−0.000 0**
	(−0.99)	(−2.33)
Assets	0.001 1	0.000 5
	(0.19)	(0.11)
Inc	0.005 8***	0.006 4***
	(3.66)	(4.13)

变量	（1）InvRate	（2）TInvRate
Edu	0.000 1	−0.001 0
	（0.02）	（−0.18）
CeRatio	0.027 2*	0.032 0**
	（1.86）	（2.05）
Solvency	−0.001 5	−0.001 3
	（−1.10）	（−0.91）
MP	−0.033 2	0.096 9
	（−0.23）	（0.65）
Devlp	0.233 6***	0.186 6***
	（5.82）	（3.80）
FIRM	控制	控制
YEAR	控制	控制
常数项	−0.003 9	−0.003 7
	（−0.08）	（−0.08）
N	470	470
adj. R^2	0.483	0.445

注：*，**，***表示在 10%，5%，1%的水平下显著相关；括号内为 t 值，并经 robust 调整。

4.4.5 作用机制检验与进一步分析

4.4.5.1 作用机制检验

（1）实地调研、机构投资者积极行为与公司业绩

前文发现，保险机构投资者的实地调研行为能够显著提高保险机构投资者自身的投资收益，但是这一研究尚未弄清楚保险机构投资者是如何通过实地调研，影响被调研上市公司价值的。而作为资金规模庞大的机构投资者，保险机构投资者在资本市场上一直毁誉参半。一方面，保险机构投资者自身对利益的短视可能会使得自己的积极行为进一步损害上市公司的利益，例如，2016 年恒大人寿出于短期利益的需要，"买而不举""快进快去"的操作方式扰乱了资本市场的稳定秩序，保险机构投资者俨然变成了价值的"选择者"而非"创造者"（唐跃军 等，2010；崔微微 等，2020），资本市场的"崩盘加速器"而非"稳定器"（夏常源 等，2020）；

而另一方面，保险机构投资者的实地调研行为又展现出其积极的一面。作为积极履行外部治理职能的途径，保险机构投资者的实地调研行为应该有着提高被调研上市公司创新能力（赵洪江 等，2009；杨鸣京 等，2018）、投资效率（叶松勤 等，2013；李争光 等，2015；吴良海 等，2017）和抑制盈余管理水平（薄仙慧 等，2004；高雷 等，2008；王珊，2017）等良性效应。鉴于此，本章将进一步考虑保险机构投资者实地调研行为对于上市公司的价值影响。

由于保险机构投资者的实地调研行为最终都通过上市公司的经营业绩变化反映，并且也能通过影响上市公司的经营业绩水平来影响自身的投资收益；因此，本章以上市公司的业绩水平作为研究视角，探究保险机构投资者与被调研公司业绩之间的关系。本章参考睢岚 等（2022）的研究，在上市公司业绩水平方面，采用总资产收益率（ROA）、净资产收益率（ROE）、每股收益（EPS）三个指标进行衡量；在控制变量方面，本章选取了一系列可能影响公司业绩表现的特征变量，包括资产规模（Assets）、财务杠杆（LEV）、现金持有水平（CASH）及托宾 Q 值（TobinQ），其中合理的财务杠杆水平和现金持有水平是公司得以稳健经营的因素，拥有托宾 Q 值的公司往往拥有良好的盈利潜力，而规模大的公司通常也会有更好的业绩表现。为了更好地反映实地调研与上市公司业绩表现的关系，控制上述变量，同时出于考虑遗漏变量的问题，本章额外控制了个体固定效应和年度固定效应。参照夏常源 等（2020）的研究，构建回归模型如下：

$$\text{Achievement}_{it} = \beta_0 + \beta_1 \text{Visit}_{it} + \beta_2 \text{Control}_{it}$$
$$+ \sum \text{YEAR}_t + \sum \text{FIRM}_i + \varepsilon_{it} \qquad (4.8)$$

其中，Achievement_{it} 代表上市公司的业绩表现，Visit_{it} 代表保险机构投资者的实地调研强度，Control_{it} 代表控制变量，$\sum \text{YEAR}_t$、$\sum \text{FIRM}_i$ 分别代表年度固定效应和个体固定效应，ε_{it} 代表随机扰动项。本章采用与主回归样本期间一致的上市公司样本进行回归，并剔除连续数据不达 5 年的公司和金融类上市公司，所有变量都经上下 1% 的缩尾处理。回归结果报告于表 4.14。

表 4.14 报告了实地调研与上市公司业绩的回归结果，其中列（1）到列（3）为实地调研对上市公司业绩的当期影响结果，保险机构投资者实地调研强度（Visit）的回归系数均在 1% 的水平下显著为正，说明保险机构投资者通过实地调研能够显著提高被调研上市公司的总资产收益率

（ROA）、净资产收益率（ROE）及每股收益（EPS）。该回归结果的经济意义同样显著，以列（2）为例，实地调研的回归系数为 0.019 9，该数值经过对数化处理，实际情况为保险机构投资者每提高1%的调研频率，被调研上市公司就能提高 0.019 9%的净资产收益率。为进一步确保回归结果的可靠性，列（4）、列（5）、列（6）展示了将上市公司业绩指标滞后一期后的回归结果，由结果可知，其回归系数的显著性与当期回归结果的显著性保持一致。该回归结果明晰了保险机构投资者实地调研对于上市公司业绩的影响路径，保险机构投资者可以通过实地调研来提高被调研上市公司的净资产收益率与每股收益，进而提高自身的投资收益。更进一步地，该回归结果明晰了实地调研这一股东积极行为的正向影响，也进一步说明了保险机构投资者可以通过实地调研行为来降低自身与上市公司的信息不对称程度，从而发挥自身的风险管理职能和外部治理作用，提高上市公司的业绩水平，该结论与睢岚等（2022）的结论基本保持一致，明确了保险机构投资者在资本市场上是"维稳者"和"积极外部股东"的角色定位。

表 4.14　实地调研与上市公司业绩的回归结果

变量	当期影响			滞后一期影响		
	（1）	（2）	（3）	（4）	（5）	（6）
	ROA	ROE	EPS	LROA	LROE	LEPS
Visit	0.014 1 ***	0.019 9 ***	0.093 5 ***	0.008 4 ***	0.016 9 ***	0.057 8 ***
	（6.82）	（4.69）	（4.49）	（4.28）	（3.67）	（4.39）
Assets	0.037 8 ***	0.117 7 ***	0.337 9 ***	0.046 8 ***	0.104 5 ***	0.314 4 ***
	（18.97）	（27.27）	（16.83）	（20.89）	（19.56）	（20.83）
LEV	−0.033 8 ***	−0.727 4 ***	−0.189 4 ***	−0.016 2 ***	−0.045 2 ***	−0.063 2 ***
	（−19.63）	（−48.53）	（−10.90）	（−11.01）	（−12.55）	（−6.40）
CASH	−0.600 4	0.385 6	−3.792 4	−0.386 7	0.061 7	−0.384 7
	（−1.05）	（0.33）	（−0.65）	（−0.65）	（0.04）	（−0.10）
TobinQ	0.000 4 ***	0.001 0 ***	0.002 2 ***	0.000 0	0.000 5 **	−0.000 4
	（5.26）	（7.10）	（3.17）	（0.27）	（2.18）	（−0.64）
FIRM	控制	控制	控制	控制	控制	控制
Year	控制	控制	控制	控制	控制	控制
常数项	−0.812 4 ***	−2.282 7 ***	−7.212 9 ***	−1.019 1 ***	−2.284 5 ***	−6.744 2 ***
	（−18.12）	（−23.81）	（−15.95）	（−20.15）	（−18.94）	（−19.79）

表4.14(续)

变量	当期影响			滞后一期影响		
	（1）	（2）	（3）	（4）	（5）	（6）
	ROA	ROE	EPS	LROA	LROE	LEPS
N	14 032	13 952	14 032	11 237	11 192	11 222
R^2	0.465	0.487	0.583	0.529	0.457	0.673

注：*，**，*** 表示在10%，5%，1%的显著性水平；括号内为 t 值，并经过 robust 调整。

（2）实地调研、权益类资金运用与投资收益

综合上一节实证研究结论，本章明晰保险机构投资者实地调研行为对于自身投资收益的影响路径。权益类资金的运用也同样是影响保险机构投资者投资收益的重要因素，根据已有研究（刘玮 等，2018），在保险公司的资金运用活动中，权益类资金的配置会受到保险公司内部决策因素的影响，而实地调研行为能够降低保险公司与被调研公司的信息不对称程度，是保险公司内部做出投资决策的影响因素之一，保险机构投资者可以通过实地调研获取的私有信息做出投资决策，"用脚投票"可以调整自身的持股比例来提高自身的投资收益（睢岚 等，2022）。因此，权益类资金运用在实地调研与保险机构投资者的投资收益之间可能存在潜在影响。本章将进一步探究权益类资金运用的中介效应，明晰实地调研行为对自身投资收益的影响机理。

在权益类资金运用测量指标的选取上，以往文献主要基于投入端衡量保险机构投资者权益类资金的运用情况。本章参照江涛等（2015）的做法，在投入角度上选取权益类资产比例（EQR）和股权比例（CAR）作为解释变量，以期从权益类资金投入的角度明晰权益类资金运用在实地调研与保险机构投资者投资收益中的中介效应。控制变量则与主回归模型（4.4）保持一致。本章借鉴温忠麟和叶宝娟（2014）的方法，采用三步法进行中介效应检验，考虑到遗漏变量的内生性问题，本书还控制了个体固定效应和年度固定效应，模型设定如下：

$$\text{Inv}_{it} = \beta_0 + \alpha_1 \text{Visit}_{it} + \text{Control}_{it} + \sum \text{YEAR} + \sum \text{FIRM} + \varepsilon_{it} \quad (4.9)$$

$$\text{Equity}_{it} = \beta_0 + \beta_1 \text{Visit}_{it} + \text{Control}_{it} + \sum \text{YEAR} + \sum \text{FIRM} + \varepsilon_{it}$$

$$(4.10)$$

$$\text{Inv}_{it} = \beta_0 + \gamma_1 \text{Visit}_{it} + \gamma_2 \text{CAR}_{it} + \text{Control}_{it}$$
$$+ \sum \text{YEAR} + \sum \text{FIRM} + \varepsilon_{it} + \mu_{it} \quad\quad (4.11)$$

模型（4.9）是实地调研行为影响投资收益的总效应模型，α_1 为两者的总效应水平；模型（4.10）是实地调研行为影响权益类资金运用的效应模型，β_1 为两者的直接效应水平；模型（4.11）是实地调研行为直接作用于投资收益的效应模型，γ_1 反映了实地调研行为对投资收益的直接效应水平，γ_2 反映了权益类资金运用对投资收益的直接效应水平。本章采取三步回归法对主回归全样本进行实证回归分析，并将回归结果报告于表 4.15。

表 4.15 报告了实地调研、权益类资金运用与保险机构投资者投资收益的中介效应回归结果。其中第（1）列到第（3）列为权益类资产（EQR）的中介效应回归结果，由结果可知，第（2）列中实地调研强度（Visit）的回归系数在 10% 的显著性水平下为正，说明保险机构投资者的实地调研行为会提高保险机构投资者的权益类资产配置比例；而中介效应模型的回归系数 α_1、β_1、γ_2 均在 10% 以上的水平下显著为正，说明保险机构投资者实地调研、权益类资产配置与投资收益存在中介效应，保险机构投资者的实地调研行为通过提高权益类资产的配置比例从而提高投资收益。第（4）列到第（6）列为股权比例（CAR）的中介效应回归结果，第（5）列中实地调研强度（Visit）的回归系数在 10% 的水平下显著为正，说明保险机构投资者的实地调研行为能够提高自身的股权比例；而中介效应模型的回归系数 α_1、β_1、γ_2 均在 10% 以上的水平下显著为正，说明保险机构投资者实地调研、权益类资金运用与投资收益存在中介效应。出于中介效应检验结果的稳健性考虑，本章也进行了 Sobel 中介检验，Sobel 检验的 Z 值均大于 1.96，说明中介效应存在。该回归结果进一步明确了实地调研提高保险机构投资者投资收益的作用路径，进一步支持本章主要结论。

表 4.15　实地调研、权益类资金运用与投资收益的中介效应的回归结果

变量	(1) InvRate	(2) EQR	(3) InvRate	(4) InvRate	(5) CAR	(6) InvRate
Visit	0.003 1**	0.810 5*	0.002 2	0.003 1**	0.063 1*	0.001 9
	(2.08)	(1.78)	(1.55)	(2.08)	(1.83)	(1.33)
EQR			0.001 0**			
			(2.49)			

变量	（1）InvRate	（2）EQR	（3）InvRate	（4）InvRate	（5）CAR	（6）InvRate
CAR						0.018 9 ***
						（3.10）
Assets	0.000 9	−6.544 9 *	0.007 6	0.000 9	−0.488 7 *	0.010 1 *
	（0.17）	（−1.88）	（1.23）	（0.17）	（−1.86）	（1.68）
Inc	0.005 6 ***	0.684 4	0.004 9 ***	0.005 6 ***	0.054 7 *	0.004 5 ***
	（3.53）	（1.61）	（3.00）	（3.53）	（1.71）	（2.79）
Edu	0.000 0	−0.334 2	0.000 4	0.000 0	−0.028 2	0.000 6
	（0.01）	（−0.52）	（0.07）	（0.01）	（−0.57）	（0.11）
CeRatio	0.027 9 **	3.930 8	0.023 9 *	0.027 9 **	0.288 4	0.022 5
	（2.00）	（1.64）	（1.71）	（2.00）	（1.59）	（1.60）
Solvency	−0.001 8	0.323 3	−0.002 1	−0.001 8	0.022 6	−0.002 2
	（−1.32）	（1.51）	（−1.55）	（−1.32）	（1.42）	（−1.63）
MP	−0.017 0	52.837 4 *	−0.071 1	−0.017 0	4.419 3 *	−0.100 6
	（−0.12）	（1.72）	（−0.49）	（−0.12）	（1.89）	（−0.70）
Devlp	0.232 6 ***	0.334 6	0.232 3 ***	0.232 6 ***	0.161 7	0.229 6 ***
	（5.85）	（0.09）	（5.95）	（5.85）	（0.57）	（6.01）
FIRM	控制	控制	控制	控制	控制	控制
YEAR	控制	控制	控制	控制	控制	控制
常数项	0.002 2	55.164 6 *	−0.054 2	0.002 2	4.107 0 *	−0.075 4
	（0.04）	（1.89）	（−0.93）	（0.04）	（1.87）	（−1.32）
N	470	470	470	470	470	470
adj. R^2	0.478	0.407	0.487	0.478	0.403	0.496
SobelZ	2.299 **	2.926 ***				

注：*，**，*** 表示在 10%，5%，1% 的显著性水平；括号内为 t 值，并经过 robust 调整。

4.4.6 基于保险机构投资者异质性的进一步分析

4.4.6.1 经营属性异质性

由于财产保险公司和人寿保险公司的经营业务属性的不同使得两者的投资行为存在较大的差别，因此开展实地调研的动机也可能有所不同。财产保险公司的业务多为短期业务，其投资行为最主要的诉求在于资金资产的保值而非增值，因此其投资行为的主要目的在于抵御通胀等因素的影响，从而对于权益类资产的投资抱有保守稳健的投资态度，进行实地调研的意愿和动机也不强烈；而人寿保险公司的业务多为长期业务，对于保险资金的保值增值则更为重视，一方面通过保险资金的投资运用履行对保单持有人的回报承诺，另一方面增加公司利润。因此，人寿保险公司需要更多通过权益类投资来增加自己的投资收益，获得更多的风险回报，从而也有更强烈的动机开展实地调研活动。鉴于此，本章将分别考察财产保险机构投资者和人寿保险机构投资者实地调研行为对自身投资收益的影响，回归结果报告于表 4.16。

表 4.16 报告了保险机构投资者经营属性异质性的回归结果，其中第（1）列和第（2）列为人寿保险机构投资者分样本的回归结果。由表可知，在人寿保险机构投资者分样本中，实地调研活动强度（Visit）的回归系数在 1% 的水平下显著为正，说明人寿保险机构投资者实地调研能够提高自身投资收益。人寿保险机构投资者依赖实地调研这一路径和被调研公司进行沟通，实地调研是一条提高上市公司业绩从而提高自身投资收益的有效路径。经济意义上，以第（2）列为例，人寿保险机构投资者的实地调研强度提高 1%，会带来综合投资收益率 0.004 7% 的提高，人寿保险机构投资者分样本的回归结果进一步支持了本章的主要结论。第（3）列和第（4）列为财产保险机构投资者分样本的回归结果，从结果中可以看出，实地调研行为对于财产保险机构投资者投资收益的影响与人寿保险机构投资者相比存在差异，实地调研强度（Visit）在财产保险机构投资者分样本中的回归系数并不显著，说明由于公司经营短期业务的特点，投资行为中可能更多出于保值的需求而非增值，因此实地调研行为对于财产保险公司投资者的投资收益提升并无显著的影响。

表 4.16　保险机构投资者经营属性异质性分析

变量	人寿保险机构投资者		财产保险机构投资者	
	（1） InvRate	（2） TInvRate	（3） InvRate	（4） TInvRate
Visit	0.004 6***	0.004 7***	−0.002 0	0.001 8
	（2.66）	（2.62）	（−0.78）	（0.59）
Assets	−0.003 0	−0.002 1	0.012 0	0.005 8
	（−0.66）	（−0.50）	（1.14）	（0.52）

表4.16(续)

变量	人寿保险机构投资者		财产保险机构投资者	
	（1） InvRate	（2） TInvRate	（3） InvRate	（4） TInvRate
Inc	0.003 5 ***	0.004 4 ***	0.020 5 ***	0.020 6 ***
	（2.64）	（3.35）	（8.47）	（7.32）
Edu	0.003 7	0.004 0	0.001 4	−0.004 4
	（0.74）	（0.82）	（0.12）	（−0.29）
CeRatio	0.036 8 **	0.038 9 **	0.032 2 *	0.033 5
	（2.21）	（2.28）	（1.89）	（1.49）
Solvency	−0.002 0	−0.001 7	−0.000 8	−0.000 6
	（−1.14）	（−0.98）	（−0.39）	（−0.20）
MP	0.155 3	0.267 4	−0.350 2 *	−0.164 6
	（0.76）	（1.23）	（−1.89）	（−0.79）
Devlp	0.318 3 ***	0.348 0 ***	0.204 0 ***	0.142 8 **
FIRM	控制	控制	控制	控制
YEAR	控制	控制	控制	控制
	（4.38）	（4.06）	（4.82）	（2.59）
常数项	0.059 0	0.041 2	−0.229 1 **	−0.172 3
	（1.21）	（0.89）	（−2.21）	（−1.60）
N	265	265	205	205
adj. R^2	0.428	0.431	0.566	0.490

注：*，**，*** 表示在10%，5%，1%的显著性水平；括号内为 t 值，并经过 robust 调整。

4.4.6.2 经营模式异质性

受宏观环境"资产荒"和低利率的影响，我国保险公司逐渐分化出"资产驱动负债"的经营模式。与传统的保险"负债驱动资产"的经营模式不同，"资产驱动负债"的经营模式是先寻找优质资本标的，再吸收保费用来投资。"资产驱动负债"经营模式下的保险公司在承保端更倾向于承保带有储蓄性质的保险产品，且承诺保单持有人相对市场而言更高的收益率以吸引更多的保费，而在资产端则用收取的保费而非自身的资产进行高风险的权益类投资（仲赛末 等，2018）。而与传统的保险公司相比，以资产驱动负债进行经营的保险公司权益类投资的比例往往较高，并试图通过高风险性的投资来缩短保险资金投资相对长期的盈利周期。因此，相较于传统"负债驱动资产"经营模式下的保险公司,采用"资产驱动负债"模式的保险公司更依赖于自身的投资业务,更倾向于通过实地调研行为来降低自身与被调研上市公司的信息不对称程度,降低自身的高投资风险,提高自身的投资收益。因此,保险机构投资者的实地调研行为与自身投资收益的关系会受到经营模式异质性的影响。

基于此,本章借鉴边文龙和王向楠(2017)的做法,采用投资性保费占比(InvInc)对保险机构投资者进行分组,当样本保险机构投资者在观测期间三年的投资型保费占比高于行业中位数时,将其视为"资产驱动负债"经营模式下的保险机构投资者,否则视为"负债驱动资产"经营模式下的保险机构投资者。本章基于模型(4.4)对分组后的样本进行回归,探究经营模式异质性对本章结论的影响。相关回归结果报告于表4.17。

表4.17报告了基于保险机构投资者经营模式异质性的回归结果。第(1)列和第(2)列为传统"负债驱动资产"经营模式的保险机构投资者。由表4.17可知,实地调研强度(Visit)的回归系数均与投资收益指标没有显著影响,说明传统经营模式的保险机构投资者并不依赖实地调研这一方式与上市公司管理层进行沟通,并提高自身的投资收益。与"资产驱动负债"经营模式下的保险机构投资者相比,传统经营模式下的保险机构投资者往往权益类投资占比较低,在资本市场上更多以"财务投资者"的角色出现,因此在传统经营模式下的保险机构投资者进行实地调研的动机并不强烈,实地调研对其自身投资收益的影响也不显著;而第(3)列和第(4)列为"资产驱动负债"经营模式的保险机构投资者的回归结果。由表可知,实地调研强度的回归系数无论是对于净投资收益率(InvRate)还是综合投资收益率(TInvRate)而言,都在1%的水平下显著为正,说明对于该类保险机构投资者而言,实地调研能够显著提高自身的投资收益。该类保险机构投资者往往具有较高比例的权益类投资,甚至不惜违反监管规定扩大自身的股权投资比例。因此,该类保险机构投资者相较于传统经营模式下的保险机构投资者有着更强烈、更迫切的实地调研需求,而回归结果也证明,实地调研能够显著提升该类保险机构投资者的投资收益。

表 4.17 保险机构投资者经营模式异质性分析

变量	"负债驱动资产"经营模式		"资产驱动负债"经营模式	
	（1） InvRate	（2） TInvRate	（3） InvRate	（4） TInvRate
Visit	−0.002 0	0.000 8	0.004 9***	0.005 1***
	（−0.96）	（0.32）	（2.67）	（2.69）
Assets	−0.014 2	−0.018 0*	0.002 7	0.003 3
	（−1.62）	（−1.85）	（0.41）	（0.56）
Inc	0.018 9***	0.018 9***	0.003 8**	0.004 9***
	（6.82）	（6.07）	（2.59）	（3.45）
Edu	0.012 6	0.003 1	−0.001 4	0.001 0
	（1.20）	（0.23）	（−0.23）	（0.16）
CeRatio	0.019 0	0.020 0	0.030 3*	0.032 1*
	（0.97）	（0.88）	（1.67）	（1.74）
Solvency	−0.000 8	−0.000 0	−0.001 6	−0.001 4
	（−0.44）	（−0.02）	（−0.87）	（−0.71）
MP	−0.237 8	−0.029 2	0.195 7	0.241 0
	（−1.24）	（−0.14）	（0.89）	（1.05）
Devlp	0.177 5***	0.139 3**	0.289 0***	0.266 0***
	（3.97）	（2.38）	（3.67）	（2.74）
FIRM	控制	控制	控制	控制
YEAR	控制	控制	控制	控制
常数项	0.015 3	0.049 7	−0.004 0	−0.020 9
	（0.20）	（0.60）	（−0.06）	（−0.34）
N	225	225	245	245
adj. R^2	0.557	0.476	0.411	0.416

注：*，**，*** 表示在 10%，5%，1%的显著性水平；括号内为 t 值，并经过 robust 调整。

4.4.6.3 资金运用模式异质性

相较于普通保险机构投资者，拥有保险资产管理公司的保险机构投资者往往可以有专门化的人才对于保险资产进行投资管理活动，能够显著提高自身的投资收益、有效防范投资风险、提高自身专业化水平、支持自身的稳健发展（高明，2020）。而拥有保险资产管理公司的保险机构投资者往往规模庞大，有稳定的资金来源和较高的风险承担水平，因此相较于采取自主投资模式的普通保险机构投资者而言，该类保险机构投资者的投资渠道更加灵活，投资标的的选择更加多样，能够有更多的信息渠道获取投资标的的信息来降低自身的信息不对称程度。因此，采取保险资产管理公司委托投资模式的保险机构投资者在实地调研的动机上不明显。鉴于此，本章借鉴王培辉等（2016）的做法，将于 2015 年前开设专门保险资产管理公司的保险机构投资者视为采取保险资产管理公司委托投资模式的保险机构投资者，并基于资金运用模式的不同，探究不同资金运用模式的保险机构投资者的实地调研行为对自身投资收益的影响，回归结果如表 4.18 所示。

表 4.18 展示了基于保险机构投资者资金运用模式异质性的回归结果，其中第（1）列和第（2）列为采取自主投资模式的保险机构投资者分样本组的回归结果。由结果可知，实地调研强度（Visit）的回归系数在 5% 以上的水平下显著为正，说明对于采用自主投资模式的保险机构投资者而言，实地调研是与上市公司私下沟通的重要渠道，同时也是提高自身投资收益的有效路径，可以通过积极开展实地调研活动，提高自身的投资收益；第（3）列和第（4）列为采用保险资产管理公司委托投资模式的保险机构投资者分样本组的回归结果，由结果可知，实地调研强度（Visit）的回归系数均不显著，说明采用保险资产管理公司委托投资模式的保险机构投资者并不依赖实地调研这一方式与上市公司进行沟通，从而提高自身投资收益，实地调研方式对于该类保险机构投资者的投资收益提升并不显著。

表 4.18　保险机构投资者资金运用模式异质性分析

变量	自主投资模式		委托投资模式	
	（1） InvRate	（2） TInvRate	（3） InvRate	（4） TInvRate
Visit	0.003 6 **	0.004 7 ***	0.000 4	0.000 4
	（2.27）	（2.74）	（0.21）	（0.19）
Assets	0.000 4	−0.000 2	−0.016 8	−0.011 2
	（0.08）	（−0.04）	（−1.28）	（−0.79）
Inc	0.005 5 ***	0.006 5 ***	0.022 9 *	0.018 1
	（3.55）	（4.42）	（2.00）	（1.40）
Edu	−0.003 8	−0.005 1	0.011 4	0.010 1
	（−0.58）	（−0.69）	（1.63）	（1.37）

表4.18(续)

变量	自主投资模式		委托投资模式	
	（1） InvRate	（2） TInvRate	（3） InvRate	（4） TInvRate
CeRatio	0.027 6**	0.029 7**	0.184 5**	0.118 4**
	（1.98）	（2.00）	（2.66）	（2.35）
Solvency	−0.001 9	−0.001 6	0.013 1*	0.010 8
	（−1.43）	（−1.09）	（1.70）	（1.31）
MP	−1.057 3	−1.181 7	−0.081 3	0.024 1
	（−0.69）	（−0.73）	（−0.62）	（0.20）
Devlp	0.237 4***	0.198 5***	0.177 5	0.098 7
	（5.70）	（3.94）	（1.40）	（0.76）
FIRM	控制	控制	控制	控制
YEAR	控制	控制	控制	控制
常数项	0.011 7	0.009 6	−0.140 9	−0.128 3
	（0.24）	（0.22）	（−1.03）	（−0.84）
N	390	390	80	80
adj. R^2	0.460	0.429	0.724	0.658

注：*，**，***表示在10%，5%，1%的显著性水平；括号内为t值，并经过robust调整。

4.4.6.4　产权性质异质性

相较于中资保险机构投资者，外资保险机构投资者拥有更为成熟的投资经验，同时由于我国对外资保险机构有较为严格的监管约束，外资保险机构往往承担着较大的业绩压力，因此会采取在产品端委以保单持有人更高的回报率的产品策略来抢占市场份额，谋求自身发展。因此，外资保险机构投资者相较于中资保险机构投资者而言有着更高的实地调研动机，争取用权益类投资来弥补自身负债端的缺口压力。而投资经验的相对成熟，也使得外资机构投资者并不像中资机构投资者对权益市场忌讳莫深。因此，中、外资保险机构投资者在进行实地调研的动机上有着差异，而动机的差异最终会导致价值效应的不同。鉴于此，本章参照吴望春和李春华（2020）的做法，基于保险公司产权属性，考察中资保险机构投资者和外资及中外合资保险机构投资者的实地调研行为对自身投资收益的影响，回归结果于表4.19所示。

表 4.19　保险机构投资者产权性质异质性分析

变量	外资及中外合资保险机构投资者		中资保险机构投资者	
	（1） InvRate	（2） TInvRate	（3） InvRate	（4） TInvRate
Visit	0.003 9 **	0.005 3 ***	0.000 0	−0.000 1
	（2.01）	（2.68）	（0.03）	（−0.06）
Assets	0.000 5	0.000 6	−0.002 9	−0.010 0
	（0.08）	（0.12）	（−0.54）	（−1.34）
Inc	0.006 4 ***	0.007 2 ***	0.003 8	0.005 0 *
	（3.45）	（4.28）	（1.47）	（1.77）
Edu	0.001 8	0.001 0	−0.001 7	−0.005 0
	（0.27）	（0.15）	（−0.27）	（−0.57）
CeRatio	0.049 8 ***	0.047 4 ***	−0.026 7 *	−0.013 5
	（3.27）	（2.89）	（−1.69）	（−0.61）
Solvency	−0.001 5	−0.001 4	−0.004 7 ***	−0.003 6
	（−0.90）	（−0.78）	（−2.81）	（−1.64）
MP	0.289 9	0.360 0	−0.089 3	0.144 0
	（0.84）	（0.99）	（−0.63）	（0.98）
Devlp	0.284 9 ***	0.270 3 ***	0.067 0	−0.040 4
	（5.56）	（4.72）	（1.22）	（−0.49）
FIRM	控制	控制	控制	控制
YEAR	控制	控制	控制	控制
常数项	−0.006 3	−0.013 8	0.084 4	0.140 0 **
	（−0.11）	（−0.27）	（1.46）	（2.00）
N	295	295	175	175
adj. R^2	0.468	0.481	0.601	0.453

注：*，**，*** 表示在10%，5%，1%的显著性水平；括号内为 t 值，并经过 robust 调整。

表 4.19 展示了基于保险公司产权性质的异质性回归分析结果。第（1）列和第（2）列为外资及中外合资保险机构投资者分样本组的回归结果，由结果可知，实地调研强度（Visit）的回归系数均在5%以上的水平下显著为正，说明外资及中外合资保险机构投资者依赖实地调研这一途径与上市公司进行私下沟通，从而提高自身的投资收益。实地调研对于外资及中外合资保险机构投资者提升自身投资收益而言，是一条有效路径；第

（3）列和第（4）列为中资保险机构投资者分样本组的回归结果，由结果可知，第（3）列和第（4）列中实地调研强度（Visit）对于投资收益指标均没有显著的影响，说明中资保险机构投资者并不依赖实地调研这一路径提升自己的投资收益，没有意识到实地调研对自身投资收益提高的作用，中资保险机构投资者应当进一步加深对实地调研行为的认识，优化自身权益类资产的配置，积极参与到权益市场中去，提高自身的投资收益。

4.5 结论

首先，实地调研行为显著提高了保险机构投资者自身的投资收益。实证研究表明，随着保险机构投资者实地调研强度的提升，保险机构投资者的净投资收益率和综合投资收益率将不断增加。这表明保险机构投资者的实地调研行为通过信息传递作用和股东积极行为这两个途径，能够显著提升自身的投资收益。

其次，本章进一步分析了保险机构投资者实地调研行为提升其投资收益的作用机制。一方面，从股东积极主义出发，探究保险机构投资者实地调研行为对上市公司业绩表现的影响。结果发现，保险机构投资者的实地调研行为能够显著提高被调研公司的业绩表现，而保险机构投资者作为外部股东，也能获得更高的投资收益。另一方面，基于信息经济学的角度，探究实地调研行为所提供的增量信息能否改变保险机构投资者的权益类资金配置，从而影响自身投资收益。基于此，通过中介效应模型检验权益类资金配置在实地调研和保险公司投资收益之间的中介作用。结果发现，保险机构投资者的实地调研行为是通过提高自身权益类资金配置从而提高自身投资收益的。

最后，本章从保险机构投资者经营属性、产权性质、资金运用模式、经营模式等角度，探究实地调研对于保险机构投资者投资收益的异质性影响。结果发现，当保险机构投资者属于人寿保险公司、经营模式为"资产驱动负债"模式、投资模式为自主投资模式、非中资机构时，会更依赖于实地调研行为来提升自身的投资收益。

综上所述，目前我国保险机构投资者实地调研行为能够通过股东积极行为和权益类资金运用来提高自身的投资收益。因此，保险机构投资者应该加强对实地调研的重视。

5 保险机构投资者实地调研
与公司信息披露

投资者以实地调研的形式与上市公司进行直接的私下沟通，面对面与上市公司管理层互动交流，是投资者影响上市公司决策最为重要的非正式治理机制之一（Chen et al.，2015；谭松涛 等，2015）。尤其是，保险资金具有规模庞大、资金来源较为长期稳定的特点，这使得保险资金股票投资往往也具有金额巨大且持股周期较长的特点，因而他们更需要通过实地调研这一私下沟通渠道获取公司相关信息作为投资决策依据。除此之外，资金规模庞大且持股期限较长的保险资金对于上市公司股价稳定和融资约束缓解也有重要意义，因此如何通过实地调研的私下沟通渠道响应潜在保险机构投资者需求，也将影响公司的信息披露行为。那么，保险机构投资者实地调研能否对公司信息披露发挥有效的治理作用？如果可以，其作用机制将呈现何种形式？显然，这些问题的答案是本章研究保险机构投资者实地调研信息治理效应的起点，对于如何引导保险资金服务实体经济和发挥治理作用也有重要现实启示。

基于信息不对称理论，本章首先从应计盈余管理和真实盈余管理两个维度出发，使用倾向得分匹配方法（PSM），考察保险机构投资者实地调研如何影响公司信息披露。稳健性检验与内生性分析方面，本章以Heckman 两阶段回归、控制其他机构投资者和个人投资者实地调研影响、替代测量实地调研和公司信息披露、调整 PSM 配对分析方法等多种方式确保主要结论的稳健性。作用机制检验方面，本章以市值管理压力和融资约束缓解动机区分公司私下沟通意愿，考察保险机构投资者实地调研发挥信息治理效应的作用机制。其次，本章还将考察实地调研这一非正式治理机制与审计监督、卖空约束等正式治理机制在抑制公司信息披露的机会主义行为上的作用关系。最后，本章还将区分人寿保险、财产保险和养老保险公司实地调研，保险机构投资者单独调研和与其他机构投资者联合调研，以及保险机构投资者是否作为股东参与实地调研，进一步分析保险机构投资者实地调研对于公司信息披露行为的影响。

5.1 引言

机构投资者异质性及其治理有效性是会计与财务研究领域经久不衰的研究主题，不同类型的机构投资者在持股规模、投资策略、投资分析能力及信息搜寻挖掘能力方面存在显著差异，导致现有研究对机构投资者能否发挥治理效应莫衷一是，未能形成一致的研究结论（Bushee et al.，2014；李争光 等，2015）。鉴于此，机构投资者领域的近期研究开始区分公募基金、私募基金、QFII、银行等不同类型的机构投资者展开实证研究，以验证机构投资者能否发挥治理效应，以及影响机理与作用空间（Parrino et al.，2003；牛建波 等，2013；李青原 等，2018）。但遗憾的是，由于受到稳健的保险监管政策的诸多限制，长期以来我国保险资金股票投资占比相对较低，这也导致现有机构投资者治理研究对保险机构投资者的特殊性较为忽视，保险资金股票投资的现有研究相对较为匮乏。

随着我国保险业的迅猛发展，以及监管机构对保险资金股票投资限制政策的不断放松，保险资金机构投资者逐渐成为我国资本市场上的重要参与者之一。李青原和时梦雪（2018）指出，我国资本市场经过多年的发展，已形成以证券投资基金为主，保险公司、社保基金、银行、信托公司等多机构投资者并存的格局。其中，保险资金的股票投资规模已达 2.67 万元，约占 A 股流通市值的 3.77%，保险机构投资者成为债券市场、股票市场最大的机构投资者之一（截至 2022 年 6 月底）。与保险资金股票投资实务迅猛发展相对应，一些学者开始重点关注保险机构投资者的公司治理效应（郑志刚 等，2019）。王秀丽等（2017）实证发现，保险机构投资者参股企业能够影响企业资本投资决策，使其在经济紧缩环境下实施逆周期的资本投资战略，显著提升企业资本配置效率。刘汉民和陈永安（2019）则指出，保险资金能够以"控制权竞争者"的角色参与上市公司治理，从而抑制大股东利用控制权攫取私利的行为。类似地，余海宗等（2019）关于保险资金持股与上市公司内部控制有效性的研究也表明，保险资金能够通过影响内部控制设计和运行有效性发挥治理效应。

然而，也有学者认为保险资金由于业务联系和交易逻辑的特殊性，无法对上市公司发挥有效的治理效应。一方面，鉴于其与被投资上市公司的业务联系，保险机构投资者更可能与公司大股东或管理层达成"合谋"而无法发挥有效的公司治理作用（伊志宏 等，2013）。部分文献从公司信息披露（杨海燕 等，2012）、高管薪酬契约（吴先聪，2015）、现金分红（彭利达 等，2016）与公司绩效（信恒占，2017）等多个视角为此提供直接的经验证据。另一方面，保险业作为社会风险的管理者和分散者，风险保障是保险业赖以生存的核心基础，决定了保险资金股票投资行为更多以财务投资为主（李伟群 等，2018）。相较于战略投资，财务投资的特点在于风险分散和短期获利，因而保险机构投资者一般不会向被投资的上市公司派驻董事，也不直接参与公司经营管理。这意味着，保险机构投资者可能难以通过股东积极主义发挥公司治理作用（Ryan et al.，2002）。

现有研究多集中以保险资金持股为对象考察其治理效应，忽视了对保险机构投资者影响公司决策具体作用机制的分析与讨论。对于保险机构投资者而言，相较于持股公司之后以股东大会投票、派驻董事等正式治理机制发挥作用，通过私下沟通等非正式治理机制，尤其是在持股公司之前与管理层进行实际接触表达利益诉求，可能是保险机构投资者发挥治理作用更为重要且现实的途径。事实上，蓬勃发展的保险机构投资者实地调研活动为此提供了现实依据，相关统计数据显示，2009—2018 年，保险类机构共发起调研 16 951 次，其中涉及深圳证券交易所上市公司 1 177 家，到 2018 年时调研频率更是达到 1 929 次。但遗憾的是，虽然蓬勃发展的保险机构投资者实地调研活动引发各界广泛关注，但尚未有文献对此展开大样本的实证分析，这为本章的研究提供了空间。

5.2 理论分析与假设推导

信息引导市场各类资产价格的形成和变化，是促成市场上各类投资者进行股票交易的根本原因（Karpoff，1986；Kim et al.，1991）。作为重要的市场交易主体，包括保险公司在内的机构投资者尽可能搜寻和分析公司相关信息，并以此为基础进行理性投资决策，其是公司信息披露最为重要的信息需求方。大量研究发现，外部投资者的信息披露需求是决定公司信息披露质量的关键要素之一（Bushman et al., 2001；Richard et al., 2002；张宗新 等，2019）。Nanda 和 Wysocki（2016）实证发现，社会信任增加了资本市场各类交易主体对上市公司会计信息可靠性和决策有用性的需求，进而促使公司进行更高质量的信息披露行为。而实地调研作为当前我国证券市场最为重要的私下沟通方式之一，为投资者向公司内部人直接表达信息需求搭建起了平台，因而实地调研也能对公司信息披露决策产生重要影响（谭劲松 等，2016；李春涛 等，2018）。

具体到本章，保险机构投资者实地调研对于上市公司信息披露的影响主要体现在以下两个方面：

一方面，由于资金来源和交易策略的特殊性，保险机构投资者有动力在实地调研过程中向公司表达其对高质量信息披露的需求。这是因为：其一，保险资金是负债资金且有刚性成本，投资资金平均可使用年限达 10 年以上，追求长期平稳且逐步增长、风险偏好低的投资，这就要求保险资金运用时更加注重资产负债管理和大类资产配置。因此，保险机构投资者相对更加偏好信息披露质量较高和风险水平较低的资产标的，在投资决策上更加依赖会计信息以确保其投资稳健可靠。付从荣和谢获宝（2014）实证发现，相较于其他公司，保险机构投资者参股的公司具有更高的盈余质量，具体表现为更低的应计盈余管理水平。其二，保险资金由总公司集中管理，禁止分支机构进行资金运用，以及专业化的投资模式，使得保险资金投资更加集中化、专业化和规范化（任春生，2018）。因此，在保险资金运用高度风险管控的要求下，保险机构投资者有能力和经验解读实地调研中与上市公司私下沟通获取的信息，进而也会相应增加其对上市公司高质量信息披露的需求。基于以上分析可知，保险机构投资者通过实地调研对上市公司提出的高质量信息披露需求将有助于提高上市公司改善信息披露质量，从而减少其在信息披露决策中的机会主义行为，具体表现为更低的应计盈余管理和真实盈余管理水平。

另一方面，资金规模庞大且持股期限较长的保险资金，对于上市公司维持股票价格稳定和缓解融资约束具有重要价值，这会使得作为信息供给方的公司经理人更愿意响应保险机构投资者需求，约束自身的机会主义行为，改善信息披露质量。大量关于机构投资者实地调研的研究表明，具有投资意向的潜在投资者能够对公司管理层形成有效监督，从而抑制管理层的盈余操纵行为（Ajinkya et al.，2005；程书强，2006；杨海燕 等，2012）。许荣等（2019）关于保险资金持股与公司违规的实证研究也表明，保险机构投资者主要通过实地调研对公司违规发挥治理作用。除此之外，规模巨大的保险机构投资者实地调研活动极易形成"眼球效应"，带来其他机构投资者、个人投资者、媒体及监管部门的广泛关注，这会极大增加公司经理人的信息披露违规成本，最终改善公司信息披露质量。

基于以上分析，本章认为保险机构投资者在实地调研过程中对上市公司高质量信息披露的现实需求，以及经理人出于稳定股价和缓解融资约束考虑进行迎合，都将有助于改善信息披露质量。鉴于此，本章提出假设5-1。

假设5-1：其他条件相同的情况下，保险机构投资者实地调研能够提高上市公司信息披露质量。

如假设5-1得证，表明保险机构投资者在实地调研过程中与上市公司的私下沟通，有助于其表达高质量信息披露需求和约束经理人信息披露违规行为，改善公司信息披露质量。因此，本章以市值管理压力和融资约束异质性区分公司私下沟通意愿，验证保险机构投资者实地调研影响公司信息披露质量的具体作用机制。

近年来，我国上市公司控股股东股权质押受到监管层、实务界和学界的广泛关注。股票价格会受到市场环境、公司会计盈余等各种内外部信息的影响，公司盈余信息是投资者进行股票估值时最为重视的信息之一（谢德仁 等，2018），而股权质押的存在增强了公司盈余操纵的资本市场动机（张俊瑞 等，2017）。在面临股价下跌时，利用股权质押融资的控股股东为了缓解潜在的控制权转移风险（王斌 等，2013），有动机进行市值管理（唐玮 等，2019）。因此，当上市公司因控股股东股权质押面临更大的市值管理压力时，其更加有意愿加强与保险机构投资者的私下沟通以稳定股票价格。以上分析表明，如果保险机构投资者实地调研能够以私下沟通这一非正式治理机制改善公司信息披露质量（假设5-1），那么这种影响应该在因较高市值管理压力产生了较高私下沟通需求的控股股东股权质押公司中更加明显。鉴于此，本章提出假设5-2。

假设5-2：相较于无控股股东股权质押公司，保险机构投资者实地调研对控股股东股权质押公司信息披露的治理作用更加明显。

"融资难、融资贵"一直是制约我国上市公司经营发展的现实约束。在中国这样的新兴加转轨经济体中，与经济持续高速增长和企业快速扩张相对应的是，包括金融体系在内的各项市场经济体制尚不健全，企业普遍面临较为严重的融资约束（Allen et al.，2005；姜付秀 等，2016）。理论上，融资约束的产生主要源于信息不对称及交易费用的存在，使得公司内外部资本市场的资金成本存在明显差异，公司获取外部资本需要支付更高的成本，从而对公司的资金使用产生限制（卢太平 等，2014）。

具体而言，公司一般通过权益融资和债务融资来获取经营发展所需资金。权益融资方面，信息不对称的存在使得潜在投资者对公司的真实经营状况缺乏足够了解，因此投资者在逆向选择机制的作用下，会考虑要求较高的发行抑价作为风险补偿（李增福 等，2011）。保险机构投资者的实地调研，对于公司而言是一个向外界传递信息的畅通渠道，因而公司更加有动力吸引参与实地调研的保险机构投资者进行股票投资，这将有助于提升股票价格，进而降低权益融资成本和缓解融资约束。债务融资方面，保险机构投资者对上市公司的实地调研活动有助于向外部债权人，尤其是银行，传递公司生产经营情况良好的信息，以争取债权人"不惜贷"，降低银行对公司业绩及抵押品要求等途径减少交易成本。除此之外，通过在实地调研过程中的私下沟通活动，上市公司还可能与保险公司直接达成产融合作关系，从而对公司的融资约束起到明显的缓解作用（赖晓东 等，2019）。

基于以上分析可知，实地调研过程中的私下沟通活动有助于保险机构投资者与上市公司相互增加了解，达成业务合作，从而缓解公司融资约束。如果假设 5-1 得以验证，即保险机构投资者与上市公司的私下沟通能够对公司信息披露发挥治理效应，这一影响应在融资约束较为严重的公司中表现更加明显。鉴于此，本章提出假设 5-3。

假设 5-3：相较于低融资约束公司，保险机构投资者实地调研对高融资约束公司信息披露的治理作用更加明显。

5.3 实证研究设计

5.3.1 样本选择和数据来源

本章的初选样本为 2009—2017 年深圳证券交易所所有的 A 股上市公司，这是因为：2006 年深圳证券交易所发布《深圳证券交易所上市公司公平信息披露指引》，首次规范机构调研的信息披露方式，要求上市公司在接受访谈、机构调研等投资者关系活动后，编制《投资者关系活动记录表》并提交中国证券监督管理会和深圳证券交易备案。2008 年，深圳证券交易所强制要求上市公司在 2009 年年报中公开披露调研日期、调研参与人员及其机构等信息，这标志着实地调研的相关数据首次通过年报对外披露，为本章的研究提供了数据基础。

获取初始样本及相关数据之后，本章经过以下筛选程序获取研究所需的最终样本：①剔除金融类公司，因为它们受到严格的监管并且其财务数据与其他行业相比不具有可比性；②剔除数据缺失的公司；③剔除样本研究期间被 ST、＊ST 的公司。经过处理，本章最终获得 10 767 个 "公司－年度" 的观测值，其中保险机构投资者调研数据主要来源于深圳证券交易所 "互动易" 平台，公司财务数据和治理数据主要来源于国泰安（CSMAR）数据库。为了消除极端值的影响，本书对连续变量进行上下 1% 的缩尾处理。

5.3.2 变量说明

5.3.2.1 公司信息披露

财务会计信息作为公司信息披露的重要内容，我们通过它可以评价公司获利能力、经营状况以及预测未来的经营前景。而当前，盈余管理仍然是制约上市公司信息披露质量提升的重要因素（张宗新 等，2019）。盈余管理本质上是公司的一种机会主义行为，公司管理层通过主观控制或调整会计收益，向资本市场传递扭曲的财务信息，误导投资者并扰乱市场信息环境（Degeorge et al.，1999）。因此，如何减少上市公司盈余管理行为，降低信息提供者和使用者之间的信息不对称程度，加强投资者保护，提升上市公司信息披露质量，关系到资本市场能否健康持续发展。基于盈余披露在上市公司信息披露中的重要地位和上市公司盈余管理的普遍性，本章参考已有文献通过考察盈余质量来衡量上市公司的信息披露质量（Francis et al.，2005；曾颖 等，2006；Hutton et al.，2009；杨晓燕 等，2012）。

在以往的研究中，盈余质量的度量主要关注应计盈余管理和真实盈余管理。应计盈余管理是指，公司利用对会计政策和会计估计的选择，粉饰或掩盖公司真实经营业绩的行为（Dechow et al.，2000）。基于应计项目的盈余管理一直是学者们关注的重点，而基于行业分类的修正 Jones 模型在应计盈余管理的识别和估计上较为有优势（Dechow et al., 1995），因此本章采用此模型进行应计盈余的估计。本章计算可操纵性应计利润，并以可操纵性应计利润的绝对值（AEM）来衡量公司信息披露质量，可操纵性应计利润绝对值越大，盈余管理程度越高，信息披露质量越低。除此之外，本章还采用 Jones 模型估计得到的可操纵应计利润的绝对值（AEM2）作为测量应计盈余管理水平的第二个指标。

具体的计算过程如下：首先使用模型（5.1）分年度分行业来估计参数 α_1、α_2、α_3，得到估计值 a_1、a_2、a_3，然后将其代入公式（5.2）计算可操纵性应计利润。

$$\text{TA}_t / \text{Asset}_{t-1} = \frac{\alpha_1 1}{\text{Asset}_{t-1}} + \frac{\alpha_2 \Delta \text{REV}_t}{\text{Asset}_{t-1}} + \frac{\alpha_3 \text{PPE}_t}{\text{Asset}_{t-1}} + \varepsilon \qquad (5.1)$$

$$\text{DA}_t = \text{TA}_t / \text{Asset}_{t-1} - \frac{\alpha_1 1}{\text{Asset}_{t-1}} + \frac{\alpha_2 (\Delta \text{REV}_t - \Delta \text{REC}_t)}{\text{Asset}_{t-1}} + \frac{\alpha_3 \text{PPE}_t}{\text{Asset}_{t-1}}$$

$$(5.2)$$

其中，TA 为总应计利润项目，即净利润扣除经营活动产生的现金净流量的差额，进一步可分解为非操纵性应计利润和可操纵性应计利润（DA）；Asset_{t-1} 为第 t 年年初总资产；ΔREV_t 为第 t 年营业收入的变化；ΔREC_t 为第 t 年应收账款的变化；PPE_t 为第 t 年年末的固定资产。DA 为可操纵性应计利润，其绝对值越大，信息披露质量越低。

而真实盈余管理指的是进行基于真实交易的盈余管理，公司管理层通过适时、刻意地调整、编造或改变公司的实际经营、投资、筹资活动等来干预公司会计信息的生成（Roychowdhury，2006；Dechow et al., 2009）。参考已有研究，考虑到真实盈余管理手段包括销售操纵、费用操纵和生产操纵。销售操纵主要通过放宽信用条件或提供异常的价格折扣来实现公司当期销售收入和销售现金流的下降，最终表现为公司异常低的经营现金净流量。费用操纵主要指公司管理层通过削减员工培训费、广告费、研发支出等公司经营过程中合理必要的支出，导致公司当期异常低的费用支出，以达到调增当期报告盈余的目的。生产操纵主要通过规模生产来降低单位产品成本，但过度的生产又导致公司生产成本增加，表现为异常高的生产成本。通过以上对真实盈余管理活动表现方式的分析，本章分别采用异常经营现金净流量（abCFO）、异常酌量性费用（abDISEXP）和异常生产成本（abPROD）作为识别与估计三种真实盈余管理手段的变量。因此，对于真实盈余管理的度量，本章以 Roychowdury（2006）、Cohen 和 Zarowin（2010）构建的模型估计销售操纵、费用操纵、生产操纵。首先对度量模型进行分行业分年度估计公司正常的经营现金净流量、酌量性费用和生产成本，然后分别用当年实际的经营现金净流量、酌量性费用和生产成本减去估计的正常值，最后得到异常经营现金净流量、异常酌量性费用和异常生产成本。

具体的计算过程如下：首先建立正常值的估计模型，然后分行业分年度对模型（5.3）、模型（5.4）、模型（5.5）进行估计，得到的残差项 ε 分别为公司当年的异常经营现金净流量（abCFO$_t$）、异常生产成本（abPROD$_t$）和异常酌量性费用（abDISEXP$_t$）。

$$\mathrm{CFO}_t = \alpha_0 + \alpha_1\left(\frac{1}{A_{t-1}}\right) + \beta_1\left(\frac{S_t}{A_{t-1}}\right) + \beta_2\left(\frac{\Delta S_t}{A_{t-1}}\right) + \varepsilon_t \tag{5.3}$$

$$\mathrm{PROD}_t = \alpha_0 + \alpha_1\left(\frac{1}{A_{t-1}}\right) + \beta_1\left(\frac{S_t}{A_{t-1}}\right) + \beta_2\left(\frac{\Delta S_t}{A_{t-1}}\right) + \beta_3\left(\frac{\Delta S_{t-1}}{A_{t-1}}\right) + \varepsilon_t \tag{5.4}$$

$$\mathrm{DISEXP}_t = \alpha_0 + \alpha_1\left(\frac{1}{A_{t-1}}\right) + \beta_1\left(\frac{S_{t-1}}{A_{t-1}}\right) + \beta_2\left(\frac{\Delta S_t}{A_{t-1}}\right) + \varepsilon_t \tag{5.5}$$

其中，对 CFO$_t$（第 t 年的经营现金净流量）、DISEXP$_t$（第 t 年的酌量性费用）和 PROD$_t$（第 t 年的生产成本）均采用第 t 年年初总资产 A$_{t-1}$ 进行规模化处理；A$_{t-1}$ 为第 t 年年初总资产；ΔS_t 为第 t 年营业收入的变化；ΔS_{t-1} 为第 $t-1$ 年营业收入与第 $t-2$ 年营业收入的差额。

本章借鉴 Cohen 和 Zarowin（2010）、李增福和周婷（2013）的研究方法，针对销售操纵、生产操纵和费用操纵这三种真实盈余管理方式，构建两个指标来反映公司真实盈余管理水平，即：

$$\mathrm{REM} = -\mathrm{abCFO} - \mathrm{abDISEXP} \tag{5.6}$$

$$\mathrm{REM2} = \mathrm{abPROD} - \mathrm{abDISEXP} \tag{5.7}$$

5.3.2.2 保险机构投资者实地调研

自 2004 年 2 月，《国务院关于推进资本市场改革开放和稳定发展的若干意见》（国发〔2004〕3 号）（以下简称《意见》）出台，《意见》明确表示将支持保险资金以多种方式直接投资资本市场，逐步提高商业保险资金投入资本市场的比例。经过多年的发展，保险资金在资本市场中已然成为最为重要的机构投资者之一。保险公司作为重要的买方机构之一，其主动通过实地调研行为获取信息为自身投资决策提供支持。因此，保险公司参与实地调研时可以是已持有公司股份的"潜在卖方"，也可以是对公司有所关注的"潜在买方"。本章对保险机构投资者实地调研的度量主要包括：InsuVist 为是否有保险机构投资者实地调研，如果上市公司在一个会计年度内至少被保险机构投资者调研过一次则取值为 1，否则为 0；同时本章还定义 LnInsuVist 为上市公司被保险机构投资者实地调研次数的对数值，进行保险机构投资者实地调研的替代测量。

5.3.2.3 控制变量的选取和说明

参考已有关于机构投资者实地调研和上市公司的相关研究（Cheng et al.，2013；谭劲松 等，2016；程小可 等，2017），本章控制了保险机构投资者持股比例以控制保险机构投资者实地调研前后持股比例的可能干扰。中国公司行为会受到政府的干预，保险机构投资者可以通过调研国有企业来了解政府的法规或政策变化，因此本章控制了公司产权性质。保险机构投资者可以通过对行业领先的公司实地考察来获得对行业的了解，本章控制了市场份额占比和公司规模来捕获上市公司在其行业中的相对重要性以及公司自身实力。保险机构投资者更有可能对市场参与者有较高信息需求的公司进行实地考察，本章控制了分析师覆盖率和机构投资者持股比例来捕获公司信息需求。Bushee 和 Miller（2012）的研究表明，投资者会关注表现更好的公司，本章控制了公司股票收益、获利能力和成长性。

除此之外，Bushee 等（2003）的研究表明，信息技术的最新发展使公司可以提供更广泛的信息披露渠道，但财务信息的复杂性增加了公司信息环境的复杂程度，因此本章认为保险机构投资者实地调研对信息环境复杂的公司更有利，本章控制了公司上市年限来捕获信息的复杂性。当公司融资需求较高时，公司有更强的动机来提高信息透明度（Leuz et al.，2006），本章控制公司财务杠杆。最后，还控制了行业固定效应和年度时间效应，变量的定义和说明可具体参见表 5.1。

表 5.1 变量定义和说明

Panel A：保险机构投资者实地调研与公司信息披露	
AEM	应计盈余管理指标 1，基于修正的 Jones 模型估计的可操纵性应计利润
AEM2	应计盈余管理指标 2，基于 Jones 模型估计的可操纵性应计利润

REM	真实盈余管理指标1，基于 Cohen 和 Zarowin（2010）的方法计算所得
REM2	真实盈余管理指标2，基于 Cohen 和 Zarowin（2010）的方法计算所得
Highrating	深圳证券交易所对上市公司信息披露质量评级，若评级为 A 或 B 则取值为1，C 或 D 则取值为0
InsuVist	上市公司在一个会计年度内至少被保险机构投资者调研过一次则取值为1，否则为0
LnInsuVist	上市公司保险机构投资者实地调研次数取对数值
Panel B：控制变量与调节变量	
InsuRate	保险机构投资者持股比例，根据 CNRDS 数据库中机构投资者持股数据库获得
Analyst	分析师覆盖率，以上一年对该公司发布分析师盈余预测报告数加1后取对数值
Soe	产权性质，若公司最终控制人为政府或其他部门则为1，反之为0
Inst	机构投资者持股比例，根据 CNRDS 数据库中机构投资者持股数据获得
Mshare	公司市场份额占比，用公司销售额除以同行业内总销售额
Bhar	股票收益，经过上一年收益调整的股票持股收益
Bm	公司成长性，等于企业市场价值与账面价值之比
Size	公司规模，等于期末总资产的自然对数
Lev	杠杆水平，等于期末负债/期末资产
Roa	盈利能力，等于期末净利润/总资产
Profit	获利能力，如果公司前一年度营业利润为正则取1，反之为0
Age	公司上市年限
Big4	公司当年度财务报告由国际"四大"会计师事务所审计则为1，反之为0
Shortseller	如果为融资融券标的股，则为1，反之为0
Pledge	如果公司当年存在控股股东股权质押，则为1，反之为0
KZ	KZ 指数，衡量上市公司面临的融资约束水平

5.3.3 模型设定

5.3.3.1 倾向得分匹配（PSM）模型

鉴于保险机构投资者实地调研对象具有明显的"选择性偏误"，即保险机构投资者实地调研公司与其他公司在资产规模、信息环境、治理特征等公司特征方面存在比较明显的差异，这可能会影响本章关于保险机构投资者实地调研与公司信息披露相互关系研究结论的可靠性。因此，本章借鉴 Chen 等（2015）、李春涛等（2018）的处理方式，将有保险机构投资者实地调研的公司作为实验组，选择倾向得分匹配方法（PSM）找到与实验组尽可能相似的控制组，从而控制保险机构投资者实地调研公司与非实地调研公司之间可能存在的公司特征差异，以更加清晰地观测保险机构投资者实地调研对上市公司信息披露质量的影响。

本章首先参考 Chen 等（2015）构建保险机构投资者实地调研影响因素的模型（5.8），利用 Probit 模型计算上市公司被保险机构投资者实地调研的概率并计算倾向得分：

$$\text{InsuVist}_{i,t} = \alpha + \beta_1 \text{InsuRate}_{i,t-1} + \beta_2 \text{Analyst}_{i,t-1} + \beta_3 \text{Soe}_{i,t-1} +$$

$$\beta_4 \text{Inst}_{i,t-1} + \beta_5 \text{Mshare}_{i,t-1} + \beta_6 \text{Bhar}_{i,t-1} + \beta_7 \text{Bm}_{i,t-1} + \beta_8 \text{Size}_{i,t-1} +$$

$$\beta_9 \text{Lev}_{i,t-1} + \beta_{10} \text{Roa}_{i,t-1} + \beta_{11} \text{Profit}_{i,t-1} + \beta_{12} \text{Age}_{i,t-1} + \varepsilon_{i,t} \quad (5.8)$$

其中，被解释变量（$\text{InsuVist}_{i,t}$）为哑变量，若上市公司当年至少被保险机构投资者进行至少一次实地调研则赋值为 1，若没有则取值为 0。借鉴 Cheng 等（2016），本章从以下六个方面选取保险机构投资者实地调研的决定因素。其一，保险机构投资者更可能对市场投资者有较高信息需求的上市公司进行实地调研，因而本章考察了保险机构投资者持股比例、机构投资者持股比例和分析师关注。其二，已有研究表明，机构投资者普遍关注业绩表现更好的公司（Bushee et al.，2012），因此本章控制了企业盈利、总资产收益率、股票持股收益和市账比等变量。其三，中国经济受到政府宏观调控，国有企业享受更多的优惠待遇。投资者可以通过访问国有企业来了解政府法规或政策变化，故本章控制了国有企业指标。其四，实地调研使投资者不仅可以了解该公司，还可以了解其所在行业的发展状况，这意味着投资者更可能通过对行业领先公司的实地考察获得此类信息，因此本章控制了市场份额和公司规模来捕获特定公司在其行业中的相对重要性。其五，本章还考察了杠杆水平和上市年限对保险机构投资者实地调研的影响。其六，本章还控制了行业固定效应和年度时间效应。

　　需要说明的是，本章主要根据一对多有放回匹配原则，以最近邻匹配方法构建与存在保险机构投资者实地调研公司具有相似特质的非实地调研公司作为控制样本，为确保 PSM 方法稳健性，在后文稳健性部分本章还根据 1∶1 无放回匹配原则的最近邻匹配方法，以及半径匹配（radius matching）方法重新定义实验组和控制组进行稳健性检验。

　　表 5.2 中 Panel A 给出了基于 PSM 模型预测样本公司是否被保险机构投资者实地调研的回归结果。与预期一致，本章发现保险机构投资者更倾向于选择市场投资者有较高信息需求的上市公司进行实地调研，保险机构投资者持股比例和分析师关注的估计系数均在 1% 的置信水平下显著为正；机构投资者持股比例的估计系数也为正，但不显著。此外，保险机构投资者更偏向实地调研财务绩效较好的上市公司，总资产收益率的估计系数显著为正；股票持股收益和市值账面比在 5% 和 1% 的水平下显著为负，符合保险资金股票投资的逆周期特征（Timmer，2018），即保险资金更倾向于调研市场中价值被低估的公司。公司规模的估计系数显著为正，表明保险机构投资者更倾向于选择规模较大的公司获取相关信息。最后，回归结果还表明，产权性质、市场份额占比、杠杆水平、获利能力、上市年限等指标的估计系数不显著。模型整体的拟合效果达到了 19.38%，说明以上因素能够较好地解释保险机构投资者实地调研的决定因素。

　　此外，表 5.2 中 Panel B 是平衡性假设检验结果。结果显示，PSM 匹配前，主要匹配变量的均值在实验组和控制组之间的差异均在 1% 的水平下显著，而经过 PSM 匹配调整之后，这些变量的组间平均值已经在统计意义上没有显著差异。此外，从 PSM 配对后实验组和控制组各变量之间的标准偏差（%bias）也可以看出，标准偏差都控制在 5% 以内，说明这些变量在两组间的平均值在经济意义上也未表现出明显的差异。因此，这些结果表明 PSM 匹配满足了平衡性假设，能够较好地控制实验组和控制组之间的差异。

表 5.2　PSM 配对分析结果

Panel A：预测样本公司是否被保险机构投资者实地调研的 Probit 回归结果		
	系数值	z 值
InsuRate	0.068 1 ***	7.62
Analyst	0.297 0 ***	24.03

表5.2(续)

Soe	−0.028 9	−0.72
Inst	0.085 9	1.20
Mshare	0.165 5	1.08
Bhar	−0.433 7 **	−2.42
Bm	−0.160 4 ***	−4.71
Size	0.214 7 ***	8.96
Lev	−0.089 4	−0.86
Roa	0.937 6 **	2.31
Profit	−0.082 1	−1.12
Age	0.014 0	0.43
Intercept	−7.065 9 ***	−14.47
Industry	Yes	
Year	Yes	
Observations	11 087	
Pesudo R^2	0.193 8	

Panel B："平衡性假设" 检验

	Unmatched (U) / Matched (M)	Mean		% bias	% reduction in bias	T−test
		Treated	Control			
InsuRate	U	0.010	0.005	30.7	98.9	15.70 ***
	M	0.009	0.009	−0.3		−0.11
Analyst	U	3.878	2.409	99.0	99.9	42.34 ***
	M	3.858	3.859	−0.1		−0.03
Soe	U	0.258	0.265	−9.8	93.4	−4.43 ***
	M	0.255	0.258	−0.6		−0.25
Inst	U	0.306	0.265	18.0	96.7	8.30 ***
	M	0.303	0.302	0.6		0.22
Mshare	U	0.059	0.042	15.2	98.1	7.26 ***
	M	0.057	0.058	−0.3		−0.10
Bhar	U	−0.137	−0.129	−7.6	78.0	−3.57 ***
	M	−0.137	−0.135	−1.7		−0.59
Bm	U	0.704	0.749	−6.3	41.0	−2.92 ***
	M	0.701	0.727	−3.7		−1.40
Size	U	22.193	21.635	50.5	92.2	23.42 ***
	M	22.166	22.210	−3.9		−1.45

表5.2(续)

Lev	U	0.398	0.406	−5.1	61.7	−2.28**
	M	0.394	0.398	−1.9		−0.76
Roa	U	0.056	0.035	39.7	96.8	17.80***
	M	0.559	0.057	−1.3		−0.50
Profit	U	0.898	0.902	22.0	95.8	9.25***
	M	0 957	0.960	−0.9		98.1−0.44
Age	U	2.127	2.151	−3.7	98.1	−1.65*
	M	2.121	2.122	−0.1		−0.03

注：括号内为 t 值，并经过公司层面的 cluster 调整，* 为 p<0.1，** 为 p<0.05，*** 为 p<0.01。下同。

5.3.3.2 基本回归模型

基于倾向得分匹配方法选取实验组和控制组样本之后，为了检验保险机构投资者实地调研对上市公司信息披露质量的影响，本章构造基本回归模型如下：

$$\text{EM}_{i,t} = \alpha + \beta \,\text{InsuVist}_{i,t} + \gamma \text{Controls}_{i,t} + \varepsilon_{i,t} \tag{5.9}$$

其中，本章主要选取应计盈余管理（AEM、AEM2）和真实盈余管理（REM、REM2）测量上市公司信息披露（$\text{EM}_{i,t}$），变量的详细定义和说明参见表 5.1。本章主要关注保险机构投资者实地调研（$\text{InsuVist}_{i,t}$）的系数，预期 β 显著为负，即相较于无保险机构投资者实地调研公司，存在保险机构投资者实地调研公司的应计盈余管理和真实盈余管理水平相对更低。

5.4 实证结果分析

5.4.1 描述性统计结果分析

本节首先对研究中的主要变量进行了描述性统计，表 5.3 是经过 PSM 配对调整后各变量的描述性统计结果。结果显示，公司信息披露治理的变量中，应计盈余管理（AEM）的均值是 0.073 9，真实盈余管理（REM）的均值为 −0.003 7，深圳证券交易所考评等级均值为 0.865 5，说明大部分公司的信息披露质量等级达到 A 级或 B 级。保险机构投资者实地调研（InsuVist）的均值为 0.257 5，说明样本中有 25.75% 的公司年度内至少被保险机构投资者进行了一次实地调研，标准差为 0.437 3，变异系数（标准差/均值）达到 1.7，说明保险机构投资者实地调研在不同上市公司之间存在比较明显的差异。

表 5.3 描述性统计结果

变量	观测值	平均值	标准差	1/4 分位数	中位数	3/4 分位数
AEM	10 767	0.073 9	0.086 0	0.021 4	0.047 8	0.093 5
AEM2	10 767	0.075 1	0.086 7	0.021 8	0.048 5	0.095 5
REM	10 767	−0.003 7	0.148 8	−0.069 5	0.003 1	0.070 4
REM2	10 767	−0.010 5	0.242 3	−0.129 1	−0.014 0	0.103 5
Highrating	10 767	0.865 5	0.341 2	1.000 0	1.000 0	1.000 0
InsuVist	10 767	0.257 5	0.437 3	0.000 0	0.000 0	1.000 0
LnInsuVist	10 767	0.297 3	0.573 1	0.000 0	0.000 0	0.693 1
InsuRate	10 767	0.006 2	0.014 4	0.000 0	0.000 0	0.006 0
Analyst	10 767	2.837 8	1.679 1	1.386 3	3.135 5	4.189 7
Soe	10 767	0.285 3	0.451 6	0.000 0	0.000 0	1.000 0
Inst	10 767	0.276 4	0.225 6	0.072 7	0.221 8	0.456 4
Mshare	10 767	0.046 0	0.103 7	0.003 5	0.010 2	0.035 6
Bhar	10 767	−0.131 0	0.103 5	−0.161 5	−0.101 1	−0.063 4
Bm	10 767	0.739 1	0.701 0	0.314 9	0.523 6	0.872 9
Size	10 767	21.799 6	1.094 2	21.021 7	21.677 3	22.427 6
Lev	10 767	0.398 9	0.212 2	0.225 3	0.382 7	0.554 7
Roa	10 767	0.041 9	0.053 0	0.015 8	0.039 1	0.067 5
Profit	10 767	0.921 3	0.269 2	1.000 0	1.000 0	1.000 0
Age	10 767	2.133 8	0.659 3	1.609 4	2.079 4	2.772 6
Big4	10 767	0.029 0	0.167 8	0.000 0	0.000 0	0.000 0
Shortseller	10 767	0.174 2	0.379 3	0.000 0	0.000 0	0.000 0
Pledge	10 766	0.483 7	0.499 8	0.000 0	0.000 0	1.000 0
KZ	10 763	0.528 7	0.893 7	−0.699 0	0.844 0	2.173 2

在控制变量方面，分析师覆盖率的均值是 2.837 8，说明样本公司分析师盈余预测的报告数平均达到 16 份；产权性质的均值是 0.285 3，说明样本中国有公司占比平均达到 28.53%；机构投资者持股比例的均值是 0.276 4，说明机构投资者的平均持股比例达到 27.64%；其余变量的描述性统计结果基本都符合我国现实情况，与已有文献的统计结果基本一致，在此不再赘述，具体情况可见表 5.3。

5.4.2 保险机构投资者实地调研与公司信息披露

5.4.2.1 保险机构投资者实地调研与公司应计盈余管理

本节主要考察保险机构投资者实地调研对于上市公司信息披露的治理效应，即保险机构投资者能否通过在实地调研过程与上市公司的私下沟通，影响公司的应计盈余管理和真实盈余管理活动。本节需要关注保险机构投资者实地调研（InsuVist）的估计系数及其显著性，根据假设5-1，预期该系数对应计盈余管理（AEM、AEM2）显著为负，回归结果见表5.4。

表5.4的第（1）列和第（3）列结果显示，未控制其他因素的条件下，保险机构投资者实地调研（InsuVist）和应计盈余管理（AEM、AEM2）的估计系数均在1%的置信水平下显著为负。第（2）列和第（4）列进一步控制了上市公司基本特征等变量之后的回归结果依旧显示，保险机构投资者实地调研和应计盈余管理的估计系数均在1%的置信水平下显著为负。这表明保险公司的实地调研显著降低了被调研公司的应计盈余管理水平，从而验证了假设5-1。

以上结果表明，保险资金由于来源的特殊性，相对更加偏好信息披露质量较高和风险水平较低的资产标的，在投资决策上更加依赖会计信息以确保其投资稳健可靠，因而保险机构投资者可以在实地调研过程中向公司表达其对高质量信息披露的需求。而且，在保险资金运用高度风险管控的要求下，保险机构投资者有能力和经验解读实地调研中与上市公司私下沟通获取的相关信息，进而也会相应增加其对上市公司高质量信息披露的需求。这将有助于促进上市公司改善信息披露质量，从而降低其在信息披露决策中的机会主义行为，具体表现为更低的应计盈余管理水平。

表5.4　保险机构投资者实地调研与公司应计盈余管理

变量	AEM		AEM2	
	（1）	（2）	（3）	（4）
InsuVist	−0.009 3 *** (−5.36)	−0.006 1 *** (−3.50)	−0.009 5 *** (−5.27)	−0.005 8 *** (−3.20)
InsuRate		−0.076 4 (−1.34)		−0.072 3 (−1.28)
Analyst		−0.001 0 (−1.35)		−0.001 2 * (−1.67)

表5.4(续)

变量	AEM		AEM2	
	（1）	（2）	（3）	（4）
Soe		−0.005 4**		−0.005 4**
		（−2.07）		（−2.09）
Inst		−0.018 7***		−0.017 1***
		（−4.40）		（−4.00）
Mshare		0.002 8		−0.001 9
		（0.29）		（−0.19）
Bhar		−0.054 6***		−0.054 6***
		（−5.01）		（−4.87）
Bm		−0.008 6***		−0.008 5***
		（−3.27）		（−3.23）
Size		−0.003 8**		−0.004 1**
		（−2.05）		（−2.22）
Lev		0.068 2***		0.068 9***
		（9.19）		（9.21）
Roa		0.124 3***		0.124 7***
		（3.65）		（3.59）
Profit		−0.030 4***		−0.032 1***
		（−7.70）		（−8.02）
Age		0.000 3		−0.000 3
		（0.14）		（−0.14）
Intercept	0.067 8***	0.145 2***	0.067 3***	0.153 7***
	（8.77）	（4.00）	（8.67）	（4.31）
Industry	Yes	Yes	Yes	Yes
Year	Yes	Yes	Yes	Yes
Observations	10 767	10 767	10 767	10 767
Adjusted R^2	0.104 8	0.134 5	0.103 5	0.134 1

在控制变量方面，机构投资者持股比例上升显著降低了应计盈余管理水平，表明机构投资者的引入能够改善外部监管环境，减少代理冲突、降低公司信息风险从而提升信息披露质量，这和 Elyasiani 等（2010）、Boone 和 White（2015）的发现一致。股票收益、公司规模的系数在 1% 和 5% 的水平下均显著为负，表明公司在股票市场的收益越好，公司越能真实地反映财务状况；公司规模越大，相关的信息披露治理机制越健全。杠杆水平

的系数在 1% 的水平下显著为正，表明杠杆水平较高公司融资约束相对较高，因而通过盈余管理粉饰报表的动机较为突出（伊志宏 等，2010）。盈利能力的系数在 1% 的水平下显著为正，可能的解释在于业绩较好的上市公司，为了吸引到更多的投资者，在信息披露时忽略了其他信息，更侧重于盈利信息的向外传递（林长泉 等，2016）。获利能力的系数在 1% 的水平下显著为负，可能的解释是上一年有营业利润的公司，下一年度盈余管理的动机更小。

　　5.4.2.2　保险机构投资者实地调研与上市公司真实盈余管理

　　表 5.5 是保险机构投资者实地调研与上市公司真实盈余管理的回归结果。其中，第（1）列和第（3）列结果显示，在未控制其他因素的条件下，保险机构投资者实地调研（InsuVist）和真实盈余管理（REM、REM2）的估计系数均在 1% 的置信水平下显著为负。第（2）列和第（4）列进一步控制了上市公司基本特征等变量之后的回归结果显示，保险机构投资者实地调研和真实盈余管理的估计系数均在 5% 的置信水平下显著为负。说明保险机构投资者实地调研显著降低了被调研公司的真实盈余管理水平，从而验证本章的假设 5-1。

　　以上结果均表明，资金规模庞大且持股期限较长的保险资金，对于上市公司维持股票价格稳定和缓解融资约束具有重要价值，从而导致作为信息供给方的公司内部人士更愿意响应保险机构投资者需求并约束其机会主义行为，改善信息披露质量。除此之外，规模庞大的保险机构投资者实地调研活动极易形成"眼球效应"，带来其他机构投资者、个人投资者、媒体及监管部门的广泛关注，这会极大地增加上市公司内部人的信息披露违规成本，从而促使公司改善信息披露质量，说明保险机构投资者实地调研能够发挥信息治理效应。

表 5.5　保险机构投资者实地调研与上市公司真实盈余管理

变量	REM		REM2	
	（1）	（2）	（3）	（4）
InsuVist	−0.039 4***	−0.008 7**	−0.055 5***	−0.012 9**
	（−9.62）	（−2.44）	（−8.19）	（−2.19）
InsuRate		−0.079 7		−0.009 5
		（−0.75）		（−0.04）

表5.5(续)

变量	REM		REM2	
	（1）	（2）	（3）	（4）
Analyst		−0.008 2***		−0.011 8***
		（−5.59）		（−4.75）
Soe		−0.004 9		−0.021 8*
		（−0.86）		（−1.90）
Inst		−0.014 8		−0.018 2
		（−1.64）		（−1.15）
Mshare		0.015 7		0.030 0
		（0.77）		（0.71）
Bhar		−0.023 4		0.013 0
		（−1.22）		（0.39）
Bm		0.017 8***		0.009 2
		（4.18）		（0.98）
Size		−0.008 6***		−0.008 8
		（−2.60）		（−1.54）
Lev		0.032 1**		0.182 7***
		（2.44）		（7.48）
Roa		−0.903 6***		−1.404 8***
		（−15.24）		（−15.04）
Profit		0.069 7***		0.120 1***
		（9.58）		（9.86）
Age		−0.018 2***		−0.028 9***
		（−3.91）		（−3.54）
Intercept	−0.003 6	0.186 6***	0.029 5	0.172 7
	（−0.22）	（2.83）	（0.74）	（1.45）
Industry	Yes	Yes	Yes	Yes
Year	Yes	Yes	Yes	Yes
Observations	10 767	10 767	10 767	10 767
Adjusted R^2	0.023 1	0.134 4	0.015 2	0.132 9

5.4.2.3 保险机构投资者实地调研、私下沟通与公司信息披露

前文证实，保险机构投资者实地调研作为一种私下沟通的方式，可以显著提升上市公司信息披露质量，具体表现为降低上市公司应计盈余管理水平和真实盈余管理水平。进一步地，本章将分别从市值管理动机和融资

约束缓解动机两方面，进一步检验保险机构投资者实地调研影响公司信息披露的具体作用机制。

（1）保险机构投资者实地调研、市值管理压力与公司信息披露

市值管理是指上市公司及其内部人在进行各类决策时充分考虑市值的重要性，根据公司市值表现及决策对市值的影响做出理性的决策安排（李旎等，2015），当控股股东进行股权质押融资时将面临质押股份被强制平仓而带来的控制权丧失风险，因此市值管理动机会增强。本章借鉴谢德仁等（2016）设置变量 Pledge 衡量上市公司当年是否存在控股股东股权质押，将前述样本进行分组，表5.6 是基于样本公司中是否存在控股股东股权质押行为的作用机制检验结果。

结果显示，保险机构投资者实地调研对应计盈余管理和真实盈余管理的估计系数在非控股股东股权质押公司中均不显著；相较而言，保险机构投资者实地调研对应计盈余管理和真实盈余管理的估计系数在控股股东股权质押公司中均显著为负，假设5-2得到验证。这些结果表明，当上市公司因控股股东股权质押存在较大的市值管理压力时，其更有动力在保险机构投资者实地调研活动中加强与保险机构投资者的私下沟通，因而保险机构投资者实地调研对上市公司信息披露的治理作用更加明显。相对应地，在不存在控股股东股权质押的上市公司中，上市公司的市值管理压力相对较小，因而公司利用与保险机构投资者的私下沟通以稳定股票价格的动机相对较小，保险机构投资者实地调研对公司信息披露的治理作用也相对不明显。

表 5.6　样本公司是否存在控股股东股权质押的作用机制检验结果

变量	非控股股东股权质押公司				控股股东股权质押公司			
	AEM	AEM2	REM	REM2	AEM	AEM2	REM	REM2
	(1)	(2)	(3)	(4)	(5)	(6)	(7)	(8)
InsuVist	-0.004 8 (-1.71)	-0.004 9 (-1.56)	-0.005 8 (-1.18)	-0.002 7 (-0.33)	-0.007 6*** (-3.09)	-0.006 9*** (-2.63)	-0.009 9** (-2.00)	-0.022 7*** (-2.70)
InsuRate	0.001 8 (0.03)	0.009 9 (0.11)	0.051 5 (0.39)	0.210 4 (0.80)	-0.182 9*** (-2.68)	-0.178 6** (-2.55)	-0.189 7 (-1.23)	-0.259 4 (-0.74)
Analyst	-0.001 3 (-1.22)	-0.001 5 (-1.41)	-0.007 0*** (-3.53)	-0.008 5*** (-2.69)	-0.000 4 (-0.40)	-0.000 7 (-0.66)	-0.008 9*** (-4.80)	-0.014 1*** (-4.04)
Soe	-0.003 2 (-1.21)	-0.002 4 (-1.08)	-0.009 5 (-0.80)	-0.034 4* (-1.67)	-0.008 9* (-1.84)	-0.009 6** (-1.99)	-0.019 0** (-2.18)	-0.056 3*** (-2.81)
Inst	-0.018 8** (-2.45)	-0.016 8* (-2.02)	0.060 9** (2.33)	0.078 1 (1.52)	-0.018 9*** (-3.27)	-0.017 2*** (-2.91)	-0.018 3 (-1.46)	0.000 1 (0.00)
Mshare	-0.008 6 (-0.60)	-0.015 7 (-1.13)	-0.010 0 (-0.36)	0.034 4 (0.75)	0.010 3 (0.71)	0.009 9 (0.67)	-0.033 3 (-1.08)	-0.029 4 (-0.46)
Bhar	-0.057 6*** (-4.51)	-0.055 3*** (-4.71)	0.022 5*** (3.90)	0.002 0 (0.19)	-0.052 2*** (-3.55)	-0.054 1*** (-3.47)	-0.039 8 (-1.60)	-0.004 7 (-0.11)
Bm	-0.009 0** (-2.88)	-0.008 0** (-2.56)			-0.007 4* (-1.81)	-0.008 1** (-2.00)	0.016 2*** (2.65)	0.023 3* (1.66)
Size	-0.004 4 (-1.74)	-0.004 9* (-2.29)	-0.017 4*** (-3.74)	-0.015 1** (-2.06)	-0.003 1 (-1.15)	-0.003 2 (-1.21)	-0.000 7 (-0.15)	-0.005 1 (-0.64)

变量	非控股股东股权质押公司				控股股东股权质押公司			
	AEM	AEM2	REM	REM2	AEM	AEM2	REM	REM2
	(1)	(2)	(3)	(4)	(5)	(6)	(7)	(8)
Lev	0.065 5***	0.063 8***	-0.013 0	0.116 9***	0.070 7***	0.072 8***	0.061 3***	0.229 6***
	(5.47)	(4.80)	(-0.64)	(3.57)	(6.67)	(6.76)	(3.85)	(6.90)
Roa	0.145 9***	0.139 0***	-1.008 4***	-1.618 1***	0.101 7**	0.111 9**	-0.765 9***	-1.136 9***
	(3.72)	(3.66)	(-13.51)	(-13.82)	(2.01)	(2.16)	(-9.64)	(-8.66)
Profit	-0.029 7***	-0.031 4***	0.071 6***	0.126 0***	-0.030 9***	-0.032 8***	0.060 9***	0.102 0***
	(-6.28)	(-7.05)	(7.52)	(8.08)	(-5.65)	(-5.99)	(6.19)	(5.96)
Age	-0.000 1	-0.000 7	-0.015 6**	-0.025 1*	0.001 3	0.000 5	-0.020 4***	-0.035 8***
	(-0.03)	(-0.18)	(-2.50)	(-2.43)	(0.43)	(0.15)	(-3.31)	(-3.25)
Intercept	0.167 0***	0.183 8***	0.339 8***	0.260 1*	0.126 7**	0.130 8**	0.056 0	0.161 7
	(3.86)	(4.95)	(3.68)	(1.66)	(2.46)	(2.57)	(0.63)	(0.99)
Industry	Yes	Yes	Yes	Yes	Yes	Yes	Yes	Yes
Year	Yes	Yes	Yes	Yes	Yes	Yes	Yes	Yes
Obs.	5 559	5 559	5 559	5 559	5 207	5 207	5 207	5 207
Adj R²	0.152 4	0.150 0	0.159 4	0.144 6	0.128 2	0.129 5	0.123 6	0.136 5

（2）保险机构投资者实地调研、融资约束与公司信息披露

为了进一步验证假设5-3，本章实证考察保险机构投资者实地调研对上市公司信息披露的影响在低融资约束公司和高融资约束公司中是否存在差异。本章借鉴 Kaplan 和 Zingales（1997），用样本公司构建 KZ 指数来衡量上市公司面临的融资约束水平。具体而言，本章按以下步骤构建 KZ 指数：①对全样本各个年度都按经营性净现金流/上期总资产（CF_{it}/A_{it-1}）、现金股利/上期总资产（DIV_{it}/A_{it-1}）、现金持有/上期总资产（C_{it}/A_{it-1}）、资产负债率（LEV_{it}）和 Tobin's Q（Q_{it}）进行分类。如果 CF_{it}/A_{it-1} 低于中位数则 kz_1 取 1，否则取 0；如果 DIV_{it}/A_{it-1} 低于中位数则 kz_2 取 1，否则取 0；如果 C_{it}/A_{it-1} 低于中位数则 kz_3 取 1，否则取 0；如果 LEV_{it} 高于中位数则 kz_4 取 1，否则取 0；如果 Q_{it} 高于中位数则 kz_5 取 1，否则取 0。②计算 KZ 指数，令 $KZ = kz_1 + kz_2 + kz_3 + kz_4 + kz_5$。③采用排序逻辑回归，将 KZ 指数作为因变量对 C_{it}/A_{it-1}、DIV_{it}/A_{it-1}、C_{it}/A_{it-1}、LEV_{it}、Q_{it} 进行回归，估计出各变量的回归系数。④运用上述回归模型的估计结果，可以计算出每家上市公司融资约束程度的 KZ 指数，KZ 指数越大，意味着上市公司面临的融资约束程度越高。⑤根据 KZ 指数的中位数进行分组，高于中位数的为高融资约束公司，低于中位数的为低融资约束公司，表 5.7 是回归检验结果。

结果显示，保险机构投资者实地调研对应计盈余管理和真实盈余管理的估计系数在低融资约束公司中均不显著；相较而言，保险机构投资者实地调研（InsuVist）对应计盈余管理和真实盈余管理的估计系数在高融资约束公司中均显著为负，假设5-3得到验证。这些结果表明，当上市公司存在较高的融资约束时，其更加有动力吸引参与实地调研的保险机构投资者进行股票投资，这将有助于提升股票价格，进而降低权益融资成本和缓解融资约束。同时，保险机构投资者对上市公司的实地调研活动有助于向外部债权人，尤其是银行，传递公司生产经营情况良好的信息，以争取债权人"不惜贷"。银行通过降低对公司业绩及抵押品要求等途径减少交易成本，从而使保险机构投资者实地调研对上市公司信息披露的治理作用更加明显。相对应地，在低融资约束的上市公司中，上市公司利用与保险机构投资者的私下沟通以缓解融资约束的动机相对较小，保险机构投资者实地调研对上市公司信息披露的治理作用也相对不明显。

表 5. 7 保险机构投资者实地调研、融资约束与上市公司信息披露

变量	低融资约束公司				高融资约束公司			
	AEM	AEM2	REM	REM2	AEM	AEM2	REM	REM2
	(1)	(2)	(3)	(4)	(5)	(6)	(7)	(8)
InsuVist	-0.001 8	-0.002 8	-0.005 5	-0.009 0	-0.010 2***	-0.008 6***	-0.011 1**	-0.015 4***
	(-0.81)	(-1.28)	(-1.14)	(-1.28)	(-3.95)	(-3.22)	(-2.33)	(-2.96)
InsuRate	-0.094 2	-0.072 2	-0.093 9	0.035 9	-0.079 8	-0.087 0	-0.044 0	-0.007 0
	(-1.26)	(-0.97)	(-0.67)	(0.15)	(-0.97)	(-1.05)	(-0.31)	(-0.02)
Analyst	-0.002 3***	-0.002 4***	-0.012 3***	-0.015 1***	-0.000 3	-0.000 6	-0.004 7**	-0.010 6**
	(-2.58)	(-2.63)	(-6.94)	(-5.76)	(-0.23)	(-0.56)	(-2.44)	(-2.67)
Soe	-0.001 9	-0.001 6	-0.001 4	-0.009 6	-0.006 0	-0.006 1	-0.003 0	-0.023 5
	(-0.63)	(-0.53)	(-0.21)	(-0.86)	(-1.39)	(-1.45)	(-0.40)	(-1.08)
Inst	-0.002 8	-0.001 3	-0.015 1	-0.010 5	-0.031 4***	-0.029 6***	-0.011 0	-0.021 4
	(-0.56)	(-0.26)	(-1.31)	(-0.59)	(-4.78)	(-4.52)	(-0.96)	(-0.90)
Mshare	0.015 9	0.014 3	0.042 5	0.088 2**	-0.010 7	-0.018 1	-0.002 8	-0.009 4
	(1.22)	(1.02)	(1.52)	(2.32)	(-0.77)	(-1.35)	(-0.12)	(-0.13)
Bhar	-0.060 2***	-0.062 1***	-0.050 7*	0.039 4	-0.037 6***	-0.036 0**	0.002 6	0.026 3
	(-3.80)	(-3.61)	(-1.67)	(0.85)	(-2.66)	(-2.53)	(0.10)	(0.69)
Bm	-0.009 8***	-0.009 7***	0.026 4***	0.020 6*	-0.006 4*	-0.006 2*	0.016 2***	0.007 7
	(-2.78)	(-2.73)	(4.08)	(1.72)	(-1.93)	(-1.89)	(3.13)	(0.54)
Size	-0.009 2***	-0.010 0***	-0.007 4	-0.011 6*	-0.000 7	-0.000 5	-0.013 0***	-0.012 3
	(-3.87)	(-4.06)	(-1.60)	(-1.65)	(-0.27)	(-0.19)	(-3.16)	(-1.23)

表5.7（续）

变量	低融资约束公司				高融资约束公司			
	AEM	AEM2	REM	REM2	AEM	AEM2	REM	REM2
	(1)	(2)	(3)	(4)	(5)	(6)	(7)	(8)
Lev	0.064 8***	0.068 5***	−0.081 6***	0.028 6	0.044 5***	0.041 1***	0.091 4***	0.235 8***
	(5.75)	(5.74)	(−4.53)	(0.98)	(4.04)	(3.75)	(5.12)	(6.53)
Roa	0.139 0***	0.140 5***	−0.934 5***	−1.445 5***	0.138 7***	0.140 9***	−0.824 2***	−1.301 0***
	(3.08)	(3.01)	(−12.68)	(−13.26)	(2.74)	(2.84)	(−10.55)	(−7.48)
Profit	−0.045 2***	−0.048 1***	0.073 4***	0.116 1***	−0.024 4***	−0.025 7***	0.061 1***	0.113 8***
	(−7.79)	(−7.96)	(7.10)	(7.47)	(−4.53)	(−4.87)	(6.31)	(6.51)
Age	0.003 0	0.002 8	−0.007 4	−0.012 8	−0.000 8	−0.001 8	−0.023 9***	−0.037 3***
	(1.18)	(1.07)	(−1.29)	(−1.46)	(−0.22)	(−0.47)	(−3.95)	(−4.43)
Intercept	0.258 1***	0.277 6***	0.152 8*	0.227 1	0.094 5*	0.096 0*	0.278 3***	0.263 2
	(5.44)	(5.65)	(1.68)	(1.61)	(1.85)	(1.91)	(3.37)	(1.35)
Industry	Yes	Yes	Yes	Yes	Yes	Yes	Yes	Yes
Year	Yes	Yes	Yes	Yes	Yes	Yes	Yes	Yes
Obs.	5 384	5 384	5 384	5 384	5 379	5 379	5 379	5 379
Adj R²	0.203 4	0.201 4	0.170 8	0.177 3	0.104 1	0.105 5	0.125 4	0.110 8

5.4.3　内生性分析与稳健性检验

5.4.3.1　基于 Heckman 两阶段模型的内生性分析

在主回归部分，本章主要采用倾向得分匹配控制方法实验组（保险机构投资者实地调研公司）和控制组（不存在保险机构投资者实地调研公司）之间的公司特征差异。除此之外，信息披露质量较高、有较强私下沟通意愿的公司也可能更愿意吸引保险机构投资者参与实地调研，也就是说，保险机构投资者实地调研与上市公司信息披露之间的自选择效应也可能对本章主要结论产生严重干扰。

因此，为了缓解自选择问题对本章有关保险机构投资者实地调研改善上市公司信息披露质量研究结论的潜在干扰，本章借鉴逯东等（2019）的方法，以 Heckman 两阶段模型进行内生性分析。在 Heckman 模型第一阶段的估计中，本章运用 Probit 模型对保险机构投资者实地调研进行估计，选择模型如下所示：

$$\text{Prob}(\text{InsuVist}_{i,t}) = \alpha + \beta\text{Num\_firms} + \gamma\text{Controls}_{i,t} + \varepsilon_{i,t} \quad (5.10)$$

根据 Heckman 模型中识别变量选择的研究，本章选择第二阶段出现的所有解释变量（$\text{Controls}_{i,t}$）作为第一阶段的识别变量。此外，本章还选择了公司所在地级市的上市公司总数（$\text{Num\_firms}_{i,t}$）作为外生性工具变量，这是因为保险机构投资者更可能访问拥有更多上市公司地级市的公司，以便可以一次访问多个公司（Cheng et al.，2018），但公司信息披露情况不可能影响所在地级市的上市公司数目，因此是较为合适的工具变量。

表 5.8 是基于 Heckman 两阶段模型的内生性分析结果，从第一阶段 Probit 回归结果中可以发现，工具变量（Num_firms）的估计系数达到了 0.141 9，并且在 1% 的水平下显著，因而不存在"弱工具变量"问题。在第二阶段回归中，第（2）列和第（3）列结果显示，逆米尔斯比例（IMR）的估计系数为正、但不显著，说明保险机构投资者实地调研与上市公司应计盈余管理之间不存在显著的自选择问题；保险机构投资者实地调研在控制自选择问题之后的估计系数依然显著为负，与前文的估计结果基本一致，表明保险机构投资者实地调研能够显著抑制上市公司的应计盈余管理水平，结果具有较强的稳健性。

第（4）列和第（5）列结果显示，逆米尔斯比例（IMR）的估计系数不显著，说明保险机构投资者实地调研与上市公司真实盈余管理之间并不存在显著的自选择效应；保险机构投资者实地调研的估计系数在控制自选择问题之后依然显著为负，进一步强化了本章关于保险机构投资者实地调研降低上市公司真实盈余管理水平的研究结论。综合以上分析可知，在控制保险机构投资者实地调研与上市公司信息披露之间自选择问题干扰之后，前文关于保险机构投资者实地调研降低公司应计盈余管理和真实盈余管理的主要结论依然成立。

表 5.8　基于 Heckman 两阶段模型的内生性分析

变量	第一阶段	第二阶段			
	InsuVist	AEM	AEM2	REM	REM2
	（1）	（2）	（3）	（4）	（5）
InsuVist		$-0.006\,1^{***}$	$-0.005\,8^{***}$	$-0.008\,8^{**}$	$-0.012\,0^{***}$
		（-3.47）	（-3.19）	（-2.46）	（-4.20）
InsuRate	$6.591\,2^{***}$	$-0.069\,7$	$-0.069\,1$	$-0.094\,8$	$0.167\,0$
	（6.01）	（-1.01）	（-1.00）	（-0.71）	（0.84）
Analyst	$0.292\,9^{***}$	$-0.000\,6$	$-0.001\,1$	$-0.008\,9^{**}$	$-0.003\,5$
	（20.35）	（-0.36）	（-0.58）	（-2.36）	（-0.54）
Soe	$-0.012\,9$	$-0.005\,4^{**}$	$-0.005\,4^{**}$	$-0.004\,9$	$-0.022\,6$
	（-0.24）	（-2.06）	（-2.07）	（-0.84）	（-1.41）
Inst	$0.086\,1$	$-0.018\,6^{***}$	$-0.017\,0^{***}$	$-0.015\,0^{*}$	$-0.015\,6$
	（1.00）	（-4.32）	（-3.91）	（-1.66）	（-0.99）
Mshare	$0.021\,6$	$0.002\,9$	$-0.001\,9$	$0.015\,4$	$0.033\,7$
	（0.12）	（0.30）	（-0.19）	（0.75）	（0.62）
Bhar	$-0.383\,0^{**}$	$-0.055\,0^{***}$	$-0.054\,8^{***}$	$-0.022\,4$	$0.000\,5$
	（-2.01）	（-4.92）	（-4.79）	（-1.12）	（0.01）
Bm	$-0.127\,0^{***}$	$-0.008\,8^{***}$	$-0.008\,5^{***}$	$0.018\,2^{***}$	$0.005\,5$
	（-2.90）	（-3.23）	（-3.16）	（4.07）	（0.36）
Size	$0.201\,6^{***}$	$-0.003\,6$	$-0.004\,0^{*}$	$-0.009\,1^{**}$	$-0.003\,3$
	（6.73）	（-1.61）	（-1.78）	（-2.31）	（-0.25）
Lev	$-0.061\,8$	$0.068\,1^{***}$	$0.068\,8^{***}$	$0.032\,4^{**}$	$0.179\,4^{***}$
	（-0.50）	（9.03）	（9.05）	（2.46）	（5.98）
Roa	$1.102\,4^{**}$	$0.125\,1^{***}$	$0.125\,2^{***}$	$-0.905\,6^{***}$	$-1.381\,1^{***}$
	（2.36）	（3.68）	（3.61）	（-14.87）	（-10.43）
Profit	$-0.090\,9$	$-0.030\,5^{***}$	$-0.032\,1^{***}$	$0.069\,8^{***}$	$0.118\,3^{***}$
	（-1.18）	（-7.73）	（-8.04）	（9.52）	（9.54）
Age	$0.046\,1$	$0.000\,3$	$-0.000\,3$	$-0.018\,3^{***}$	$-0.028\,5^{***}$
	（1.20）	（0.15）	（-0.14）	（-3.90）	（-3.37）

表5.8(续)

变量	第一阶段	第二阶段			
	InsuVist	AEM	AEM2	REM	REM2
	(1)	(2)	(3)	(4)	(5)
Num_firms	0.141 9***				
	(9.10)				
IMR		0.001 4	0.000 7	−0.003 1	0.036 0
		(0.19)	(0.09)	(−0.21)	(1.58)
Intercept	−7.045 8***	0.137 0**	0.149 8**	0.205 0*	−0.042 2
	(−11.37)	(2.36)	(2.57)	(1.88)	(−0.14)
Industry	Yes	Yes	Yes	Yes	Yes
Year	Yes	Yes	Yes	Yes	Yes
Observations	10 767	10 767	10 767	10 767	10 767
Adjusted R²	0.189 8	0.134 5	0.134 1	0.134 4	0.133 3

5.4.3.2 控制其他机构和个人投资者调研的影响

本章主要关注相较于非保险机构投资者实地调研公司，保险机构投资者实地调研公司的盈余质量是否显著提高，以验证保险机构投资者能否通过实地调研这一私下沟通治理机制影响上市公司信息披露决策。但事实上，除了保险机构投资者实地调研之外，公募基金、私募基金、证券公司等其他机构投资者和个人投资者的实地调研活动也十分普遍，并引起了学者的广泛关注（唐松莲 等，2017；杨鸣京 等，2018）。因此，为确保本章主要结论不受其他机构投资者和个人投资者调研的干扰，本章还进一步控制了其他机构投资者实地调研（OtherInstVist）和个人投资者实地调研（IndiVist）两个变量，并重新回归进行检验。

表5.9显示，控制其他机构投资者和个人投资者实地调研影响之后，保险机构投资者实地调研对应计盈余管理和真实盈余管理的回归系数仍然在1%或10%的水平下显著为负，说明前文关于保险机构投资者实地调研通过私下沟通治理机制抑制公司盈余管理的结论是稳健可靠的。

对于其他机构投资者而言，其对应计盈余管理的估计系数均在1%的水平下显著为负，对真实盈余管理的估计系数则为正，说明其他机构投资者的实地调研活动能够抑制上市公司的应计盈余管理活动，但对于真实盈余管理活动，这种影响则存在异质性。这可能是因为，隐蔽的真实盈余管理活动有助于公司股价的市值管理，符合卖方机构投资者的利益①。

对于个人投资者而言，本章发现其与上市公司应计和真实盈余管理均不存在显著的相关关系，这可能是因为个人投资者由于其持股规模和时间的限制，往往难以引起上市公司大股东和经理人的关注，尤其是在我国当前中小股东投资者保护机制尚不健全的现实情境下，个人投资者对于公司治理的作用相当有限，从而造成个人投资者实地调研的作用相对较弱。

除此之外，本章还对保险机构投资者实地调研（InsuVist）、其他机构投资者实地调研（OtherInstVist）和个人投资者实地调研（IndiVist）对公司信息披露质量的作用差异进行了检验。结果显示，相较于其他机构投资者，保险机构投资者实地调研对公司盈余管理的抑制作用更显著。以修正的 Jones 模型估计的可操纵性应计利润（AEM）为例，保险机构投资者实地调研的抑制作用比其他机构投资者实地调研要高 28.57%，而且系数差异性检验结果表明，这一差异在统计意义上也是显著的。类似地，本章同样发现保险机构投资者实地调研比个人投资者实地调研，对公司应计与真实盈余管理能够发挥更加显著的抑制作用，这种影响无论是在经济意义上，还是统计意义上都是显著的。

以上结果表明，保险机构投资者、其他机构投资者和个人投资者在通过实地调研影响上市公司盈余管理行为上存在一定的异质性。整体而言，保险机构投资者实地调研抑制公司应计和真实盈余管理的作用相对较强，其他机构投资者实地调研抑制公司应计盈余管理的作用相对较弱，而本章并未发现其他机构投资者实地调研与公司真实盈余管理、个人投资者实地调研与公司应计和真实盈余管理存在显著的相关关系。最后，本章给出了控制其他机构投资者和个人投资者实地调研影响的稳健性检验结果（如表5.9 所示），进一步验证了前文主要结论的可靠性。

---

① 鉴于本书的研究主题聚焦于保险机构投资者实地调研的信息治理效应，本书并未对其他机构投资者（基金、QFII、证券公司等）如何影响公司信息披露决策选择进行深入分析，这可能是笔者后续探索的方向。

表 5.9　控制其他机构和个人投资者实地调研影响的稳健性检验

变量	AEM	AEM2	REM	REM2
	（1）	（2）	（3）	（4）
InsuVist	−0.014 4 ***	−0.014 2 ***	−0.004 3 *	−0.007 0 *
	（−5.65）	（−5.48）	（−1.96）	（−1.78）
OtherInstVist	−0.011 2 ***	−0.011 4 ***	0.005 2 **	0.008 3
	（−4.78）	（−4.91）	（2.47）	（1.42）
Difference：（InsuVist−OtherInstVist）	−0.003 2 ***	−0.002 8 ***	−0.009 5 ***	−0.015 3 ***
	（3.05）	（2.17）	（14.62）	（14.33）
IndiVist	−0.002 1	−0.001 8	0.005 9	−0.001 6
	（−0.63）	（−0.53）	（0.99）	（−0.14）
Difference：（InsuVist−OtherInstVist）	−0.012 3 ***	−0.012 4 ***	−0.010 2 ***	−0.005 4
	（9.18）	（8.95）	（3.02）	（0.18）
InsuRate	−0.081 0	−0.077 0	−0.059 0	0.017 2
	（−1.43）	（−1.37）	（−0.63）	（0.07）
Analyst	−0.000 3	−0.000 5	−0.008 4 ***	−0.012 3 ***
	（−0.42）	（−0.74）	（−4.33）	（−4.10）
Soe	−0.005 5 **	−0.005 5 **	−0.005 2	−0.022 8
	（−2.11）	（−2.13）	（−1.03）	（−1.39）
Inst	−0.019 0 ***	−0.017 3 ***	−0.014 4 *	−0.017 2
	（−4.47）	（−4.06）	（−1.77）	（−1.12）
Mshare	0.002 5	−0.002 2	0.016 4	0.033 1
	（0.26）	（−0.22）	（0.59）	（0.59）
Bhar	−0.055 8 ***	−0.055 8 ***	−0.025 0	0.010 6
	（−5.12）	（−4.98）	（−0.94）	（0.20）
Bm	−0.008 7 ***	−0.008 6 ***	0.018 4 ***	0.009 6
	（−3.31）	（−3.26）	（3.66）	（0.60）
Size	−0.003 3 *	−0.003 5 *	−0.008 8	−0.008 4
	（−1.77）	（−1.92）	（−0.86）	（−0.67）
Lev	0.066 9 ***	0.067 5 ***	0.033 4 **	0.181 1 ***
	（9.01）	（9.03）	（2.37）	（6.09）
Roa	0.119 1 ***	0.119 5 ***	−0.885 6 ***	−1.388 3 ***
	（3.51）	（3.45）	（−9.91）	（−10.92）
Profit	−0.029 3 ***	−0.030 9 ***	0.068 5 ***	0.119 1 ***
	（−7.44）	（−7.76）	（7.95）	（9.29）
Age	0.000 5	−0.000 2	−0.018 5 ***	−0.029 5 ***
	（0.20）	（−0.08）	（−3.93）	（−3.44）
Intercept	0.137 1 ***	0.145 5 ***	0.188 6	0.157 6
	（3.80）	（4.10）	（0.89）	（0.62）

变量	AEM	AEM2	REM	REM2
	（1）	（2）	（3）	（4）
Industry	Yes	Yes	Yes	Yes
Year	Yes	Yes	Yes	Yes
Observations	10 767	10 767	10 767	10 767
Adjusted R^2	0.137 2	0.136 9	0.131 2	0.130 4

5.4.3.3　其他稳健性检验

为了增强本章主要结论的稳健性，本节还通过对保险机构投资者实地调研的替代测量、上市公司信息披露质量的替代测量，以及调整倾向得分匹配估计方法等多种方式进行稳健性检验，如表5.10所示。

表 5.10　基于替代变量的稳健性检验

变量	AEM	AEM2	REM	REM2	Highrating	
	（1）	（2）	（3）	（4）	（5）	（6）
LnInsuVist	−0.004 5**	−0.004 5**	−0.009 0***	−0.015 8***		0.177 6***
	（−2.13）	（−2.07）	（−2.80）	（−3.21）		（4.38）
InsuVist					0.219 7***	
					（4.77）	
InsuRate	−0.088 2	−0.087 5	−0.077 4	−0.000 2	−1.266 7	−1.212 8
	（−0.98）	（−1.00）	（−0.73）	（−0.00）	（−0.92）	（−0.88）
Analyst	−0.003 8	−0.003 9	−0.008 0***	−0.011 3***	0.105 5***	0.106 0***
	（−1.60）	（−1.65）	（−5.46）	（−4.53）	（7.06）	（7.11）
Soe	−0.011 9**	−0.011 9**	−0.005 0	−0.022 0*	0.341 1***	0.342 7***
	（−2.22）	（−2.22）	（−0.87）	（−1.92）	（5.87）	（5.90）
Inst	−0.027 3**	−0.024 9**	−0.014 4	−0.017 5	0.225 3**	0.219 1**
	（−2.64）	（−2.30）	（−1.60）	（−1.10）	（2.24）	（2.19）
Mshare	−0.002 8	−0.006 7	0.016 1	0.030 9	0.038 3	0.031 7
	（−0.23）	（−0.46）	（0.79）	（0.73）	（0.15）	（0.12）
Bhar	−0.069 9***	−0.067 5***	−0.024 0	0.011 8	0.716 4***	0.721 9***
	（−4.11）	（−3.91）	（−1.25）	（0.35）	（3.48）	（3.51）
Bm	−0.011 7	−0.011 5	0.017 5***	0.008 4	0.070 7	0.072 6
	（−1.53）	（−1.56）	（4.11）	（0.90）	（1.46）	（1.49）
Size	−0.002 8	−0.003 8	−0.008 3**	−0.008 1	0.079 4**	0.078 6**
	（−0.52）	（−0.70）	（−2.50）	（−1.41）	（2.31）	（2.28）

表5.10(续)

变量	AEM	AEM2	REM	REM2	Highrating	
	(1)	(2)	(3)	(4)	(5)	(6)
Lev	0.083 0 ***	0.086 2 ***	0.032 3 **	0.183 0 ***	−0.816 3 ***	−0.816 8 ***
	(5.65)	(5.99)	(2.45)	(7.50)	(−5.97)	(−5.97)
Roa	0.223 9 **	0.222 9 **	−0.900 8 ***	−1.398 9 ***	2.708 3 ***	2.704 4 ***
	(2.35)	(2.39)	(−15.22)	(−15.00)	(4.86)	(4.85)
Profit	−0.034 9 ***	−0.036 8 ***	0.069 3 ***	0.119 4 ***	0.607 7 ***	0.607 8 ***
	(−6.49)	(−6.69)	(9.54)	(9.83)	(8.46)	(8.46)
Age	0.005 7	0.005 2	−0.018 3 ***	−0.029 0 ***	−0.162 4 ***	−0.162 2 ***
	(0.69)	(0.62)	(−3.93)	(−3.54)	(−3.59)	(−3.59)
Intercept	0.132 9	0.156 1	0.179 1 ***	0.156 0	−1.367 3 **	−1.341 2 *
	(1.28)	(1.47)	(2.71)	(1.30)	(−1.98)	(−1.93)
Industry	Yes	Yes	Yes	Yes	Yes	Yes
Year	Yes	Yes	Yes	Yes	Yes	Yes
Observations	10 767	10 767	10 767	10 767	10 767	10 767
Adjusted R²/ Pesu. R²	0.070 7	0.070 5	0.134 8	0.133 5	0.143 4	0.143 1

第一，本章选取上市公司当年被保险机构投资者调研次数的加总值作为替代变量进行稳健性检验。表5.10中第（1）列到第（4）列给出了保险机构投资者实地调研次数与公司信息披露的稳健性检验结果，本章发现保险机构投资者实地调研次数（LnInsuVist）的回归系数均显著为负，表明保险机构投资者实地调研次数越多、上市公司的应计盈余管理和真实盈余管理水平均显著越低，本章关于保险机构投资者实地调研提升公司信息披露质量的主要结论保持不变。

第二，本章还根据深圳证券交易所信息披露质量年度考评等级作为公司信息披露质量的替代测量，2001年以来深圳证券交易所每年都会对上市公司的信息披露质量进行年度评估，根据评估情况将上市公司分为A（优秀）、B（良好）、C（合格）、D（不合格）四个等级，本章借鉴Cheng等（2018）的处理方式，将考评结果得分为A和B界定为信息披露质量较高的公司，并赋值Highrating为1；若上市公司若信息披露考评结果得分为C和D，则将Highrating赋值为0。

表5.10中第（5）列和第（6）列给出了保险机构投资者实地调研对

上市公司信息披露质量的估计结果，本章发现，保险机构投资者实地调研（InsuVist、LnInsuVist）的估计系数均在1%的水平下显著为正。这意味着，上市公司当年存在保险机构投资者实地调研、被保险机构投资者实地调研的次数越多，当年在深圳证券交易所信息披露考评中得到 A 和 B 的可能性越大。这些证据表明，前文关于保险机构投资者实地调研改善上市公司信息披露质量的主要结论是稳健可靠的。

第三，在前文回归分析中，本章主要采用"最近邻匹配"方法选择控制组。为确保研究结论的可靠性，在稳健性检验中本章采取"最近邻匹配"的 1∶1 无放回配对方法，以及"半径匹配"方法执行与前文完全相同的分析过程，重新定义实验组和控制组并进行回归分析。

表 5.11 是调整倾向得分匹配方法得出的稳健性检验结果，可以发现保险机构投资者实地调研（InsuVist）对上市公司应计盈余管理（AEM、AEM2）和真实盈余管理（REM、REM2）的回归系数均显著为负。这些结果表明，本书关于保险机构投资者实地调研改善公司信息披露质量的结论在经过倾向得分匹配方法调整之后依然成立，意味着本章主要结论是稳健可靠的。

表 5.11　基于 PSM 配对方法调整的稳健性检验

变量	1∶1配对				半径匹配			
	AEM	AEM2	REM	REM2	AEM	AEM2	REM	REM2
	(1)	(2)	(3)	(4)	(5)	(6)	(7)	(8)
InsuVist	-0.005 3**	-0.005 1**	-0.006 5**	-0.011 9*	-0.006 1***	-0.005 7***	-0.008 6**	-0.012 9**
	(-2.48)	(-2.35)	(-2.18)	(-1.76)	(-3.45)	(-3.16)	(-2.40)	(-2.17)
InsuRate	-0.143 2**	-0.156 2***	-0.106 2	-0.196 3	-0.084 1	-0.078 5	-0.062 1	0.014 7
	(-2.43)	(-2.64)	(-0.86)	(-0.81)	(-1.46)	(-1.38)	(-0.59)	(0.07)
Analyst	-0.000 4	-0.000 5	-0.006 7**	-0.008 6**	-0.001 0	-0.001 2*	-0.008 1***	-0.011 8***
	(-0.42)	(-0.46)	(-2.26)	(-2.23)	(-1.36)	(-1.67)	(-5.59)	(-4.73)
Soe	-0.002 0	-0.002 7	-0.005 1	-0.024 2	-0.005 3**	-0.005 3**	-0.005 2	-0.022 8**
	(-0.54)	(-0.74)	(-0.62)	(-1.50)	(-2.01)	(-2.04)	(-0.90)	(-1.99)
Inst	-0.023 1***	-0.022 4***	-0.021 1*	-0.018 0	-0.019 7***	-0.018 1***	-0.014 6	-0.017 3
	(-3.95)	(-3.73)	(-1.84)	(-0.87)	(-4.61)	(-4.22)	(-1.62)	(-1.09)
Mshare	0.003 6	-0.002 5	0.038 5*	0.084 1	0.004 4	-0.000 1	0.016 4	0.032 9
	(0.28)	(-0.20)	(1.82)	(1.58)	(0.45)	(-0.01)	(0.80)	(0.78)
Bhar	-0.054 2***	-0.054 8***	-0.002 9	0.052 7	-0.054 9***	-0.054 6***	-0.025 8	0.009 8
	(-3.91)	(-3.88)	(-0.08)	(1.16)	(-5.01)	(-4.84)	(-1.34)	(0.29)
Bm	-0.006 5**	-0.006 6**	0.008 8*	0.002 7	-0.009 0***	-0.008 8***	0.018 3***	0.009 5
	(-2.07)	(-2.10)	(1.74)	(0.20)	(-3.34)	(-3.30)	(4.28)	(1.01)
Size	-0.000 4	-0.000 3	-0.007 4	-0.012 4*	-0.004 1**	-0.004 4**	-0.008 6***	-0.008 0
	(-0.19)	(-0.11)	(-0.98)	(-1.74)	(-2.14)	(-2.31)	(-2.58)	(-1.40)

变量	1:1配对				半径匹配			
	AEM (1)	AEM2 (2)	REM (3)	REM2 (4)	AEM (5)	AEM2 (6)	REM (7)	REM2 (8)
Lev	0.0711***	0.0686***	0.0452**	0.2088***	0.0729***	0.0735***	0.0326**	0.1802***
	(6.93)	(6.51)	(2.25)	(6.17)	(9.41)	(9.45)	(2.48)	(7.37)
Roa	0.1837***	0.1886***	-1.1446***	-1.7315***	0.1300***	0.1300***	-0.8886***	-1.3921***
	(4.92)	(5.14)	(-10.04)	(-13.69)	(3.67)	(3.60)	(-15.12)	(-14.97)
Profit	-0.0300***	-0.0325***	0.0751***	0.1275***	-0.0305***	-0.0322***	0.0691***	0.1200***
	(-5.30)	(-5.63)	(5.06)	(6.45)	(-7.67)	(-7.99)	(9.50)	(9.85)
Age	-0.0039	-0.0039	-0.0130*	-0.0268**	0.0002	-0.0005	-0.0183***	-0.0295***
	(-1.20)	(-1.13)	(-2.00)	(-2.35)	(0.08)	(-0.20)	(-3.94)	(-3.62)
Intercept	0.0746	0.0747	0.1630	0.2912**	0.1508***	0.1597***	0.1844***	0.1518
	(1.59)	(1.61)	(0.98)	(2.00)	(4.01)	(4.33)	(2.78)	(1.27)
Industry	Yes	Yes	Yes	Yes	Yes	Yes	Yes	Yes
Year	Yes	Yes	Yes	Yes	Yes	Yes	Yes	Yes
Obs.	4 931	4 931	4 931	4 931	10 712	10 712	10 712	10 712
Adj R²	0.111 8	0.112 3	0.188 1	0.172 5	0.137 6	0.137 1	0.130 9	0.130 2

5.5　进一步分析

5.5.1　实地调研与正式治理机制的相互关系

投资者的信息来源途径包括获取公开信息和挖掘私有信息两类（Asquith et al.，2005），公开信息主要包括上市公司强制披露和自愿披露的信息、媒体报道等，私有信息则是通过电话会议、电话访问、实地调研等私下沟通方式获取的信息。已有研究表明，机构投资者的实地调研对于信息透明度较低的公司来说，能够显著增强投资者对公司的认识，提高市场信息效率（谭松涛 等，2015）。那么实地调研对于上市公司信息披露的治理效应是否依赖于其他正式治理机制才能发挥作用，抑或在公司正式信息治理机制相对较弱时能够发挥更为重要的治理效应？

一方面，健全的治理机制有助于实地调研更好地约束经理人信息披露的机会主义行为，这是因为保险机构投资者实地调研过程中反映的信息披露问题在正式治理机制健全的公司中可能更容易引起重视，因而更能抑制公司应计盈余管理和真实盈余管理水平。另一方面，当公司信息披露质量较低时，公司内外部信息的不透明度加大，投资者无法有效获取信息，只能更多地依赖于私下沟通的方式去获取信息，这意味着保险机构投资者实地调研能够在信息治理机制较为薄弱的情况下发挥作用。

因此，在假设 5-1 得证的基础上，本节将分别从外部信息治理机制——审计监督，以及市场价格约束机制——融资融券两个角度，进一步考察保险机构投资者实地调研与正式信息治理机制之间的相互关系。

5.5.1.1　基于审计监督的分析

新兴加转轨的中国资本市场本身面临着较为严重的信息不透明（Ding et al.，2017）。作为缓和大股东和管理层代理问题的重要机制，外部审计师独立于上市公司和投资者，能够对上市公司披露的年报信息发表客观公正的审计意见（Francis，2004）。在监督财务报告信息的真实与可靠、提升会计信息稳健性、抑制经理人盈余操纵机会主义行为等方面具有重要作用（Krishnan，2002；蔡卫星 等，2009）。部分学者指出，高质量的审计作为公司外部重要的监督机制，能够降低信息供给方和需求方的信息不对称程度，提高公司信息透明度（王艳艳 等，2006）；审计师能够发现客户隐藏的负面信息，进而对上市公司形成外部约束（Callen et al.，2017）；境外投资者更重视上市公司的信息披露环境，要求管理层提供高透明度的财务信息（郭阳生 等，2018），因此公司有动力借助高质量审计的信号传递功能，向外界传递公司治理优质的信号，吸引更多的投资者的关注（Titman et al.，1986）。

这些研究表明，审计师作为公司的外部监督主体，能够对被审计公司的治理机制发挥重要作用，抑制经理人的机会主义行为，从而对其信息披露决策形成有效监督。规模较大的审计机构具有更强的专业能力和独立性，外资持股的上市公司更倾向于聘请国际"四大"会计师事务所（步丹璐 等，2017）。国际"四大"会计师事务所的审计质量通常被认为高于国内其他会计师事务所，主要体现为作为重要的外部约束机制能够显著抑制被审计公司的盈余管理行为（林永坚 等，2013）。如果保险机构投资者实地调研能够约束经理人机会主义行为，抑制其盈余操纵（假设5-1），那么，这种治理效应在外部审计治理机制不能约束经理人行为的公司中应该表现得更为突出。

参考张敏等（2012）的研究，本书设置变量 Big4，取值为 1 则表示公司被国际"四大"会计师事务所审计，否则取值为 0。其作为高质量审计的衡量，审计质量越高，对经理人的约束越大。将前述样本按照公司是否被国际"四大"会计师事务所审计，分组检验审计师提升上市公司信息披露质量的能力。表 5.12 是基于审计监督的视角，检验保险机构投资者实地调研与上市公司信息披露质量相互关系的回归结果。可以看出，保险机构投资者实地调研与应计盈余管理、真实盈余管理的回归系数在非国际"四大"会计师事务所的样本中均显著为负，表明保险机构投资者实地调研在外部信息监督机制薄弱的公司中能发挥信息挖掘作用，提升信息披露质量。以上结果表明，保险机构投资者实地调研与审计监督在抑制上市公司应计盈余管理和真实盈余管理上呈现替代关系，即实地调研作为正式审计监督的一种非正式替代机制能够发挥信息治理效应。

表 5.12 保险机构投资者实地调研、审计治理与公司信息披露

变量	非国际"四大"会计师事务所				国际"四大"会计师事务所			
	AEM	AEM2	REM	REM2	AEM	AEM2	REM	REM2
	(1)	(2)	(3)	(4)	(5)	(6)	(7)	(8)
InsuVist	-0.006 1***	-0.005 7***	-0.009 0**	-0.012 1**	-0.014 6	-0.017 4	0.000 4	-0.023 3
	(-3.40)	(-3.05)	(-2.50)	(-2.00)	(-1.66)	(-1.73)	(0.03)	(-0.89)
InsuRate	-0.080 0	-0.076 4	-0.079 5	-0.004 4	0.096 3	0.122 9	-0.106 1	0.185 6
	(-1.38)	(-1.33)	(-0.73)	(-0.02)	(0.38)	(0.49)	(-0.22)	(0.25)
Analyst	-0.000 9	-0.001 2	-0.008 4***	-0.011 9***	0.000 7	0.001 7	-0.000 8	-0.010 8
	(-1.24)	(-1.60)	(-5.69)	(-4.73)	(0.15)	(0.37)	(-0.08)	(-0.69)
Soe	-0.006 2**	-0.006 2**	-0.006 8	-0.026 4**	-0.003 0	-0.003 9	0.035 9	0.084 5**
	(-2.37)	(-2.36)	(-1.17)	(-2.27)	(-0.19)	(-0.22)	(1.40)	(2.41)
Inst	-0.018 6***	-0.016 9***	-0.015 9*	-0.020 6	-0.018 0	-0.018 2	-0.020 0	-0.001 3
	(-4.31)	(-3.91)	(-1.76)	(-1.28)	(-0.72)	(-0.62)	(-0.29)	(-0.01)
Mshare	0.006 0	0.001 4	0.019 2	0.042 7	-0.066 1	-0.084 0*	0.043 5	-0.024 3
	(0.60)	(0.14)	(0.94)	(1.03)	(-1.07)	(-1.92)	(0.32)	(-0.11)
Bhar	-0.050 9***	-0.050 9***	-0.029 9	0.006 7	-0.270 6**	-0.262 6*	0.332 8*	0.316 6
	(-4.81)	(-4.66)	(-1.55)	(0.20)	(-2.13)	(-2.27)	(1.96)	(1.39)
Bm	-0.009 3***	-0.009 1***	0.016 5***	0.009 4	0.011 3	0.011 9	0.022 5	0.007 9
	(-3.44)	(-3.40)	(3.75)	(0.96)	(0.71)	(0.74)	(1.32)	(0.26)
Size	-0.003 7*	-0.004 0**	-0.005 9*	-0.005 6	0.001 9	0.002 3	-0.040 8**	-0.026 5
	(-1.87)	(-2.04)	(-1.70)	(-0.92)	(0.25)	(0.30)	(-2.40)	(-1.06)

表5.12(续)

变量	非国际"四大"会计师事务所				国际"四大"会计师事务所			
	AEM	AEM2	REM	REM2	AEM	AEM2	REM	REM2
	(1)	(2)	(3)	(4)	(5)	(6)	(7)	(8)
Lev	0.069 9***	0.070 6***	0.031 9**	0.180 8***	-0.056 9	-0.058 8	0.038 5	0.191 5
	(9.33)	(9.36)	(2.40)	(7.32)	(-1.04)	(-1.29)	(0.45)	(1.41)
Roa	0.122 0***	0.123 0***	-0.898 8***	-1.415 5***	-0.022 6	-0.037 7	-1.049 0***	-1.081 5**
	(3.52)	(3.47)	(-14.86)	(-14.91)	(-0.13)	(-0.21)	(-3.48)	(-2.34)
Profit	-0.030 8***	-0.032 5***	0.068 9***	0.120 5***	0.000 0	-0.003 4	0.070 7**	0.080 4
	(-7.62)	(-7.92)	(9.30)	(9.69)	(0.00)	(-0.19)	(2.18)	(1.58)
Age	0.000 1	-0.000 6	-0.018 0***	-0.027 1***	0.015 2	0.014 9	-0.016 6	-0.060 7*
	(0.02)	(-0.26)	(-3.81)	(-3.26)	(1.24)	(1.59)	(-0.63)	(-1.80)
Intercept	0.143 9***	0.153 0***	0.130 1*	0.098 4	-0.023 7	-0.027 7	0.791 9**	0.565 6
	(3.74)	(4.04)	(1.88)	(0.78)	(-0.14)	(-0.19)	(2.12)	(1.08)
Industry	Yes	Yes	Yes	Yes	Yes	Yes	Yes	Yes
Year	Yes	Yes	Yes	Yes	Yes	Yes	Yes	Yes
Obs.	10 455	10 455	10 455	10 455	312	312	312	312
Adj R^2	0.136 5	0.136 2	0.129 5	0.132 6	0.250 3	0.239 4	0.386 7	0.279 3

5.5.1.2 基于融资融券的分析

除约束经理人外，保险机构投资者实地调研还可以通过提升投资者信息需求，对公司信息披露发挥治理效应。本章通过对融资融券制度引入发挥的信息治理效应展开进一步检验。2010 年，融资融券制度的引入是中国股票市场改革重要的里程碑（褚剑 等，2019）。已有文献认为，卖空交易者需要承担交易所带来的更多的风险和损失，通过其信息获取优势和较强的信息处理能力（Engelberg et al.，2012），对公司进行更深入的分析和提出更多的信息需求（Drake et al.，2011）。卖空机制的引入加速信息在投资者和各利益相关者间的传播（庞家任 等，2019），其不仅能使已被发现的负面信息更快地被股价吸收，而且还能使负面信息更容易被发现（Karpoff et al.，2010）。李志生等（2017）研究认为融资融券交易通过影响管理层的信息披露质量和分析师的盈利预测质量，进而改善公司的信息环境，因此其被纳入融资融券标的的公司具有更高的信息透明度。同时，卖空机制能够抑制管理层盈余管理行为（陈晖丽 等，2014；Massa et al.，2015），强化资本市场对上市公司的约束，是一种重要的外部治理机制。这些证据表明，卖空机制的引入加速了外部投资者与内部经理人之间的信息传递，提升了公司信息透明度。

因此，市场上各投资者对纳入融资融券标的的公司信息获取、披露的需求会大大增加，会吸引到更多的投资者参与到搜集、分析和处理与该公司相关的信息中，进而有利于降低市场上的信息不对称程度。如果保险机构投资者实地调研能够通过增加投资者信息披露需求，对上市公司信息披露质量发挥治理效应（假设 5-1），那么这种私下沟通的信息优势所发挥的治理效应在投资者信息需求较小、关注度较低的公司，即未被纳入融资融券标的的公司中应当表现得更显著。基于此，本节将前述样本公司按是否为融资融券标的股进行划分，分组检验保险机构投资者实地调研提升上市公司信息披露的能力。

表 5.13　保险机构投资者实地调研、融资融券与公司信息披露

变量	非融资融券标的股				融资融券标的股			
	AEM	AEM2	REM	REM2	AEM	AEM2	REM	REM2
	(1)	(2)	(3)	(4)	(5)	(6)	(7)	(8)
InsuVist	-0.007 6***	-0.007 0***	-0.009 5**	-0.012 5*	-0.002 9	-0.003 5	-0.007 3	-0.012 6
	(-3.75)	(-3.31)	(-2.34)	(-1.87)	(-0.84)	(-1.07)	(-1.02)	(-1.11)
InsuRate	-0.099 4	-0.092 5	-0.101 0	-0.091 7	0.026 8	0.012 8	-0.044 8	0.403 3
	(-1.62)	(-1.49)	(-0.86)	(-0.39)	(0.18)	(0.11)	(-0.21)	(0.82)
Analyst	-0.000 8	-0.001 1	-0.006 9***	-0.011 0***	-0.001 6	-0.001 5	-0.008 9***	-0.009 5*
	(-1.03)	(-1.40)	(-4.39)	(-4.12)	(-0.94)	(-1.15)	(-2.82)	(-1.75)
Soe	-0.006 8**	-0.006 9**	-0.003 2	-0.021 0*	0.001 3	0.001 1	-0.011 3	-0.023 5
	(-2.29)	(-2.32)	(-0.51)	(-1.74)	(0.26)	(0.28)	(-1.05)	(-1.10)
Inst	-0.022 4***	-0.020 4***	-0.017 3*	-0.023 0	-0.002 7	-0.003 3	0.020 4	0.040 8
	(-4.76)	(-4.26)	(-1.76)	(-1.35)	(-0.31)	(-0.46)	(1.11)	(1.17)
Mshare	0.007 9	0.003 8	-0.002 6	0.003 8	-0.007 9	-0.017 5	0.048 2	0.122 2
	(0.70)	(0.32)	(-0.11)	(0.09)	(-0.47)	(-1.17)	(1.64)	(1.57)
Bhar	-0.059 6***	-0.059 8***	-0.016 1	0.017 5	-0.035 3*	-0.033 4*	-0.106 1***	-0.073 6
	(-4.83)	(-4.67)	(-0.75)	(0.48)	(-1.76)	(-1.70)	(-2.78)	(-1.02)
Bm	-0.010 1***	-0.009 6***	0.021 0***	0.009 7	-0.008 3**	-0.008 0***	0.000 4	-0.001 7
	(-3.05)	(-2.89)	(4.15)	(0.94)	(-2.25)	(-2.69)	(0.07)	(-0.11)
Size	-0.003 7	-0.004 0*	-0.009 3**	-0.008 0	-0.002 1	-0.001 4	-0.005 9	-0.017 5*
	(-1.60)	(-1.78)	(-2.46)	(-1.20)	(-0.60)	(-0.54)	(-0.86)	(-1.71)

变量	非融资融券标的股				融资融券标的股			
	AEM	AEM2	REM	REM2	AEM	AEM2	REM	REM2
	(1)	(2)	(3)	(4)	(5)	(6)	(7)	(8)
Lev	0.069 2***	0.070 7***	0.027 7**	0.189 0***	0.059 2***	0.053 5***	0.067 5**	0.186 2***
	(8.38)	(8.51)	(1.98)	(7.20)	(3.66)	(4.60)	(2.11)	(3.40)
Roa	0.128 6***	0.126 2***	-0.862 7***	-1.402 4***	0.072 2	0.076 4*	-0.964 3***	-1.458 2***
	(3.16)	(3.03)	(-13.17)	(-13.41)	(1.49)	(1.88)	(-8.71)	(-8.39)
Profit	-0.032 3***	-0.033 7***	0.065 4***	0.119 6***	-0.020 5***	-0.022 4***	0.068 5***	0.115 9***
	(-7.07)	(-7.29)	(8.31)	(8.89)	(-2.96)	(-3.13)	(4.83)	(4.60)
Age	0.000 8	0.000 0	-0.017 8***	-0.032 4***	-0.001 7	-0.001 9	0.002 3	0.009 1
	(0.32)	(0.00)	(-3.58)	(-3.79)	(-0.39)	(-0.49)	(0.20)	(0.48)
Intercept	0.144 7***	0.155 1***	0.205 1***	0.156 4	0.097 2	0.089 2	0.082 4	0.356 2
	(3.16)	(3.45)	(2.69)	(1.13)	(1.30)	(1.52)	(0.55)	(1.55)
Industry	Yes	Yes	Yes	Yes	Yes	Yes	Yes	Yes
Year	Yes	Yes	Yes	Yes	Yes	Yes	Yes	Yes
Obs.	8 891	8 891	8 891	8 891	1 876	1 876	1 876	1 876
Adj R^2	0.141 7	0.141 4	0.112 1	0.122 2	0.126 8	0.118 6	0.293 1	0.241 0

本节借鉴李志生等（2017），设置变量 Shortseller，如为融资融券标的股，则为 1，反之为 0。表 5.13 是基于卖空机制（融资融券）的视角，检验保险机构投资者实地调研与上市公司信息披露质量相互关系的回归结果。结果显示，保险机构投资者实地调研与应计盈余管理、真实盈余管理的回归系数在非融资融券标的的样本中均显著为负，表明保险机构投资者实地调研在信息治理机制较弱样本（非融资融券标的公司）中更能发挥治理效应。当上市公司被纳入融资融券标的时，市场各类投资者能够通过挖掘公司私有信息降低信息不对称程度，此时保险机构投资者实地调研对上市公司信息披露的作用空间相对较小。这些结果表明，保险机构投资者实地调研与融资融券制度在抑制上市公司应计盈余管理和真实盈余管理上呈现替代关系，即实地调研作为正式市场价格机制的一种非正式替代机制能发挥信息治理效应。

5.5.2 区分保险机构和实地调研类型的进一步分析

不同类型保险公司在产品特点、资金属性和资产负债管理上存在较大差异，因而区分保险机构异质性对进一步分析保险机构投资者实地调研的治理效应具有重要意义。一般而言，寿险公司经营产品以长期险种为主，资金规模较大，且负债久期较长，平均达到 20 年以上，这就决定人寿保险公司资金更多配置在能创造长期稳定回报的公司上。相较而言，财产保险公司主要以车险等短期险种为主，资金规模相对较小且负债久期较短，因而更加关注投资的当期收益和股票流动性。另外随着我国逐步步入老龄化社会，养老保险公司发展及其资产配置的重要性愈发凸显，养老保险公司产品的保险期限、负债久期均较长，通常可达几十年，但我国现阶段养老保险仍处于起步发展阶段，养老保险公司的资金规模相对较小，股票市场资产配置相对较少。基于以上分析，本节将进一步区分人寿保险公司实地调研（InsuVist_Life）、财产保险公司实地调研（InsuVist_Property）和养老保险公司实地调研（InsuVist_Annuity），分析不同保险机构投资者实地调研对公司盈余管理的影响。

表 5.14 给出了考虑保险机构类型的进一步分析结果，可以发现人寿保险公司实地调研对上市公司应计与真实盈余管理的估计系数均在 5% 或 1% 的水平下显著为负，说明资金规模较大、持股期限较长的寿险资金能够通过实地调研与上市公司的私下沟通，抑制上市公司的盈余管理行为。财产

保险公司实地调研、养老保险公司实地调研的估计系数均不显著，表明对于负债久期较短且更关注流动性的财产保险公司和资金规模相对较小仍出于起步发展阶段的养老保险公司而言，其实地调研行为对上市公司盈余管理活动的影响相对较小。

表 5.14　区分保险机构类型的进一步分析

变量	AEM	AEM2	REM	REM2
	(1)	(2)	(3)	(4)
InsuVist_Life	−0.006 5 **	−0.004 6 **	−0.015 3 ***	−0.024 6 ***
	(−2.15)	(−2.31)	(−3.76)	(−3.75)
InsuVist_Property	−0.000 9	−0.001 0	0.001 1	−0.001 8
	(−0.23)	(−0.31)	(0.15)	(−0.17)
InsuVist_Annuity	−0.001 2	0.000 7	0.003 5	0.003 6
	(−0.30)	(0.20)	(0.51)	(0.33)
InsuRate	−0.091 0	−0.080 3	−0.085 4	−0.014 1
	(−1.15)	(−1.46)	(−0.80)	(−0.06)
Analyst	−0.003 8 **	−0.001 4 **	−0.008 0 ***	−0.011 5 ***
	(−2.41)	(−2.07)	(−5.53)	(−4.61)
Soe	−0.011 8 **	−0.005 5 **	−0.004 8	−0.021 6 *
	(−2.42)	(−2.38)	(−0.84)	(−1.89)
Inst	−0.027 4 ***	−0.017 1 ***	−0.014 6	−0.017 9
	(−3.40)	(−4.43)	(−1.62)	(−1.13)
Mshare	−0.002 9	−0.002 0	0.015 9	0.030 5
	(−0.22)	(−0.24)	(0.78)	(0.72)
Bhar	−0.069 7 ***	−0.054 4 ***	−0.023 5	0.012 6
	(−4.35)	(−5.06)	(−1.22)	(0.37)
Bm	−0.011 6 *	−0.008 4 ***	0.017 6 ***	0.008 7
	(−1.90)	(−3.80)	(4.14)	(0.93)
Size	−0.002 9	−0.004 2 ***	−0.008 4 **	−0.008 4
	(−0.54)	(−2.59)	(−2.54)	(−1.46)
Lev	0.082 9 ***	0.068 9 ***	0.032 0 **	0.182 5 ***
	(6.37)	(10.08)	(2.43)	(7.48)
Roa	0.223 3 ***	0.124 1 ***	−0.902 9 ***	−1.402 4 ***
	(3.37)	(3.88)	(−15.23)	(−15.02)
Profit	−0.034 7 ***	−0.032 0 ***	0.069 7 ***	0.120 0 ***
	(−5.37)	(−8.45)	(9.58)	(9.87)
Age	0.005 7	−0.000 4	−0.018 2 ***	−0.028 9 ***
	(1.05)	(−0.18)	(−3.91)	(−3.54)

表5.14(续)

变量	AEM	AEM2	REM	REM2
	（1）	（2）	（3）	（4）
Intercept	0. 134 4	0. 156 1 ***	0. 181 6 ***	0. 161 3
	（1. 34）	（4. 89）	（2. 75）	（1. 35）
Industry	Yes	Yes	Yes	Yes
Year	Yes	Yes	Yes	Yes
Observations	10 767	10 767	10 767	10 767
Adjusted R^2	0. 070 7	0. 133 8	0. 135 1	0. 133 7

此外，在前文的分析中，并未区分实地调研异质性对保险机构投资者实地调研与公司盈余管理行为相互关系的影响。但是，保险机构投资者是单独调研，还是与其他机构投资者联合调研，对于公司的影响可能存在较大差异。一般认为，相较于单独调研，联合调研能够更好地挖掘被调研公司信息，且能实现不同机构投资者之间的知识共享与信息沟通（Bushee et al.，2011；董永琦 等，2019）；除此之外，联合调研相对更容易引发市场关注，因而能给市场传递更多信息（Cheng et al.，2016）。因此，本节将区分保险机构投资者单独调研（InsuVist_Indep），以及与其他机构投资者联合调研（InsuVist_Joint）展开进一步分析。

表5. 15是区分实地调研类型的进一步分析结果，从第（1）列和第（2）列结果可以看出，保险机构投资者单独调研与上市公司应计盈余管理的回归系数在5%的水平下显著为负，在经济意义上，相比于无保险机构投资者调研公司，保险机构投资者单独调研公司的应计盈余管理程度要显著低15.02%。相对应地，保险机构投资者与其他机构投资者联合调研的估计系数都在5%的水平下显著为负，在经济意义上，相比于无保险机构投资者调研公司，保险机构投资者与其他机构投资者联合调研公司的应计盈余管理程度要显著低9.74%。系数差异性检验结果显示，单独调研对公司盈余管理程度的影响要略高于联合调研，但这种差异在统计意义上并不显著。以上结果表明，无论是保险机构投资者单独调研还是与其他机构投资者联合调研，都能够显著抑制上市公司的应计盈余管理行为，但未发现两种实地调研对公司盈余管理的影响存在显著差异。

第（3）列和第（4）列是区分实地调研类型对保险机构投资者调研影

响公司真实盈余管理的进一步分析结果。结果发现，保险机构投资者单独调研的估计系数均为负，但不显著；与其他机构投资者联合调研的估计系数则都在 10% 的水平下显著为负。这可能是因为，公司的真实盈余管理活动往往更为隐蔽，因此识别并监督真实盈余管理活动往往要求投资者具有更高的专业性和敏感性（孙光国 等，2015）。这意味着，保险机构投资者与其他机构投资者的联合调研，有助于促进彼此的专业知识交流和信息共享，从而能够更好地识别并监督公司的真实盈余管理活动。以上结果表明，与其他机构投资者联合调研，有助于保险机构投资者更好地识别并监督公司真实盈余管理，相较而言，保险机构投资者单独调研对公司真实盈余管理的影响则相对较弱，但无论是保险机构投资者单独调研还是与其他机构投资联合调研对真实盈余管理活动的影响在统计意义上并未出现显著差异。

表 5.15　区分实地调研类型的进一步分析

变量	AEM	AEM2	REM	REM2
	（1）	（2）	（3）	（4）
InsuVist_Indep	−0.011 1**	−0.010 8**	−0.003 9	−0.016 4
	（−2.77）	（−2.63）	（−0.38）	（−1.43）
InsuVist_Joint	−0.007 2**	−0.007 1**	−0.008 4*	−0.011 9*
	（−2.99）	（−2.65）	（−2.28）	（−1.94）
Difference：（Indep−Joint）	−0.003 9	−0.003 7	0.004 5	−0.004 5
	（0.31）	（0.65）	（0.27）	（0.14）
InsuRate	−0.082 0	−0.081 4	−0.084 1	−0.010 5
	（−0.82）	（−0.83）	（−0.80）	（−0.06）
Analyst	−0.003 7	−0.003 8	−0.008 2***	−0.011 9***
	（−1.56）	（−1.58）	（−6.46）	（−6.50）
Soe	−0.011 9**	−0.011 9**	−0.005 0	−0.021 8***
	（−2.32）	（−2.49）	（−1.42）	（−3.62）
Inst	−0.027 3**	−0.024 9**	−0.014 9***	−0.018 1*
	（−3.12）	（−2.98）	（−3.42）	（−2.22）
Mshare	−0.003 0	−0.006 9	0.015 2	0.029 7
	（−0.23）	（−0.53）	（0.54）	（0.92）
Bhar	−0.070 1**	−0.067 6**	−0.023 5	0.012 8
	（−2.32）	（−2.53）	（−1.18）	（0.65）
Bm	−0.011 7*	−0.011 5**	0.017 9***	0.009 3
	（−2.30）	（−2.31）	（5.33）	（1.16）

表5.15(续)

变量	AEM	AEM2	REM	REM2
	（1）	（2）	（3）	（4）
Size	−0.002 8	−0.003 8	−0.008 7	−0.008 9
	（−0.40）	（−0.59）	（−0.63）	（−0.50）
Lev	0.083 0 ***	0.086 3 ***	0.032 2 **	0.182 8 ***
	（11.29）	（9.03）	（2.58）	（9.54）
Roa	0.223 0 **	0.222 1 **	−0.904 2 ***	−1.405 8 ***
	（2.85）	（2.87）	（−13.36）	（−15.64）
Profit	−0.034 7 ***	−0.036 7 ***	0.069 8 ***	0.120 2 ***
	（−4.64）	（−5.18）	（9.31）	（15.27）
Age	0.005 8	0.005 2	−0.018 3 **	−0.028 9 ***
	（0.84）	（0.78）	（−2.66）	（−4.50）
Intercept	0.132 7	0.155 8	0.189 3	0.174 4
	（0.94）	（1.21）	（0.65）	（0.47）
Industry	Yes	Yes	Yes	Yes
Year	Yes	Yes	Yes	Yes
Observations	10 767	10 767	10 767	10 767
Adjusted R^2	0.070 8	0.070 6	0.134 3	0.132 9

5.5.3　区分保险机构投资者是否为股东的进一步分析

在前文有关保险机构投资者实地调研如何影响上市公司盈余管理行为的分析中，笔者并未考虑保险机构投资者在上市公司中是否持股的影响，但保险机构投资者是"潜在买方"还是"潜在卖方"，对保险机构投资者实地调研作用可能具有一定影响。因此，本节以保险机构投资者实地调研前一个季度是否重仓上市公司股票，将保险机构投资者实地调研区分为险资非股东实地调研（InsuVist_NSR）和险资股东实地调研（InsuVist_SR），并重新进行回归检验（见表5.16）。

表 5.16　区分保险机构投资者是否为股东的进一步分析

变量	AEM	AEM2	REM	REM2
	（1）	（2）	（3）	（4）
InsuVist_NSR	−0.005 6 ***	−0.005 3 ***	−0.008 9 **	−0.012 8 **
	（−3.08）	（−2.80）	（−2.42）	（−2.07）
InsuVist_SR	−0.011 1 ***	−0.010 8 ***	−0.007 6	−0.014 4
	（−3.15）	（−3.03）	（−0.91）	（−1.06）
Difference：（InsuVist_NSR −InsuVist_SR）	0.005 5	0.005 5	0.001 3	−0.001 6
	（2.36）	（2.42）	（0.03）	（0.01）
InsuRate	−0.062 5	−0.058 3	−0.080 9	−0.003 3
	（−1.07）	（−1.01）	（−0.75）	（−0.01）
Analyst	−0.001 0	−0.001 2 *	−0.008 1 ***	−0.011 8 ***
	（−1.36）	（−1.69）	（−5.58）	（−4.74）
Soe	−0.005 3 **	−0.005 4 **	−0.004 9	−0.021 8 *
	（−2.06）	（−2.08）	（−0.86）	（−1.90）
Inst	−0.018 6 ***	−0.017 0 ***	−0.014 9 *	−0.018 2
	（−4.38）	（−3.97）	（−1.65）	（−1.15）
Mshare	0.002 8	−0.001 9	0.015 7	0.030 0
	（0.29）	（−0.19）	（0.77）	（0.71）
Bhar	−0.054 2 ***	−0.054 3 ***	−0.023 4	0.013 2
	（−4.98）	（−4.83）	（−1.22）	（0.39）
Bm	−0.008 7 ***	−0.008 5 ***	0.017 9 ***	0.009 2
	（−3.29）	（−3.24）	（4.19）	（0.98）
Size	−0.003 8 **	−0.004 0 **	−0.008 6 ***	−0.008 8
	（−2.04）	（−2.20）	（−2.60）	（−1.53）
Lev	0.068 2 ***	0.068 9 ***	0.032 1 **	0.182 7 ***
	（9.19）	（9.21）	（2.44）	（7.48）
Roa	0.124 4 ***	0.124 9 ***	−0.903 7 ***	−1.404 8 ***
	（3.66）	（3.60）	（−15.23）	（−15.04）
Profit	−0.030 4 ***	−0.032 1 ***	0.069 7 ***	0.120 1 ***
	（−7.70）	（−8.02）	（9.58）	（9.86）
Age	0.000 4	−0.000 3	−0.018 2 ***	−0.028 9 ***
	（0.15）	（−0.12）	（−3.91）	（−3.53）
Intercept	0.144 5 ***	0.153 1 ***	0.186 6 ***	0.172 3
	（3.98）	（4.29）	（2.83）	（1.44）
Industry	Yes	Yes	Yes	Yes
Year	Yes	Yes	Yes	Yes

变量	AEM	AEM2	REM	REM2
	（1）	（2）	（3）	（4）
Observations	10 767	10 767	10 767	10 767
Adjusted R^2	0. 134 6	0. 134 2	0. 134 4	0. 132 9

表 5.16 中第（1）列和第（2）列结果显示，无论是险资非股东实地调研，还是险资股东实地调研，其对上市公司应计盈余管理活动的回归系数均在 1%的水平下显著为负。系数差异性检验结果显示，在经济意义上，险资非股东实地调研的影响要略小于险资股东实地调研，但这种差异在统计意义上并不显著。以上结果表明，无论保险资金作为"潜在买方"还是"潜在卖方"，都会重点关注上市公司的应计盈余管理活动，因而降低公司应计盈余管理水平。

除此之外，第（3）列和第（4）列给出了区分保险机构投资者是否为股东，进一步分析实地调研与公司真实盈余管理活动的回归结果。研究发现，险资非股东实地调研对真实盈余管理的估计系数均在 5%的水平下显著为负；而险资股东实地调研的估计系数也为负，但并不显著。造成这一结果的原因可能在于，如果保险机构投资者作为"潜在买方"，出于追求长期稳定回报和稳健风险管控的考虑，其对拟投资公司的信息质量将会提出更高要求，因而能够抑制潜在被投资公司的真实盈余管理活动。相对应地，当保险机构投资者重仓上市公司，成为"潜在卖方"，其可能存在的短期卖出动机会在一定程度上放松自身对公司真实盈余管理活动的监督，为公司隐蔽的真实盈余管理活动进行市值管理提供空间，为保险资金更好地在股票市场实现退出提供便利。

以上结果表明，保险机构投资者实地调研对上市公司应计和真实盈余管理活动的影响，虽然保险机构在上市公司中的角色不同而呈现一定差异，但总体而言，无论是作为公司潜在的投资者，还是实际的股东，保险机构投资者都能够通过实地调研对公司的应计和真实盈余管理活动产生重要影响。

5.6　结论

证券市场的本质是信息市场，信息引导市场各类资产价格的形成和变化，以及治理结构的构建与重组，进而衍生出代理问题及其治理、股票交易和流动、定价效率与市场稳定等一系列问题。市场信息环境对证券市场健康发展与国家金融安全的重要意义已被广泛证实（游家兴，2008；Armstrong et al.，2010；吴晓求，2017），而市场信息环境的透明与否取决于每个微观企业的信息披露质量。鉴于此，本章首先是从信息提供者——上市公司的信息披露质量出发，检验保险机构投资者实地调研如何影响上市公司信息披露的。

研究发现：①保险机构投资者实地调研显著改善了被调研公司的信息披露质量，具体表现为降低被调研公司的应计盈余管理和真实盈余管理水平。②保险机构投资者实地调研的信息治理效应在经过 Heckman 两阶段模型控制自选择问题，控制其他机构和个人投资者实地调研影响的稳健性检验，以调研次数替代测量保险机构投资者实地调研、以深圳证券交易所信息披露考评等级替代测量公司信息披露质量、以1∶1无放回匹配和半径匹配调整倾向得分匹配方法重新定义实验组和控制组等内生性和稳健性检验之后依然成立。③进一步分析保险机构投资者实地调研影响上市公司信息披露质量的作用机制发现：一方面，当公司的控股股东存在股权质押时，上市公司因为面临较大的市值管理压力有更强的私下沟通意愿以稳定股票价格，从而使保险机构投资者实地调研对公司信息披露的信息治理效应更加明显；另一方面，当公司存在融资约束时，上市公司通过与实地调研的保险机构投资者进行私下沟通获取直接或间接融资优势的意愿相对更强，因而保险机构投资者实地调研更能对公司信息披露发挥治理效应。④本章选取审计监督和融资融券这两种重要的外部信息治理机制，考察保险机构投资者实地调研这一非正式治理机制与正式治理机制在改善公司信息披露上的作用关系，结果发现保险机构投资者实地调研在正式治理机制相对较弱的情况下更能发挥信息治理效应，两者呈现替代关系。⑤最后，进一步区分保险机构投资者异质性、实地调研异质性、以及保险机构投资者是否为股东的实证分析发现，保险机构投资者实地调研对公司信息披露治理的影响在人寿保险、财产保险和养老保险公司，在单独调研和联合调研，以及险资股东调研和险资非股东调研等方面存在一定差异。

相比已有研究，本章的贡献主要体现在以下三个方面：

其一，相较于现有文献多集中从是否持股、持股比例、持股特征等视角考察保险机构投资者的治理效应（Ryan et al.，2002；伊志宏 等，2013；刘汉民 等，2019；余海宗 等，2019）。本章主要从实地调研这一非正式的沟通渠道考察保险机构投资者的信息治理效应，拓展和丰富保险资金股票投资领域现有研究的同时，也为保险机构投资者能否发挥治理效应提供经验证据。

其二，本章区分保险机构投资者异质性考察实地调研治理效应的研究结论，充分补充了实地调研的现有研究。现有文献多集中于考察证券分析师、基金等投资者的实地调研行为，形成了比较丰富的研究成果（Solomon et al.，2015；谭松涛 等，2015；Cheng et al.，2016）。保险公司作为我国资本市场上的第二大机构投资者，与保险资金股票投资实务迅猛发展相对应的，却是保险机构投资者实地调研相关研究的匮乏。尤其是，保险机构投资者作为重要的财务投资者，其往往难以通过股东大会投票、派驻董事参与治理等正式治理机制发挥股东积极主义作用，因而通过持股前和持股后的实地调研与公司管理层进行接触表达利益诉求以影响其决策，对于保险机构投资者发挥治理效应可能更为重要。本章的实证研究为此提供了大样本经验证据，丰富和拓展了机构投资者实地调研的现有研究。

最后，本章验证了保险机构投资者实地调研对公司信息披露的治理效应，而如何引导保险资金服务实体经济以及改善微观企业信息披露质量，对于能否最大限度地发挥证券市场的资源配置功能具有重要意义。因此，本章的结论意味着实地调研作为一种非正式的沟通机制，对于资金规模庞大和风险分散投资的保险机构投资者而言具有重要意义，能够在审计监督和融资融券等外部治理机制相对薄弱的情况下促进保险机构投资者更好地发挥信息治理效应。这意味着，我国金融监管部门在支持保险资金入市投资时，要兼顾保险资金来源和交易逻辑的特殊性，鼓励保险机构投资者通过实地调研提升自身的投研能力，更好地参与公司治理和维护资本市场稳定。

6 保险机构投资者实地调研与股票流动性

第 5 章的实证研究主要基于信息提供者视角，考察保险机构投资者实地调研如何通过加强公司经理人与投资者的私下沟通，提升公司信息披露质量。本章将保险机构投资者实地调研治理效应的研究视角，从信息提供者转移到信息使用者——外部投资者，考察保险机构投资者实地调研能否形成"眼球效应"，吸引外部投资者注意力并驱使其理性交易，提升股票流动性。不同于公司信息披露，股票流动性能够反映市场投资者的信息搜集成本，较强的流动性往往意味着较低的潜在股票交易成本，这被普遍视为测量信息效率的一项常用指标（孔东民 等，2015；吴璇 等，2017）。因此，本章拓展了上一章有关保险机构投资者信息治理效应的逻辑框架，同时为下一章检验保险机构投资者实地调研与市场定价效率相互关系奠定了分析思路，在全书内容框架中起到了承上启下的作用。具体而言，本章由以下几个部分组成：第一，保险机构投资者实地调研能否以增加投资者关注的形式带来与信息披露类似的积极资本市场反应，是否具体表现为提升股票流动性。第二，以调研前后 1 日或 3 日的互联网搜索量和股吧发帖量变动作为投资者关注的替代测量，直接考察保险机构投资者增加的投资者关注如何影响股票流动性。第三，与第 3 章以审计监督和卖空约束测量正式治理机制类似，本章还将进一步检验保险机构投资者实地调研与正式治理机制在提升股票流动性上的作用关系。第四，本章还将区分人寿保险、财产保险和养老保险公司实地调研，区分保险机构投资者单独调研和联合调研，以及险资股东和非险资股东实地调研，进一步分析保险机构投资者实地调研对股票流动性的影响。

6.1 引言

流动性是股票市场最为重要的特征，已有研究发现全球数次金融危机的发生都与股票市场流动性的变化密不可分（Switzer et al.，2015）。从宏观上看，股票流动性对股票市场的资源配置效率具有重要影响；从微观上看，股票流动性也会对上市公司价值和治理造成影响（陈辉 等，2011）。从市场微观结构理论来分析，流动性变化体现着投资者接收信息→转化信息→行为决策的动态过程，最终反映到资产价格和交易中，即信息需要有投资者关注这一载体，才能充分发挥效应。投资者关注是信息在投资者决策过程中发挥重要作用的关键因素，也是引发市场交易和流动性变化的前提（刘颖 等，2020）。

股票流动性对于资本市场效率与稳定如此重要，以至于众多学者对股票流动性的成因与后果展开了广泛的理论与实证研究，并形成了丰富的研究成果（Chen et al.，2007；Agarwal，2007；Chung et al.，2010；孔东民 等，2015；刘晓星 等，2016；林永坚 等，2018）。其中，鉴于机构投资者持股份额和交易量在全球资本市场中的特殊作用，越来越多的学者重点探讨机构投资者在股票流动性中所扮演的角色，并形成了截然不同的两种观点。

一方面，部分学者指出机构投资者作为理性、逐利的市场主体，相较于个人投资者，其能够利用自身的专业技能和规模优势搜寻并解读更多公司私有信息，从而建立起相较于个人投资者的信息优势，成为知情交易者（Zhang et al.，2001；侯宇 等，2008；雷倩华 等，2012；陈辉 等，2013）。此类知情交易者的存在，将会产生逆向选择效应，即掌握信息优势的知情投资者利用多于另一方的信息优势，使自己受益而另一方受损，在股票流动性的影响上具体表现为买入股票时设定较低的买价，卖出股票时设定较高的卖价，这会增加股票流动性成本。

另一方面，机构投资者基于自身信息优势进行的股票交易行为，能够促使股票价格更多地反映公司私有信息，从而有助于提升股价信息效率，最终降低股票流动性成本（Subrahmanyam 1991；Mendelson et al.，2004；孟为 等，2018）。尤其是，不同机构投资者之间普遍存在着激烈的信息竞争，将促使他们尽快地利用自身掌握的信息进行交易决策，因此投资者掌握的所有信息能迅速反映到股票价格之中，最终提升股票流动性。

随着机构投资者与股票流动性相关研究的不断深入，逐渐有学者认识到不同类型的机构投资者在交易策略、信息搜寻能力和治理角色上存在本质差异（Bushee et al.，2014）。因而，部分学者开始区分公募基金、私募基金、QFII、银行等不同类型的机构投资者进行实证研究，形成了较为丰富的研究成果。雷倩华等（2012）区分证券投资基金持股和其他机构投资者持股的实证发现，相较于其他机构投资者，证券投资基金持股将会导致更多的逆向选择问题，从而降低股票流动性。在境外股东持股的情况下也会出现此现象（Brockman et al.，2009；邓柏峻等，2016）。张燃等（2019）进一步区分阳光私募基金的研究发现，阳光私募基金持股能够在一定程度上提升股票流动性。

近年来，伴随我国保险业的迅猛发展，以及监管机构不断放松保险资金股票投资的相关政策，保险公司已成为当前我国资本市场上的第二大机构投资者。保险资金对于提升资源配置效率和维护市场稳定的作用愈发受到监管机构、业界及学界的重视。但遗憾的是，与实务迅猛发展和监管层、业界广泛讨论相对应的是，现有研究对于保险机构投资者如何影响股票流动性上还未给予足够的重视，缺乏大样本的经验证据。鉴于此，本章将补充现有文献的不足，以 2013—2017 年我国深市 A 股上市公司为样本，从保险机构投资者实地调研视角出发，考察保险机构投资者如何影响股票流动性及其作用机制。

6.2 理论分析与假设推导

在理论上，保险机构投资者实地调研获取的私有信息对股票流动性的影响存在异质性：一方面，保险机构投资者实地调研形成的"眼球效应"将会带来大量的投资者关注，进而加快投资者之间的信息竞争并促使投资者更多地利用这些信息进行交易决策。在此情况下，信息能更快地反映到股票价格之中，最终通过信息效率的提升降低股票流动性成本。另一方面，这也可能引发保险机构投资者的逆向选择问题，即知情的保险机构投资者会利用其掌握的信息优势要求其他投资者与其交易时支付更高的价差，从而降低股票流动性。

因此，保险机构投资者实地调研究竟是降低还是提升股票流动性，取决于其通过与上市公司内部人获取的私有信息产生的信息效率和逆向选择影响大小的对比。因此，本章分别从信息效率和逆向选择两个渠道展开理论分析，并针对性地提出竞争性假说。

6.2.1 保险机构投资者实地调研、信息效率与股票流动性

保险机构投资者实地调研过程中获取的公司信息，能够提升股票信息效率，降低股票流动性成本。这是因为，一方面，保险资金作为重要的机构投资者，其具有信息搜集和处理上的规模经济优势，能够通过实地调研了解公司的经营状况和未来发展战略等，即保险机构投资者能够通过实地调研过程中与上市公司内部人的私下沟通，获取和分析更多公司私有信息。因此，作为理性的投资者，保险机构投资者实地调研能够缓解投资者间的信息不对称问题，这将有助于股票价格更多、更快地反映公司私有信息，从而提升股票信息效率并降低流动性成本。Subrahmanyam（1991）指出，当股票价格更多地反映上市公司价值的信息时，股票交易风险的减少将会增加股票流动性。另一方面，保险机构投资者实地调研还能通过"眼球效应"增加其他投资者关注，尤其是吸引个人投资者的注意力，从而影响这些投资者的市场交易行为，提升股票信息效率。胡淑娟和黄晓莺（2014）研究机构投资者关注与公司股票流动性的相互关系发现，机构投资者关注度越高的公司，其股票换手率和成交量更高。吴璇等（2017）实证发现，上市公司主动的网络舆情管理能够吸引投资者的注意力，从而纠正信息偏差和投资者非理性情绪，最终缓解信息不对称问题和提升股票流动性。董大勇和吴可可（2018）认为中国股市投资存在"眼球效应"，表现为个股的投资者注意力配置变动与个股收益率呈显著的正相关关系。深圳证券交易所自 2013 年起，强制要求上市公司及时将投资者调研等有关情况向市场公开披露，因此个人投资者通过网络即可充分、及时地获取机构投资者对上市公司的调研信息。这就意味着，保险机构投资者实地调研带来的"眼球效应"，能够吸引投资者对被调研公司的注意，这将有助于他们主动搜寻并分析公司信息，尤其是保险机构投资者实地调研过程中披露的私有信息，从而有助于纠正他们在投资决策过程中可能出现的信息偏差和非理性情绪，这将提升信息效率并降低股票流动性成本。

基于以上分析可知，保险机构投资者通过实地调研可以获取更多公司信息，一方面可以降低投资者间的信息不对称程度，促使这些信息更快地反映到股票价格中以提升信息效率；另一方面也能通过"眼球效应"吸引普通投资者关注，纠正其信息偏差和驱动其交易行为，最终增加股票流动性。因此，本章提出假设6-1a。

假设6-1a：其他条件相同的情况下，存在保险机构投资者实地调研的上市公司股票流动性更强（信息效率假说）。

6.2.2 保险机构投资者实地调研、逆向选择与股票流动性

与其他投资者类似，"逐利"是保险资金股票投资的首要目标。在理论上，保险资金股票投资是遵守《中华人民共和国保险法》等相关监管规定，进行灵活配置资产、提升投资收益的合规性市场化运作。但在实务中，近年来保险业利率下行及市场竞争加剧，导致大多数保险公司面临净利润大幅下滑的现实困境。因此，部分保险公司寄希望于通过资产驱动负债谋求公司发展，开发和销售以万能险为代表的激进型产品实现保费收入的飞跃发展和业务规模的弯道超车，从而导致负债端成本不断攀升。与负债端高成本增加的利差损风险隐患对应的是，保险公司在资产端更加积极地进行投资配置，希望通过激进风格的投资运作获得高额收益（夏常源等，2020）。因此，保险机构投资者出于短期逐利目的，有动机利用其在实地调研过程中获取的私有信息优势谋求较高的买卖价差，即实地调研加重了保险机构投资者的逆向选择问题，从而增加了股票流动性成本。

由于我国资本市场的特殊性，一股独大以及信息不对称情况较为严重，股东积极主义难以发挥有效作用，保险机构投资者处于自身业绩压力时，普遍存在倾向利用私有信息进行知情交易或市场操纵的情形（雷倩华等，2012；曾志远等，2018）。同时，保险机构投资者实地调研会增加上市公司的市场压力，管理层为了迎合投资者情绪，会选择性披露信息（刘晨等，2021），所以保险机构投资者实地调研并未充分发挥信息媒介作用和治理作用，反而对被调研公司隐藏负面信息起到推波助澜的作用，提高了公司与其他外部投资者之间的信息不对称程度（周冬华等，2021）。保险机构投资者很可能利用实地调研掌握的信息优势进行内幕交易，甚至与上市公司内部人形成合谋，这将影响其他投资者交易并增加其受损失概率。因此，在当前我国资本市场各项制度尚不健全的情形下，保险机构投

资者通过实地调研建立的相对于其他投资者的信息优势，将会加重其逆向选择问题，最终将增加股票流动性成本和降低股票流动性。鉴于此，本章提出竞争性假设6-1b。

假设6-1b：其他条件相同的情况下，存在保险机构投资者实地调研的上市公司股票流动性更低（逆向选择假说）。

6.3　实证研究设计

6.3.1　样本选择和数据来源

本书的初选样本为2013—2017年所有的在深圳证券交易所A股上市公司。选择2013年为研究初始时间是因为：深圳证券交易所要求上市公司从2013年起严格执行《信息披露业务备忘录第41号——投资者关系管理及其信息披露》，确保投资者调研信息在及时性、充分性等方面满足投资者的要求[①]，标志着外部投资者可及时地通过"互动易"网站获取实地调研相关信息。基于此，本章数据选取起始于2013年，并经过以下筛选程序获取研究所需的最终样本：①剔除金融保险类公司，因为它们受到严格的监管并且其财务数据与其他行业相比不具有可比性；②剔除数据缺失的公司；③剔除样本研究期间被ST、＊ST的公司。经过处理，本章最终获得6 929条公司-年度的观测值，其中保险机构投资者调研数据主要来源于深圳证券交易所"互动易"平台，公司财务数据和治理数据主要来源于国泰安（CSMAR）数据库，股吧发帖量和网络搜索量数据主要来源于中国研究数据服务平台（CNRDS）。为了消除极端值的影响，本书对连续变量进行上下1%的缩尾处理。

需要说明的是，鉴于保险机构投资者的实地调研对象具有明显的"选

---

① 2011年11月，深圳证券交易所"互动易"投资者交流平台成立，2012年7月，深圳证券交易所发布《信息披露业务备忘录第41号——投资者关系管理及其信息披露》，要求上市公司在投资者关系活动结束后两个交易日内，编制《投资者关系活动记录表》，包括活动类别、参与单位名称、人员、时间、地点、上市公司接待人员、投资者关系活动的主要内容等，并及时通过深圳证券交易所"互动易"网站向投资者公开，但该年样本量相比其他年份要少很多。相对应地，上海证券交易所仅要求上市公司在接受机构调研后，将调研过程以及会谈的内容形成书面记录，在上海证交所报备，并未对公开披露做出强制性规定。

择性偏误"，本章在确定最终样本的实验组和控制组时采取了与第 5 章相同的处理方式，即以倾向得分匹配方法控制了实验组与控制组样本在公司特征和市场特征等方面可能存在的差异，以更清晰地观测保险机构投资者实地调研对股票流动性的影响。倾向得分匹配法的详细处理过程与第 5 章类似，在此不做赘述。

6.3.2　变量说明

6.3.2.1　股票市场流动性

股票流动性是市场以合理价格交易资产的能力，由市场宽度、深度、弹性和即时性四个维度构成（Harris，1990），是股票市场结构的核心组成部分。梳理已有文献对股票流动性的测量，一般采用股票换手率、买卖价差、价格冲击等。其中，价格冲击是机构投资者较为关心的维度，价格冲击越小，机构投资者进行股票交易时对股价产生的影响也越小，交易成本越低（邓柏峻 等，2016）。笔者参考已有文献的普遍做法，考虑数据的可获得性，以及中国股票市场的适用性（苏冬蔚 等，2013；邓柏峻 等，2016），笔者首先借鉴 Amihud（2002）的方法构建价格冲击指标，即非流动性指标（ILLIQ）作为股票市场流动性指标的第一个代理变量，具体阐释如下：

$$\text{ILLIQ}_{i,\,t} = \frac{100}{D_{i,\,t}} \sum_{d=1}^{D_{i,\,t}} \left(\frac{|r_{i,\,t,\,d}|}{V_{i,\,t,\,d}} \right) \tag{6.1}$$

其中，$r_{i,t,d}$ 是股票 i 在第 t 年第 d 天忽略红利再投资的收益率，$v_{i,t,d}$ 是股票 i 在第 t 年第 d 天的交易金额（以百万人民币为单位），$D_{i,t}$ 是股票 i 在第 t 年总的交易天数，$|r_{i,\,t,\,d}| / V_{i,\,t,\,d}$ 代表的是每百万元交易量所引起的价格变化，加总取每年均值并乘上 100 后，即流动性的价格冲击维度（ILLIQ）。当 ILLIQ 越小时，单位成交金额对股票收益的冲击越小，此时股票流动性越好。

同时，笔者借鉴 Roll（1984）的方法，构建股票市场流动性第二个指标即买卖价差（ROLL），该指标主要通过市场中相邻交易日股票价格变化的序列相关系数计算买卖价差。

$$\text{ROLL}_{i,t} = \begin{cases} 2\sqrt{-\text{cov}\left(\Delta p_{i,t,d},\ \Delta p_{i,t,d-1}\right)}, & \text{若 cov}(\Delta p_{i,t,d},\ \Delta p_{i,t,d-1}) < 0 \\ 0, & \text{若 cov}(\Delta p_{i,t,d},\ \Delta p_{i,t,d-1}) \geqslant 0 \end{cases}$$

$$\tag{6.2}$$

其中，$p_{i,t,d}$ 为股票 i 在第 t 年第 d 交易日的收盘价格，Δ 为差分算子。ROLL 指标数值越小，说明股票买卖价差越小，股票流动性越好。

最后，笔者借鉴 Lesmond 等（1999），用零收益天数来构建股票流动性第三个指标零收益天数比率（ZEROS）。该指标的内在逻辑是，零收益率的天数越少，股票流动性就越好。因此，可构建 ZEROS 的模型如下：

$$\text{ZEROS}_{i,t} = \frac{\text{考察时期内零收益率的天数}}{\text{考察时期的天数}} \quad (6.3)$$

6.3.2.2 保险机构投资者实地调研

本章对保险机构投资者实地调研的度量主要包括：InsuVist 为是否有保险机构投资者实地调研，如果上市公司在一个会计年度内至少被保险资金调研过一次则取值为 1，否则为 0；同时笔者还定义了 LnInsuVist 为上市公司被保险机构投资者实地调研次数的对数值，以进行保险机构投资者实地调研的替代测量。

6.3.2.3 投资者关注

借鉴 Da 等（2011）、宋双杰等（2011）的研究方法，笔者主要采用互联网搜索量和股吧发帖量两个维度测量投资者关注。首先，笔者参考 Leung 和 Ton（2015）、段江娇等（2014）的处理方式，以股吧的投资者发帖量作为测量投资者关注度的指标之一。具体计算如下：

$$\text{IA\_FI1}_{i,t} = \frac{1}{m} \sum_{i=1}^{m} \left(\text{FI}_{i,m,d} - \text{FI}_{i,m,d-1} \right) \quad (6.4)$$

$$\text{IA\_FI3}_{i,t} = \frac{1}{m} \sum_{i=1}^{m} \left(\text{FI}_{i,m,d+2} + \text{FI}_{i,m,d+1} + \right.$$
$$\left. \text{FI}_{i,m,d} - \text{FI}_{i,d-1} - \text{FI}_{i,d-2} - \text{FI}_{i,d-3} \right) \quad (6.5)$$

其中，i 表示公司，t 表示年度，m 表示 i 公司在第 t 年被保险机构投资者实地调研的次数，d 表示保险机构投资者实地调研信息的具体披露日期，IA_FI1 和 IA_FI3 分别测量的是保险机构投资者实地调研前后 1 日和 3 日的投资者股吧发帖量变化，指标值越大，说明保险机构投资者实地调研引起的股吧投资者发帖量越大，即投资者关注越多。

其次，笔者还采用网络搜索强度指标 SVI 测量投资者关注度。具体如下：

$$\text{SVI}_{i,d} = \text{SV}_{i,d} / \left(\frac{1}{n} \sum_{i=1}^{n} \text{SV}_{i,d} \right) \quad (6.6)$$

其中，$\text{SV}_{i,d}$ 是指百度指数提供的第 i 只股票在第 d 交易日的网络搜索量，鉴于不同规模上市公司的网络搜索量在量级上可能存在较大差异，故笔者借鉴宋双杰等（2011）的处理方式，以交易日当天市场平均的网络搜索强度进行相对数处理，从而测量每只股票在第 d 交易日网络搜索量相对于整体平均值的强度。在此基础上，本书进一步构建保险机构投资者调研前后1日或3日的网络搜索强度变化指标，以测量保险机构投资者调研带来的投资者关注程度。具体如下：

$$\text{IA\_SVI1}_{i, t} = \frac{1}{m} \sum_{i=1}^{m} \left(\text{SV}_{i, m, d} - \text{SV}_{i, m, d-1} \right) \tag{6.7}$$

$$\text{IA\_SVI3}_{i, t} = \frac{1}{m} \sum_{i=1}^{m} \left(\text{SV}_{i, m, d+2} + \text{SV}_{i, m, d+1} + \text{SV}_{i, m, d} - \right.$$
$$\left. \text{SV}_{i, d-1} - \text{SV}_{i, d-2} - \text{SV}_{i, d-3} \right) \tag{6.8}$$

其中，i 表示公司，t 表示年度，m 表示 i 公司在第 t 年被保险机构投资者实地调研的次数，d 表示保险机构投资者实地调研信息的具体披露日期，IA_SVI1 和 IA_SVI3 分别测量的是保险机构投资者实地调研前后1日和3日的网络搜索强度变化，指标值越大，说明保险机构投资者实地调研引起的投资者网络搜索强度越大，即投资者关注越多。

6.2.3.4 控制变量的选取

考虑到保险机构投资者实地调研更可能选取被本保险公司或其他保险公司持股的上市公司，因此本章控制了保险机构投资者持股比例以观察保险机构投资者持股情况是否影响上市公司的股票流动性。此外，借鉴邓柏峻等（2016）、吴璇等（2017）关于我国上市公司股票流动性影响因素的研究，本章还从公司特征和市场特征两个层面选取以下控制变量，以排除这些因素对保险机构投资者实地调研与股票流动性的潜在干扰。

公司特征方面，本章主要控制了公司产权性质、获利能力、财务杠杆、总资产收益率和公司成长性。市场特征方面，本章主要控制股票换手率以控制投机性对股票流动性的影响（邓柏峻 等，2016）。另外，鉴于公司信息环境对股票流动性的可能影响，本章还在模型中控制了测量公司信息披露质量的两个指标：应计盈余管理和真实盈余管理，具体计算过程详见第5章的变量说明部分内容。最后，本章还控制了行业固定效应（Industry）和年度时间效应（Year），变量的定义和说明可具体参见表6.1。

表 6.1 变量定义和说明

Panel A：保险机构投资者实地调研与股票流动性	
ILLIQ	非流动性指标，基于 Amihud（2002）构造的模型计算而得
ROLL	买卖价差，基于 Roll（1984）构造的模型估计而得
ZEROS	零收益天数比率，基于 Lesmond 等（1999）的方法计算而得
InsuVist	上市公司在一个会计年度内至少被保险机构投资者调研过一次则取值为 1，否则为 0
LnInsuVist	上市公司保险机构投资者实地调研次数取对数值
Panel B：控制变量与调节变量	
InsuRate	保险机构投资者持股比例，根据 CNRDS 数据库中机构投资者持股数据库获得
Soe	产权性质，若公司最终控制人为政府或其他部门则为 1，反之为 0
Size	公司规模，等于期末总资产的自然对数
Profit	获利能力，公司是否盈利的哑变量，若公式上一年净利润大于 0 则为 1，反之为 0
Age	公司上市年限，等于公司上市年限的自然对数
Lev	财务杠杆，等于期末总负债/总资产
Roa	盈利能力，等于总资产收益率
Dturn	股票换手率，去趋势化的月度换手率
Growth	公司成长性，等于（本期营业收入-上期营业收入）/上期营业收入
AEM	应计盈余管理，根据第 5 章所示计算过程而得
REM	真实盈余管理，根据第 5 章所示计算过程而得
IA_F1	股吧投资者关注，以保险机构投资者实地调研前后 1 日的股吧发帖量变动值测量
IA_SVI1	网络搜索指标，以保险机构投资者实地调研前后 1 日的网络搜索强度变动值测量
IA_F3	保险机构投资者实地调研前后 3 日的股吧发帖量变动值
IA_SVI3	保险机构投资者实地调研前后 3 日的网络搜索强度变动值
Big4	公司年报由国际"四大"会计师事务所审计则为 1，反之为 0
Shortseller	如果为融资融券标的股，则为 1，反之为 0

6.3.3 模型设定

6.3.3.1 倾向得分匹配（PSM）模型

与第 5 章保险机构投资者实地调研与公司信息披露部分内容的处理类似，笔者根据一对多有放回匹配原则，以最近邻匹配方法选择与保险机构投资者实地调研公司具有相似特质的非调研公司作为控制样本，进行回归检验。其中，上市公司是否被保险机构投资者实地调研的倾向得分计算过程参考模型（5.8），表 6.2 中 Panel A 是基于 PSM 模型的预测样本企业是否被保险机构投资者实地调研的回归结果，基本符合预期。

表 6.2 中 Panel B 给出了 PSM 配对的平衡性假设检验结果。从标准偏差和组间均值差异两个角度的结果来看，PSM 配对之前的保险机构投资者实地调研公司和非保险机构投资者实地调研公司在保险机构投资者持股等公司特征变量上存在比较明显的差异，各变量的标准偏差也大都超过了 5%，且均值差异显著性检验结果也显示这种偏差在统计意义上是显著的，说明实验组和控制组之间在各匹配变量上确实存在显著差异，因此采用 PSM 配对控制两组样本之间的差异是必要的。PSM 配对后结果显示，实验组和控制组各匹配变量的标准偏差绝对值大都在 5% 以内，组间均值差异都不显著，说明 PSM 配对的平衡性假设得到了满足。

表 6.2 PSM 配对分析结果

Panel A：预测样本企业是否被保险机构投资者实地调研的 Probit 回归结果		
变量	系数值	z 值
InsuRate	0.055 0***	4.87
Analyst	0.030 9***	21.92
Soe	−0.030 9	−0.62
Inst	0.076 1	0.91
Mshare	0.025 8	1.00
Bhar	−0.340 6*	−1.78
Bm	−0.151 8***	−3.69
Size	0.202 2***	6.96
Lev	−0.175 9	−1.42
Roa	1.171 6**	2.45

表6.2(续)

Profit	−0.126 7	−1.49
Age	−0.068 3*	−1.67
Intercept	−6.129 5***	10.45
Industry	Yes	
Year	Yes	
Observations	7 148	
Pesudo R^2	0.176 9	

Panel B:"平衡性假设"检验

变量	Unmatched (U)/ Matched (M)	Mean		% bias	% reduction in bias	T−test
		Treated	Control			
InsuRate	U	0.009	0.004	27.9	82.0	11.86***
	M	0.008	0.009	−5.0		−1.55
Analyst	U	3.866	2.318	102.9	98.9	37.76***
	M	3.845	3.828	1.2		0.46
Soe	U	0.216	0.269	−12.2	78.1	−4.69***
	M	0.213	0.225	−2.7		−0.91
Inst	U	0.307	0.285	9.9	79.2	3.84***
	M	0.305	0.300	2.1		0.67
Mshare	U	0.051	0.038	13.0	92.7	5.19***
	M	0.050	0.049	1.0		0.30
Bhar	U	−0.149	−0.143	−4.6	70.8	−1.81*
	M	−0.149	−0.150	1.3		0.43
Bm	U	0.660	0.728	−9.6	86.3	−3.72***
	M	0.656	0.665	−1.3		−0.45
Size	U	22.242	21.826	38.3	98.8	15.00***
	M	22.217	22.222	−0.4		−0.14
Lev	U	0.390	0.404	−6.7	88.9	−2.57**
	M	0.389	0.387	0.7		0.25

表6.2(续)

Roa	U	0.054	0.031	45.2	95.0	17.31***
	M	0.054	0.053	2.3		0.79
Profit	U	0.955	0.892	23.6	95.5	8.57***
	M	0.954	0.951	1.1		0.43
Age	U	2.166	2.254	−15.0	91.5	−5.73***
	M	2.161	2.169	−1.3		−0.43

6.3.3.2 基本回归模型

为了检验假设6-1a和假设6-1b，本章构造如下回归模型：

$$\text{Liquidity}_{i,t} = \alpha + \beta\,\text{InsuVist}_{i,t} + \gamma\,\text{Controls}_{i,t} + \varepsilon_{i,t} \qquad (6.9)$$

其中，本章主要采用 LIIIQ、ROLL 和 ZEROS 三个指标测量股票流动性（Liquidity），各指标的详细定义和说明可以参见上文变量说明部分内容。保险机构投资者实地调研的处理与第5章类似，如果上市公司在一个会计年度内至少被保险机构投资者调研过一次则取值为1，否则为0。控制变量的定义和说明详见表6.1，在此不再赘述。

本章主要关注回归系数 β 的方向及其显著性，根据假设6-1a，笔者预期 β 显著为负，即保险机构投资者通过实地调研过程与公司私下沟通获取的信息优势，有助于提升信息效率并降低股票流动性成本。与之相反，假设6-1b预期回归系数 β 显著为正，即保险机构投资者实地调研获得的信息优势将会导致保险机构投资者更多的逆向选择问题，这会增加股票流动性成本。

6.4 实证结果分析

6.4.1 描述性统计结果分析

本章对研究中的主要变量进行了描述性统计，结果如表6.3所示。可以看出，股票市场流动性的测量变量中，非流动性指标的平均值达到了0.050 6，这与现有文献的发现基本一致（孔东民 等，2015；李茂良，2017）；买卖价差指标的平均值为0.070 8，与已有研究基本一致（熊家财等，2014）；股票流动性第三个指标零收益天数比率的平均值达到了 0.041 2，中位数为 0.017 2，符合张峥等（2013）对于我国股票市场流动性间接指标的描述性统计。保险机构投资者实地调研的均值为 0.303 5，说明样本中有 30.35% 的公司年度内至少被保险机构投资者进行了一次实地调研，标准差为 0.459 8，变异系数（标准差/均值）达到 1.51，说明保险机构投资者实地调研在不同上市公司之间存在比较明显的差异。控制变量方面，描述性统计结果基本符合中国现实情况，与已有文献基本一致，在此不再赘述。具体结果可见表 6.3。

特别注意的是，保险机构投资者实地调研前后 1、3 日的股吧发帖量变动值（IA_F1、IA_F3）和网络搜索强度变动值（IA_SVI1、IA_SVI3）的平均值均显著为正，说明整体而言，保险机构投资者实地调研能够吸引其他投资者的注意力，带来更多的投资者关注，在一定程度上验证了"眼球效应"的现实存在。

表 6.3　主要变量的描述性统计

变量	观测值	平均值	标准差	1/4 分位数	中位数	3/4 分位数
ILLIQ	6 929	0.050 6	0.117 2	0.017 2	0.030 4	0.054 8
ROLL	6 929	0.070 8	0.062 7	0.030 6	0.052 3	0.089 4
ZEROS	6 929	0.041 2	0.068 6	0.005 4	0.017 2	0.048 3
InsuVist	6 929	0.303 5	0.459 8	0.000 0	0.000 0	1.000 0
LnInsuVist	6 929	0.358 4	0.624 2	0.000 0	0.000 0	0.693 1
InsuRate	6 929	0.539 5	1.192 5	0.000 0	0.000 0	0.511 3
Soe	6 929	0.246 9	0.431 3	0.000 0	0.000 0	0.000 0
Size	6 929	21.964 0	1.075 2	21.208 3	21.840 6	22.593 2
Profit	6 929	0.918 7	0.273 2	1.000 0	1.000 0	1.000 0
Age	6 929	2.223 6	0.584 1	1.791 8	2.079 4	2.833 2
Lev	6 929	0.396 0	0.203 0	0.231 3	0.380 1	0.543 3
Roa	6 929	0.039 2	0.048 9	0.014 2	0.035 3	0.063 1
Dturn	6 929	−0.095 9	0.362 8	−0.266 1	−0.067 1	0.107 0
Growth	6 929	0.238 2	0.564 1	−0.004 3	0.131 1	0.314 0
AEM	6 929	0.065 5	0.072 7	0.020 1	0.045 1	0.085 7

表6.3(续)

变量	观测值	平均值	标准差	1/4 分位数	中位数	3/4 分位数
REM	6 929	−0. 010 2	0. 188 7	−0. 109 8	−0. 020 1	0. 072 8
IA_F1	2 103	1. 747 5	1. 697 3	0. 000 0	1. 609 4	3. 178 1
IA_SVI1	2 103	3. 708 3	3. 251 7	0. 000 0	4. 852 0	6. 744 1
IA_F3	2 103	2. 238 1	2. 055 2	0. 000 0	2. 484 9	4. 007 3
IA_SVI3	2 103	4. 455 9	3. 639 9	0. 000 0	6. 238 3	7. 606 4
Big4	6 929	0. 027 9	0. 164 6	0. 000 0	0. 000 0	0. 000 0
Shortseller	6 929	0. 255 4	0. 436 1	0. 000 0	0. 000 0	1. 000 0

6. 4. 2 保险机构投资者实地调研与股票流动性

表 6.4 是对假设 6-1a 和假设 6-1b 的回归检验结果。其中，第（1）列、第（3）列和第（5）列是未加入控制变量的基本回归结果，第（2）列、第（4）列和第（6）列是控制公司特征、市场特征等变量的回归结果。结果显示，未控制其他因素的影响下，保险机构投资者实地调研和非流动性指标、买卖价差、零收益天数的估计系数均在 1% 的水平下显著为负。进一步控制了上市公司基本特征等变量之后，保险机构投资者实地调研和非流动性指标、买卖价差、零收益天数的估计系数均在 1% 的水平下显著为负。以上结果表明，保险机构投资者实地调研显著提升了被调研公司的股票流动性，具体表现为单位成交金额对股票收益的冲击更小、股票买卖价差相应更小，以及出现零收益天数的概率更低。

关于保险机构投资者实地调研与股票流动性的回归结果拒绝了逆向选择假说，支持了信息效率假说。以上结果表明，保险机构投资者实地调研上市公司，一方面降低了投资者间的信息不对称程度，帮助投资者获得了更多私有信息，当股票价格包含更多能反映上市公司价值的信息时，股票交易风险降低的同时股票流动性成本也随之降低；另一方面，信息披露质量较高的公司，能使投资者相信其股票交易会按公允价值进行，吸引普通投资者关注，驱动其交易行为，有助于增强股票流动性。

表 6.4　保险机构投资者实地调研与股票流动性

变量	ILLIQ		ROLL		ZEROS	
	(1)	(2)	(3)	(4)	(5)	(6)
InsuVist	−0.021 2 ***	−0.013 3 ***	−0.018 8 ***	−0.007 9 ***	−0.016 3 ***	−0.009 2 ***
	(−8.07)	(−4.91)	(−14.28)	(−6.96)	(−11.29)	(−6.40)
InsuRate		−0.001 1		−0.001 7 ***		−0.002 3 ***
		(−0.95)		(−4.20)		(−4.00)
Soe		0.003 6		0.002 2		−0.003 2
		(0.89)		(1.14)		(−1.26)
Size		−0.018 5 ***		−0.020 0 ***		−0.006 6 ***
		(−8.91)		(−20.25)		(−5.37)
Profit		0.005 3		0.014 6 ***		0.014 6 ***
		(0.87)		(5.05)		(3.82)
Age		−0.015 1 ***		−0.005 7 ***		0.017 2 ***
		(−3.55)		(−3.22)		(8.21)
Lev		0.033 2 ***		0.026 4 ***		0.019 1 ***
		(3.35)		(5.20)		(3.36)
Roa		−0.078 2 **		−0.148 8 ***		−0.201 4 ***
		(−2.19)		(−8.15)		(−9.97)
Dturn		0.005 2		−0.017 2 ***		−0.011 1 ***
		(0.78)		(−11.68)		(−7.10)
Growth		0.014 0 ***		0.002 7 ***		0.001 2
		(3.56)		(2.75)		(0.85)
AEM		0.041 8		−0.002 0		−0.032 9 ***
		(1.25)		(−0.25)		(−3.48)
REM		−0.003 5		0.004 3		0.002 0
		(−0.47)		(1.12)		(0.42)
Intercept	0.068 6 ***	0.472 5 ***	0.132 2 ***	0.550 3 ***	0.073 4 ***	0.166 2 ***
	(13.26)	(10.78)	(22.08)	(27.71)	(20.37)	(6.79)
Industry	Yes	Yes	Yes	Yes	Yes	Yes
Year	Yes	Yes	Yes	Yes	Yes	Yes
Obs.	6 929	6 929	6 929	6 929	6 929	6 929
Adj. R^2	0.049 4	0.081 2	0.369 8	0.478 1	0.217 9	0.256 3

控制变量方面，保险机构投资者持股比例显著提升了股票流动性，表明保险资金作为长期稳定的机构投资者，其持股上市公司能够向外界传递监督公司治理的信号，吸引投资者关注；公司规模的系数均在1%的水平下显著

为负，表明公司规模和市场影响力正相关，规模大的公司受到的投资者关注较多，信息不对称程度也较低，股票流动性高，这与 Kale 和 Loon（2011）的结果相一致；杠杆水平的系数均在 1% 的水平下显著为正，表明资产负债率较高的公司，财务杠杆风险可能较大，增加了投资者对公司未来发展前景的担忧，降低了股票流动性；盈利能力的系数显著为负，可能的解释在于业绩较好的上市公司，未来发展潜力大，能吸引到更多的投资者；股票换手率的系数在 1% 的水平下显著为负，表明高换手率包含了更多的股票流动性信息（梁丽珍 等，2008）。

6.4.3 保险机构投资者实地调研、投资者关注与股票流动性

传统的资产定价模型的假设前提在于，投资者可以无差异地接收所有信息，并将其纳入自身的投资决策中，因此资产的价格能反映所有公开的信息。但注意力是一种稀缺资源（Kahneman et al.，1973），当投资者有很多选择时，更倾向于能引起关注的选择。因此，投资者关注对于信息在投资者决策过程中发挥关键性作用，能产生"眼球效应"，继而对市场交易和股票流动性变化产生重要影响（刘颖 等，2020）。Barber 和 Odean（2008）认为，投资者认知的有限性使得其无法认知到市场上的所有资产，注意力无法时刻保持高度集中使得其往往选择性地接收信息，因而投资者的投资组合会表现出以注意力驱动的交易行为，进而对股票价格产生影响。现实情况下，信息不对称普遍存在于股票市场，这会破坏股票市场流动性，损害投资者利益（Bagehot，1971），因此如何降低股票信息不对称程度，对于股票市场的健康运行和长远发展有深刻的理论和现实意义。

而事实上，近年来针对上市公司的实地调研是投资者信息挖掘行为的重要形式（Solomon et al.，2015），通过实地调研，投资者和上市公司的信息不对称程度能被降低（逯东 等，2019），但个人投资者实地调研要花费大量的时间和金钱成本，所以开展实地调研的可能性较小。而股票市场的另一重要参与主体——机构投资者由于拥有资金规模和专业化的优势，有能力搜集和解析上市公司信息，并且因为大量持股所以有动机通过积极行为去监督上市公司信息披露（Shleifer et al.，1986；李维安 等，2008；谭劲松 等，2016）。因此，笔者认为保险机构投资者实地调研能够降低公司内外部的信息不对称程度，产生一定的外部性作用，引起市场上其他投资者的关注，个人投资者也能更及时、充分地获取保险机构投资者对上市公司的调研信息，掌握上市

公司的生产经营情况，因而有可能改变其自身的投资策略。因此，普通投资者将对保险机构投资者实地调研公司的股票信息进行聚焦，心理学研究发现个体对信息的关注程度越高，信息被加工的频率也越高，会刺激大脑反射行为，进而促使股票交易，导致股票市场流动性变化（张继德 等，2014）。

为进一步验证假设 6-1a，笔者构建由保险机构投资者实地调研引起的投资者关注变化指标（IA_FI 和 IA_SVI），并考察其对股票流动性的影响，结果如表 6.5 所示。其中，Panel A 是以实地调研前后 1 日投资者关注变化作为测量指标的回归结果，Panel B 是以实地调研前后 3 日投资者关注变化作为测量指标的回归结果。结果显示，无论是以前后 1 日还是前后 3 日的投资者关注变化作为测量指标，保险机构投资者实地调研导致的投资者关注增加都会显著提升股票流动性。这些发现为前文关于保险机构投资者实地调研提升股票流动性的主要结论提供了进一步经验证据，即保险机构投资者实地调研带来的投资者关注增加显著降低了股票交易成本，进而提高了公司股票信息效率并最终提升股票流动性。

表 6.5　保险机构投资者实地调研、投资者关注与股票流动性

Panel A：基于保险机构投资者实地调研前后 1 日的投资者关注指标					
变量	ILLIQ	ROLL	ZEROS	ILLIQ	ROLL	ZEROS
	（1）	（2）	（3）	（4）	（5）	（6）
IA_F11	−0.001 1 *	−0.003 5 ***	−0.003 0 ***			
	（−1.89）	（−9.73）	（−7.22）			
IA_SVI1				−0.000 9 ***	−0.001 4 ***	−0.001 5 ***
				（−2.75）	（−6.92）	（−5.87）
InsuRate	−0.000 6	−0.000 4	−0.000 9 *	−0.000 6	−0.000 3	−0.000 9
	（−0.85）	（−0.75）	（−1.70）	（−0.77）	（−0.67）	（−1.63）
Soe	0.000 1	0.000 7	−0.002 6	−0.000 0	0.000 8	−0.002 6
	（0.04）	（0.30）	（−0.91）	（−0.01）	（0.35）	（−0.91）
Size	−0.011 1 ***	−0.014 6 ***	−0.002 7 *	−0.011 1 ***	−0.014 9 ***	−0.002 9 *
	（−8.32）	（−13.60）	（−1.71）	（−9.91）	（−13.65）	（−1.87）
Profit	0.011 7 **	0.012 7 ***	0.017 1 ***	0.011 8 *	0.013 4 ***	0.017 7 ***
	（2.10）	（3.42）	（4.28）	（1.76）	（3.56）	（4.40）
Age	−0.009 2 ***	−0.006 8 ***	0.009 2 ***	−0.009 1 ***	−0.006 8 ***	0.009 3 ***
	（−3.62）	（−3.33）	（3.60）	（−3.90）	（−3.30）	（3.61）
Lev	0.014 8 **	0.016 4 **	0.006 4	0.014 7 **	0.017 2 ***	0.006 9
	（1.97）	（2.56）	（0.79）	（2.07）	（2.66）	（0.85）

表6.5(续)

	(1)	(2)	(3)	(4)	(5)	(6)
Roa	-0.119 3 ***	-0.118 1 ***	-0.147 5 ***	-0.118 3 ***	-0.117 1 ***	-0.146 3 ***
	(-4.32)	(-5.70)	(-6.40)	(-4.61)	(-5.49)	(-6.25)
Dturn	-0.003 0	-0.015 7 ***	-0.007 7 ***	-0.002 8	-0.015 6 ***	-0.007 5 ***
	(-0.95)	(-7.58)	(-4.10)	(-0.80)	(-7.39)	(-3.93)
Growth	0.005 6 ***	-0.000 8	-0.004 3 ***	0.005 5 *	-0.001 1	-0.004 6 ***
	(2.77)	(-0.63)	(-3.21)	(1.85)	(-0.87)	(-3.33)
AEM	0.013 0	-0.007 0	-0.002 5	0.014 0	-0.004 3	-0.000 1
	(0.77)	(-0.61)	(-0.21)	(0.78)	(-0.37)	(-0.01)
REM	0.000 7	0.000 3	-0.002 4	0.000 7	0.000 7	-0.002 2
	(0.11)	(0.07)	(-0.44)	(0.10)	(0.15)	(-0.39)
Intercept	0.297 9 ***	0.428 4 ***	0.080 8 ***	0.298 1 ***	0.434 4 ***	0.085 0 **
	(10.44)	(18.16)	(2.40)	(12.92)	(18.40)	(2.57)
Industry	Yes	Yes	Yes	Yes	Yes	Yes
Year	Yes	Yes	Yes	Yes	Yes	Yes
Obs.	2 103	2 103	2 103	2 103	2 103	2 103
Adj. R^2	0.169 5	0.489 5	0.223 9	0.171 1	0.482 6	0.222 3

Panel B：基于保险机构投资者实地调研前后 3 日的投资者关注指标

变量	ILLIQ	ROLL	ZEROS	ILLIQ	ROLL	ZEROS
	(1)	(2)	(3)	(4)	(5)	(6)
IA_F13	-0.001 1 **	-0.002 5 ***	-0.002 0 ***			
	(-2.23)	(-8.03)	(-4.96)			
IA_SVI3				-0.000 8 ***	-0.000 9 ***	-0.001 1 ***
				(-2.87)	(-5.12)	(-4.68)
InsuRate	-0.000 6	-0.000 3	-0.000 8	-0.000 6	-0.000 3	-0.000 8
	(-0.75)	(-0.62)	(-1.60)	(-0.74)	(-0.60)	(-1.57)
Soe	0.000 1	0.000 8	-0.002 5	-0.000 2	0.000 7	-0.002 7
	(0.03)	(0.35)	(-0.86)	(-0.11)	(0.32)	(-0.96)
Size	-0.011 1 ***	-0.014 8 ***	-0.002 9 *	-0.011 2 ***	-0.015 2 ***	-0.003 2 **
	(-9.91)	(-13.76)	(-1.86)	(-10.09)	(-13.81)	(-2.02)
Profit	0.011 5 *	0.012 7 ***	0.017 2 ***	0.011 5 *	0.013 1 ***	0.017 3 ***
	(1.73)	(3.40)	(4.32)	(1.71)	(3.45)	(4.33)
Age	-0.009 2 ***	-0.007 0 ***	0.009 0 ***	-0.008 9 ***	-0.006 7 ***	0.009 4 ***
	(-3.90)	(-3.47)	(3.53)	(-3.85)	(-3.26)	(3.66)
Lev	0.014 9 **	0.017 2 ***	0.007 2	0.014 7 **	0.017 6 ***	0.007 2
	(2.10)	(2.69)	(0.89)	(2.06)	(2.70)	(0.88)

表6.5(续)

Roa	−0.119 2***	−0.118 3***	−0.147 8***	−0.118 8***	−0.118 5***	−0.147 5***
	(−4.68)	(−5.65)	(−6.36)	(−4.65)	(−5.55)	(−6.30)
Dturn	−0.002 9	−0.015 6***	−0.007 7***	−0.002 9	−0.015 9***	−0.007 8***
	(−0.83)	(−7.47)	(−4.04)	(−0.83)	(−7.53)	(−4.06)
Growth	0.005 5*	−0.001 0	−0.004 4***	0.005 5*	−0.001 1	−0.004 5***
	(1.89)	(−0.78)	(−3.37)	(1.86)	(−0.83)	(−3.35)
AEM	0.013 8	−0.004 7	−0.000 5	0.013 3	−0.005 3	−0.001 2
	(0.77)	(−0.41)	(−0.04)	(0.74)	(−0.46)	(−0.10)
REM	0.001 1	0.001 4	−0.001 6	0.001 3	0.001 5	−0.001 3
	(0.14)	(0.30)	(−0.28)	(0.17)	(0.32)	(−0.23)
Intercept	0.298 1***	0.432 4***	0.085 0**	0.301 7***	0.440 4***	0.091 2***
	(12.72)	(18.27)	(2.54)	(12.98)	(18.44)	(2.74)
Industry	Yes	Yes	Yes	Yes	Yes	Yes
Year	Yes	Yes	Yes	Yes	Yes	Yes
Obs.	2 103	2 103	2 103	2 103	2 103	2 103
Adj. R^2	0.170 2	0.485 0	0.219 3	0.171 7	0.477 4	0.219 4

6.4.4 内生性分析与稳健性检验

6.4.4.1 基于Heckman两阶段模型的内生性分析

与第5章的处理方式类似，本章为缓解保险机构投资者实地调研与股票流动性间可能存在的自选择问题对主要结论的潜在干扰，笔者借鉴逯东等（2019）的方法，以 Heckman 两阶段模型进行内生性分析，具体的 Heckman 模型分析过程在此不再赘述，详见前文第5章相关描述。

表 6.6 中第（1）列的第一阶段回归结果显示，工具变量（Num_firms）的估计系数达到了 0.172 6，并且在 1% 的水平下显著，因而不存在"弱工具变量"问题。表 6.6 中第（2）列~第（4）列是控制保险机构投资者实地调研与股票流动性自选择效应之后的回归估计结果，第（2）列结果显示，逆米尔斯比例（IMR）的估计系数为正但不显著，说明保险机构投资者实地调研与上市公司非流动性指标的自选择问题并不明显；第（3）列、第（4）列结果显示，逆米尔斯比例（IMR）的估计系数显著为正，说明保险机构投资者实地调研与买卖价差、零收益天数之间存在自选择问题。在控制了自选择效应的影响后，保险机构投资者实地调研的估计系数依然显著为负，与前文的估计结果基本一致，表明保险机构投资者实

地调研能够显著提高公司股票流动性，结果具有较强的稳健性。综合以上分析，在控制保险机构投资者实地调研与上市公司股票流动性之间自选择问题干扰之后，本章关于保险机构投资者实地调研提升上市公司股票流动性的主要结论依然成立。

表 6.6 基于 Heckman 两阶段模型的内生性分析

变量	第一阶段	第二阶段		
	InsuVist	ILLIQ	ROLL	ZEROS
	（1）	（2）	（3）	（4）
InsuVist		−0.012 8***	−0.007 4***	−0.008 6***
		（−4.07）	（−5.80）	（−5.18）
InsuRate	0.113 8***	−0.000 3	−0.000 8	−0.001 3*
	（7.69）	（−0.22）	（−1.42）	（−1.73）
Soe	−0.108 0*	0.002 7	0.001 1	−0.004 4**
	（−1.70）	（0.70）	（0.71）	（−2.15）
Size	0.347 7***	−0.016 1***	−0.017 1***	−0.003 4**
	（12.34）	（−5.62）	（−14.87）	（−2.29）
Profit	−0.250 5***	0.003 9	0.012 8***	0.012 7***
	（−2.84）	（0.60）	（4.94）	（3.75）
Age	−0.215 3***	−0.017 0***	−0.007 9***	0.014 8***
	（−4.35）	（−4.68）	（−5.40）	（7.75）
Lev	−0.237 5	0.031 4***	0.024 3***	0.016 9***
	（−1.62）	（3.26）	（6.26）	（3.33）
Roa	5.121 7***	−0.042 7	−0.105 9***	−0.155 3***
	（8.81）	（−0.83）	（−5.12）	（−5.74）
Dturn	0.116 8**	0.006 1	−0.016 2***	−0.010 0***
	（2.21）	（1.45）	（−9.62）	（−4.52）
Growth	0.056 2*	0.014 3***	0.003 2***	0.001 6
	（1.76）	（5.55）	（3.03）	（1.21）
AEM	−0.991 2***	0.035 1*	−0.010 1	−0.041 6***
	（−3.55）	（1.66）	（−1.19）	（−3.75）
REM	−0.081 7	−0.004 2	0.003 4	0.001 2
	（−0.77）	（−0.53）	（1.09）	（0.28）
Num_firms	0.172 6***			
	（9.23）			
IMR		0.009 4	0.011 4***	0.012 3***
		（1.06）	（3.19）	（2.63）

表6.6(续)

变量	第一阶段	第二阶段		
	InsuVist	ILLIQ	ROLL	ZEROS
	(1)	(2)	(3)	(4)
Intercept	−8.358 4 ***	0.410 3 ***	0.475 2 ***	0.085 3 **
	(−13.92)	(5.94)	(17.09)	(2.35)
Industry	Yes	Yes	Yes	Yes
Year	Yes	Yes	Yes	Yes
Obs.	6 929	6 929	6 929	6 929
Pesu R^2/Adj. R^2	0.118 2	0.081 3	0.478 9	0.257 0

6.4.4.2 控制其他机构投资者和个人投资者调研的影响

为排除其他机构投资者和个人投资者实地调研对本书关于保险机构投资者实地调研提升股票流动性结论的可能干扰，笔者还在稳健性检验中进一步控制了上市公司当年是否存在其他机构投资者实地调研（OthInstVist）和个人投资者实地调研（IndiVist），重新进行了回归检验。

表6.7中结果显示，控制其他机构投资者和个人投资者实地调研影响之后，保险机构投资者实地调研对股票流动性（ILLIQ、ROLL、ZEROS）的回归系数均在1%的水平下显著为负，说明本书关于保险机构投资者实地调研提升股票流动性的主要结论是稳健可靠的。对于其他机构投资者实地调研而言，其与股票流动性（ILLIQ、ROLL、ZEROS）均在1%或5%的水平下显著为负，说明其他机构投资者实地调研活动同样能够提升公司股票的流动性。进一步地，关于保险机构投资者和其他机构投资者实地调研的系数差异性检验结果表明，相较于其他机构投资者实地调研，保险机构投资者实地调研对股票流动性的提升作用更强。

另外，关于个人投资者实地调研与公司股票流动性的回归结果表明，个人投资者实地调研对股票流动性的提升作用并不明显，其对股票非流动性和买卖价差的影响并不显著，对零收益天数的估计系数则在5%的水平下显著为负，说明个人投资者实地调研能够显著降低股票当年的零收益天数，但对股票非流动性和买卖价差的影响则并不明显。这可能的原因在于，现阶段我国个人投资者限于时间和精力，参与上市公司实地调研活动的可能性相对较小①，因而其对公司股票流动性的作用相对有限。

　　以上结果表明，保险机构投资者、其他机构投资者和个人投资者通过实地调研影响公司股票流动性的作用存在一定的差异，其中保险机构投资者实地调研对股票流动性的作用相对明显，这也符合前文关于规模较大、持股期限较长的保险资金能够通过"眼球效应"吸引投资者注意力，进而提升股票流动性的推论。相较而言，其他机构投资者实地调研也能对股票流动性发挥显著的提升作用，表明其他机构投资者通过实地调研获取的私有信息能提升信息效率，而不是加重逆向选择问题，从而降低股票流动性成本②。最后，本章还发现个人投资者实地调研能够降低股票出现零收益的概率，但对非流动性和买卖价差的影响则不显著。这些结果进一步验证了本章关于保险机构投资者实地调研提升股票流动性主要结论的稳健性。

表 6.7　控制其他机构和个人投资者调研的稳健性检验

变量	ILLIQ	ROLL	ZEROS
	（1）	（2）	（3）
InsuVist	−0.019 6***	−0.013 4***	−0.020 0***
	（−5.69）	（−8.07）	（−8.43）
OthInstVist	−0.009 5**	−0.007 8***	−0.015 1***
	（−2.39）	（−4.72）	（−6.50）
Difference：（InsuVist−OthInstVist）	−0.010 1***	−0.005 6***	−0.004 9***
	（8.86）	（20.60）	（10.93）
IndiVist	0.002 6	−0.003 0	−0.007 5**
	（0.32）	（−0.85）	（−2.34）
Difference：（InsuVist−IndiVist）	−0.019 8***	−0.010 4***	−0.012 5***
	（6.49）	（8.12）	（9.94）
InsuRate	−0.001 0	−0.001 6***	−0.002 1***
	（−0.86）	（−3.96）	（−3.69）
SOE	0.003 2	0.001 9	−0.003 9
	（0.78）	（0.96）	（−1.52）

---

　　① 2009—2017 年的数据统计发现，我国个人投资者实地调研活动占全体实地调研活动的比例维持在 1%~3%的水平，相对较低。

　　② 事实上，大量文献认为机构投资者通过实地调研获取的私有信息会加重其自身的逆向选择问题，这会增加股票流动性成本（张为群，2010），这也可能是其他机构投资者实地调研对股票流动性的影响明显弱于保险机构投资者实地调研的解释之一。

表6.7(续)

变量	ILLIQ	ROLL	ZEROS
	（1）	（2）	（3）
Size	−0.017 7 ***	−0.019 3 ***	−0.005 2 ***
	（−8.75）	（−19.44）	（−4.19）
Profit	0.005 6	0.014 8 ***	0.015 0 ***
	（0.94）	（5.16）	（3.97）
Age	−0.016 6 ***	−0.007 0 ***	0.014 7 ***
	（−3.95）	（−3.94）	（7.17）
LEV	0.031 7 ***	0.025 1 ***	0.016 5 ***
	（3.26）	（4.92）	（2.91）
ROA	−0.073 4 **	−0.144 8 ***	−0.193 7 ***
	（−2.05）	（−7.99）	（−9.77）
Dturn	0.005 6	−0.016 9 ***	−0.010 4 ***
	（0.82）	（−11.52）	（−6.72）
Growth	0.013 9 ***	0.002 6 ***	0.001 0
	（3.55）	（2.65）	（0.73）
AEM	0.039 3	−0.004 3	−0.037 4 ***
	（1.17）	（−0.53）	（−3.98）
REM	−0.003 0	0.004 6	0.002 8
	（−0.41）	（1.22）	（0.57）
Intercept	0.465 3 ***	0.544 4 ***	0.154 7 ***
	（10.82）	（27.42）	（6.27）
Industry	Yes	Yes	Yes
Year	Yes	Yes	Yes
Obs.	6 929	6 929	6 929
Adj. R^2	0.082 1	0.480 6	0.264 5

6.4.4.3　稳健性检验

为了增强本章主要结论的稳健性，笔者还通过对保险机构投资者实地调研的替代测量、调整倾向得分匹配估计方法，以及根据2009—2012年样本期间回归分析等多种方式进行稳健性检验。

第一，本章选取上市公司当年被保险机构投资者调研次数的加总值作为替代变量进行稳健性检验。表6.8中给出了保险机构投资者实地调研次数与公司股票流动性的稳健性检验结果，笔者发现保险机构投资者实地调研次数的回归系数均显著为负，保险机构投资者实地调研次数越多，上市公司非流动性指标越低，买卖价差越少，出现零收益天数的概率也相应越低，表明保险机构投资者实地调研有助于提升股票流动性，这意味着本章的主要结论保持不变。

表 6.8　基于替代变量的稳健性测试

变量	ILLIQ	ROLL	ZEROS
	（1）	（2）	（3）
LnInsuVist	−0.008 2***	−0.005 1***	−0.006 2***
	（−4.43）	（−6.28）	（−6.42）
InsuRate	−0.001 2	−0.001 8***	−0.002 3***
	（−1.06）	（−4.33）	（−4.11）
Soe	0.003 7	0.002 2	−0.003 2
	（0.90）	（1.15）	（−1.25）
Size	−0.018 6***	−0.020 0***	−0.006 5***
	（−8.85）	（−20.07）	（−5.28）
Profit	0.005 2	0.014 5***	0.014 5***
	（0.85）	（5.00）	（3.77）
Age	−0.015 0***	−0.005 6***	0.017 2***
	（−3.52）	（−3.19）	（8.22）
Lev	0.033 4***	0.026 5***	0.019 2***
	（3.37）	（5.22）	（3.38）
Roa	−0.078 2**	−0.148 2***	−0.200 0***
	（−2.18）	（−8.04）	（−9.83）
Dturn	0.005 2	−0.017 2***	−0.011 0***
	（0.78）	（−11.67）	（−7.09）
Growth	0.013 9***	0.002 7***	0.001 1
	（3.55）	（2.72）	（0.82）
AEM	0.043 4	−0.001 1	−0.031 8***
	（1.29）	（−0.13）	（−3.38）
REM	−0.003 8	0.004 1	0.001 8
	（−0.50）	（1.08）	（0.37）
Intercept	0.473 0***	0.550 0***	0.164 9***
	（10.68）	（27.42）	（6.64）
Industry	Yes	Yes	Yes
Year	Yes	Yes	Yes
Obs.	6 929	6 929	6 929
Adj. R^2	0.080 4	0.477 3	0.255 6

第二，在前文回归分析中，主要采用最近邻匹配方法选择控制组，在稳健性检验中将采取最近邻匹配法的1∶1无放回配对和半径匹配方法执行与前文完全相同的分析过程，重新定义实验组和控制组。表 6.9 是调整倾向得分匹配方法得出的稳健性检验结果，可以发现保险机构投资者实地调研对公司股票流动性（ILLIQ、ROLL、ZEROS）的回归系数均在 1% 的水平下显著为负。这些结果表明，本章关于保险机构投资者实地调研提升公司股票流动性的结论在经过倾向得分匹配方法调整之后依然成立，意味着本章主要结论是稳健可靠的。

表 6.9　基于 PSM 配对方法调整的稳健性测试

变量	1∶1 配对			半径配对		
	ILLIQ	ROLL	ZEROS	ILLIQ	ROLL	ZEROS
	（1）	（2）	（3）	（4）	（5）	（6）
InsuVist	−0.012 6***	−0.007 2***	−0.009 0***	−0.013 5***	−0.008 2***	−0.009 1***
	（−3.54）	（−5.52）	（−5.35）	（−4.86）	（−7.00）	（−6.11）
InsuRate	−0.000 2	−0.000 9*	−0.001 1	−0.000 9	−0.001 6***	−0.002 1***
	（−0.13）	（−1.94）	（−1.50）	（−0.76）	（−3.79）	（−3.41）
Soe	0.001 0	0.002 2	−0.004 8*	0.004 1	0.003 2*	−0.002 3
	（0.32）	（1.11）	（−1.70）	（0.96）	（1.72）	（−0.93）
Size	−0.014 3***	−0.017 7***	−0.005 7***	−0.018 7***	−0.019 4***	−0.005 5***
	（−7.21）	（−18.58）	（−4.35）	（−8.09）	（−21.21）	（−4.52）
Profit	0.011 1**	0.008 7***	0.011 9***	0.005 5	0.014 5***	0.015 5***
	（2.04）	（2.72）	（2.85）	（0.82）	（5.10）	（3.99）
Age	−0.011 3**	−0.005 0***	0.015 2***	−0.014 5***	−0.006 8***	0.015 6***
	（−2.20）	（−2.83）	（6.02）	（−3.36）	（−4.09）	（7.58）
Lev	0.025 6**	0.018 4***	0.009 3	0.031 8***	0.022 8***	0.014 5**
	（2.01）	（3.44）	（1.41）	（2.91）	（4.46）	（2.48）
Roa	−0.114 5***	−0.129 7***	−0.196 1***	−0.085 6**	−0.155 8***	−0.219 7***
	（−2.85）	（−6.53）	（−8.10）	（−2.18）	（−8.15）	（−10.21）
Dturn	−0.007 8	−0.019 2***	−0.011 3***	0.007 4	−0.018 0***	−0.010 7***
	（−0.78）	（−10.83）	（−6.71）	（1.05）	（−12.10）	（−6.78）
Growth	0.012 5***	0.001 0	−0.003 3***	0.011 3***	0.002 1**	−0.000 2
	（2.65）	（1.03）	（−2.97）	（3.12）	（2.33）	（−0.14）
AEM	0.094 2	0.004 4	−0.008 1	0.052 2	0.003 0	−0.026 0***
	（1.37）	（0.45）	（−0.69）	（1.44）	（0.35）	（−2.77）

表6.9(续)

变量	1∶1 配对			半径配对		
	ILLIQ	ROLL	ZEROS	ILLIQ	ROLL	ZEROS
	(1)	(2)	(3)	(4)	(5)	(6)
REM	−0.005 5	0.004 0	−0.002 2	0.000 4	0.005 3	0.000 8
	(−0.56)	(0.96)	(−0.34)	(0.05)	(1.37)	(0.15)
Intercept	0.364 9***	0.495 6***	0.149 7***	0.474 4***	0.536 0***	0.144 6***
	(10.01)	(24.71)	(5.51)	(9.71)	(28.49)	(5.93)
Industry	Yes	Yes	Yes	Yes	Yes	Yes
Year	Yes	Yes	Yes	Yes	Yes	Yes
Obs.	3 578	3 578	3 578	6 363	6 363	6 363
Adj. R^2	0.067 8	0.463 1	0.234 5	0.079 4	0.484 7	0.252 1

第三，通过前文关于投资者调研相关制度背景的梳理可知，深圳证券交易所要求上市公司开始在 2009 年年报中公开披露调研日期、调研参与人员及其机构等信息，这标志着实地调研的相关数据首次通过年报对外披露，但通过深圳证券交易所"互动易"平台强制披露投资者调研信息则起始于 2013 年。因此，为确保本书关于保险机构投资者实地调研提升股票流动性结论的可靠性，本章进一步以 2009—2012 年深圳证券交易所上市公司为样本，检验保险机构投资者实地调研与股票流动性的关系。

表 6.10　基于 2009—2012 年样本期间的稳健性检验

变量	ILLIQ	ROLL	ZEROS
	(1)	(2)	(3)
InsuVist	−0.004 8	−0.010 3	−0.015 9
	(−1.37)	(−1.36)	(−1.92)
InsuRate	−0.002 7***	−0.003 7**	−0.002 4
	(−3.48)	(−2.79)	(−1.49)
Soe	0.003 2	0.006 5***	−0.001 8
	(0.49)	(4.07)	(−1.04)
Size	−0.056 4***	−0.055 4***	−0.021 7***
	(−13.15)	(−4.38)	(−4.51)
Profit	0.010 5	0.037 3**	0.011 9
	(0.73)	(3.93)	(1.78)

表6.10(续)

变量	ILLIQ	ROLL	ZEROS
	（1）	（2）	（3）
Age	−0.005 3	−0.030 0**	0.014 7*
	（−0.77）	（−3.65）	（2.43）
Lev	0.089 0***	0.058 5	0.030 0**
	（4.07）	（1.97）	（2.92）
Roa	−0.082 8	−0.237 2***	−0.204 6*
	（−0.67）	（−4.15）	（−2.15）
Dturn	−0.022 2***	−0.025 5**	−0.013 7***
	（−5.10）	（−3.49）	（−5.79）
Growth	0.010 8**	0.007 9***	0.002 0*
	（2.48）	（4.33）	（2.13）
AEM	−0.003 7	−0.043 4*	−0.025 2
	（−0.14）	（−2.08）	（−1.15）
REM	−0.013 3	−0.003 0	−0.011 5**
	（−1.20）	（−0.57）	（−2.80）
Intercept	1.210 4***	1.250 8***	0.405 3***
	（14.93）	（5.02）	（5.04）
Industry	Yes	Yes	Yes
Year	Yes	Yes	Yes
Obs.	3 911	3 911	3 911
Adj. R^2	0.317 0	0.500 7	0.268 9

表6.10 的结果表明，保险机构投资者实地调研对股票流动性（ILLIQ、ROLL、ZEROS）的估计系数均为负，但不显著。这意味着，在投资者无法通过深圳证券交易所"互动易"平台获取实地调研信息的情况下，保险机构投资者实地调研无法通过"眼球效应"吸引投资者注意力，也不能降低未参与调研投资者与公司间的信息不对称程度，因而不能显著降低股票流动性成本。因此，基于投资者无法获取实地调研信息的2009—2012 年样本期间的实证研究表明，保险机构投资者实地调研提升股票流动性的作用机制，更多在于调研信息降低了未参与实地调研投资者与公司的信息不对称程度，以及通过"眼球效应"降低了股票流动性成本，这为前文主要结论提供了进一步的经验证据。

6.5 进一步分析

前文证实保险机构投资者实地调研通过信息效率提升股票市场流动性,背后机理在于实地调研引起外部投资者关注,进而吸引更多投资者进入资本市场,提升股票市场流动性。已有研究表明,机构投资者实地调研对于信息透明度较低公司来说,能够显著增强投资者对公司的认识,提高会计盈余与获得真实经济收益之间的关联度,降低信息不对称程度(蔡传里 等,2010),而信息披露评级增加能够带来股票流动性提升(Heflin et al.,2005)。

此外,信息披露水平提升可以降低投资者对公开信息的处理成本,对于知情交易者而言,参与交易是其私人信息充分利用前提下最好的选择,知情交易者会改变交易策略而不是简单地退出交易。信息披露质量高的公司会披露更多实质性信息,从而增加私人信息搜集成本,使得私人信息的时效性下降,有利于减少投资者搜集私人信息进行交易(董锋 等,2006)。

因此,当公司信息透明度较低时,保险机构投资者实地调研主动信息搜寻的行为能够减轻公司经理人、股东和各投资者之间的信息不对称程度,增强投资者对于能实现公平交易的信心。基于此,在假设4-1a得证的基础上,本部分将分别从外部信息监督机制——审计监督,以及资本市场约束机制——融资融券两个角度,进一步厘清保险机构投资者实地调研治理效应的作用机理。

6.5.1 基于审计监督治理的分析

内部管理层和外部投资者之间的信息不对称会增强投资者获取私人信息的动机,形成交易者在交易信念上的异质性。公司治理较差的公司有更大的信息不对称问题,因此投资者会增大买卖价差,降低股票流动性。在良好的公司治理机制下,信息披露频率会增大,且披露信息的价值含量更高。

独立审计作为重要的外部治理机制,是保证上市公司信息披露质量的有效设计(Deboskey et al.,2012)。一方面,审计师作为资本市场的重要"守护者",可以提供高质量的审计服务,能更好地履行监督职责(Robin et al., 2015)，有效地识别公司财务风险（Balsam et al., 2003），约束管理层机会主义行为（王艳艳 等，2006），抑制经理人负面信息隐藏行为（江轩宇 等，2013）。

另一方面，具备行业专长的审计师向资本市场传递公司财务报告真实可靠信号（Kanagaretnam et al., 2010），增加外部投资者交易信心，减少投资者在股价异常波动情况下的非理性交易行为（高增亮 等，2019），减少噪音交易行为，促使公司信息快速融入股价（林忠国 等，2012），提升股票流动性。因此，笔者认为国际"四大"会计师事务所有更具行业专长的审计师，其较高的专业敏感性和更低的风险容忍度能够更好地发挥外部监督者作用（DeFond et al., 2014），而由国际"四大"审计的公司，私有信息套利空间更小（陈小林 等，2012）。基于此，笔者认为相较于"四大"会计师事务所审计公司，保险机构投资者实地调研对股票市场流动性的影响在非"四大"公司中更强。

参考张敏等（2012）的研究，笔者设置变量 Big4，公司被国际"四大"会计师事务所审计，则为 1，反之为 0。作为高质量审计的衡量，审计质量越高，公司信息透明度越高。笔者将公司是否被国际"四大"审计，分组检验审计师保障上市公司信息披露质量的能力。表 6.11 是基于审计监督视角检验保险机构投资者实地调研与股票市场流动性相互关系的回归结果。可以看出，保险机构投资者实地调研与非流动性指标、买卖价差、零收益天数估计系数在非国际"四大"会计师事务所的样本中均显著为负，表明保险机构投资者实地调研在公司外部信息监督机制薄弱的公司中更能发挥作用，即信息透明度越低，实地调研的信息挖掘作用越明显，越能提升信息效率、促进股票交易行为、显著降低股票流动性成本，最终提升股票流动性，符合前文基本结论。

表 6.11　保险机构投资者实地调研、审计治理与股票流动性

变量	非国际"四大"会计师事务所			国际"四大"会计师事务所		
	（1）	（2）	（3）	（4）	（5）	（6）
InsuVist	−0.013 7***	−0.008 2***	−0.010 8***	−0.005 4	−0.000 7	0.038 8
	（−4.87）	（−7.04）	（−7.92）	（−1.41）	（−0.12）	（1.55）
InsuRate	−0.001 0	−0.001 7***	−0.002 1***	−0.003 0***	−0.001 0	−0.004 5
	（−0.86）	（−3.98）	（−3.72）	（−3.13）	（−0.87）	（−1.51）

表6.11(续)

变量	非国际"四大"会计师事务所			国际"四大"会计师事务所		
	(1)	(2)	(3)	(4)	(5)	(6)
Soe	0.003 5	0.001 8	-0.003 6	-0.001 5	0.005 2	0.016 3
	(0.83)	(0.92)	(-1.40)	(-0.29)	(0.52)	(0.64)
Size	-0.019 0***	-0.020 1***	-0.006 2***	-0.013 5***	-0.022 7***	-0.025 4
	(-8.62)	(-19.23)	(-5.00)	(-5.78)	(-4.91)	(-2.01)
Profit	0.005 0	0.014 7***	0.013 9***	0.024 0*	0.018 7	0.039 6
	(0.80)	(4.97)	(3.61)	(1.85)	(1.69)	(1.09)
Age	-0.015 5***	-0.006 0***	0.017 2***	0.002 6	0.000 2	0.005 5
	(-3.56)	(-3.34)	(8.06)	(0.59)	(0.02)	(0.38)
Lev	0.034 2***	0.026 9***	0.019 1***	-0.021 8	0.019 2	0.018 8
	(3.37)	(5.25)	(3.35)	(-0.83)	(1.51)	(0.66)
Roa	-0.076 4**	-0.150 4***	-0.192 1***	-0.164 2*	-0.178 2*	-0.501 3
	(-2.08)	(-7.98)	(-9.57)	(-1.83)	(-1.77)	(-1.64)
Dturn	0.004 9	-0.017 2***	-0.011 3***	0.012 4	-0.016 8	0.000 2
	(0.72)	(-11.61)	(-7.24)	(1.10)	(-0.94)	(0.02)
Growth	0.014 1***	0.002 9***	0.001 4	0.018 0	-0.000 9	-0.003 4
	(3.51)	(2.87)	(0.99)	(1.44)	(-0.11)	(-0.27)
AEM	0.041 4	-0.004 1	-0.034 7***	0.001 0	-0.004 4	0.036 9
	(1.18)	(-0.49)	(-3.57)	(0.02)	(-0.06)	(0.32)
REM	-0.003 2	0.004 6	0.002 3	0.008 0	0.026 8	0.023 9
	(-0.42)	(1.19)	(0.47)	(0.49)	(0.67)	(0.80)
Intercept	0.485 4***	0.554 3***	0.159 2***	0.342 7***	0.623 6***	0.653 2*
	(10.37)	(26.24)	(6.42)	(6.63)	(5.10)	(2.48)
Industry	Yes	Yes	Yes	Yes	Yes	Yes
Year	Yes	Yes	Yes	Yes	Yes	Yes
Obs.	6 736	6 736	6 736	193	193	193
Adj. R^2	0.080 4	0.478 1	0.259 4	0.383 4	0.583 7	0.340 6

6.5.2　基于融资融券的分析

2010 年 3 月 31 日，扩大基金和证券的供给和需求，增加交易量，促进市场流动性为主要目的的融资融券业务试点在我国推行①。卖空交易者由于需要承担交易所带来的风险和损失，对公司具有更多信息需求以及更深入的分析需求（Drake et al.，2011）。卖空交易者较强的信息处理能力和信息获取优势（Engelberg et al.，2012），可以加快信息在投资者和各利益相关者之间传播（庞家任 等，2019），这不仅能使已被发现的负面信息更快地被股价吸收，而且还能使负面信息更容易被发现（Karpoff et al.，2010）。李颖等（2017）认为信息不对称是抑制市场流动性的主要因素。融资融券交易通过影响管理层的信息披露质量和分析师的盈利预测质量，改善公司的信息环境，因此被纳入融资融券标的的公司具有更高的信息透明度（李志生 等，2017），信息不对称的缓解有利于降低交易成本和价格影响，提高标的公司的股票流动性（谢黎旭 等，2018）。

以上分析表明，卖空机制的引入加速了外部投资者与内部经理人之间的信息传递，提升了公司信息透明度，是强化资本市场对上市公司的一种重要的外部约束治理机制。基于此，笔者认为相较于融资融券标的股，保险机构投资者实地调研对股票市场流动性的影响在非融资融券标的股中更强。笔者借鉴李志生等（2017）的研究，设置变量 Shortseller，样本公司如为融资融券标的股，则为 1，反之为 0。表 6.12 是基于卖空机制（融资融券）的视角，检验保险机构投资者实地调研与股票流动性相互关系的回归结果。保险机构投资者实地调研与非流动性指标、买卖价差、零收益天数的回归系数在非融资融券标的股中均显著为负，表明保险机构投资者实地调研在公司内外部信息传递不畅通时更能发挥作用。因此，保险机构投资者实地调研能在资本市场约束机制不健全的公司中提升信息透明度，吸引投资者注意力，降低股票交易成本，提高股票市场流动性，符合前文基本结论。

表 6.12　保险机构投资者实地调研、融资融券与股票流动性

变量	非融资融券标的股			融资融券标的股		
	（1）	（2）	（3）	（4）	（5）	（6）
InsuVist	-0.016 5 ***	-0.008 2 ***	-0.009 4 ***	-0.000 5	-0.000 6	-0.003 3
	（-4.42）	（-5.87）	（-5.10）	（-0.45）	（-0.53）	（-1.68）

① 2010 年 3 月 31 日融资融券试点正式启动。https://finance. qq. com/a/20101009/001468. htm。

表6.12(续)

变量	非融资融券标的股			融资融券标的股		
	(1)	(2)	(3)	(4)	(5)	(6)
InsuRate	−0.000 9	−0.001 5 ***	−0.001 9 ***	−0.000 9 ***	−0.001 4 ***	−0.001 4 ***
	(−0.57)	(−3.09)	(−2.82)	(−2.93)	(−3.63)	(−2.81)
Soe	0.002 8	0.001 0	−0.003 0	−0.000 5	0.001 7	−0.004 2 **
	(0.49)	(0.39)	(−0.88)	(−0.39)	(1.13)	(−2.68)
Size	−0.019 7 ***	−0.017 5 ***	0.000 3	−0.005 4 ***	−0.007 3 ***	−0.000 5
	(−6.08)	(−12.39)	(0.14)	(−8.12)	(−8.55)	(−0.50)
Profit	0.004 4	0.012 3 ***	0.012 9 ***	0.001 0	0.000 5	0.003 8
	(0.55)	(3.62)	(2.77)	(0.34)	(0.24)	(1.06)
Age	−0.016 3 ***	−0.002 0	0.023 3 ***	−0.002 0	−0.001 7	0.007 0 ***
	(−3.08)	(−1.00)	(8.96)	(−1.10)	(−1.02)	(3.52)
Lev	0.038 5 ***	0.023 2 ***	0.014 2 **	0.011 2 ***	0.019 5 ***	0.003 5
	(2.95)	(3.97)	(2.09)	(2.72)	(4.27)	(0.56)
Roa	−0.057 4	−0.109 0 ***	−0.168 1 ***	−0.027 2 **	−0.015 3	−0.109 6 ***
	(−1.14)	(−4.95)	(−6.60)	(−2.03)	(−0.99)	(−6.73)
Dturn	0.005 6	−0.017 1 ***	−0.012 3 ***	0.001 8	−0.007 8 ***	−0.004 6 **
	(0.68)	(−9.75)	(−6.35)	(0.54)	(−5.74)	(−2.31)
Growth	0.016 2 ***	0.002 4 **	−0.000 3	−0.003 7 ***	−0.003 8 ***	−0.005 5 **
	(3.66)	(2.19)	(−0.19)	(−2.72)	(−3.17)	(−2.61)
AEM	0.050 5	−0.002 6	−0.036 6 ***	0.005 9	−0.008 8	−0.025 9
	(1.20)	(−0.28)	(−3.33)	(0.55)	(−1.10)	(−1.64)
REM	−0.005 6	0.005 8	0.005 3	−0.004 2	−0.005 0	−0.012 6 ***
	(−0.61)	(1.34)	(0.91)	(−0.85)	(−1.54)	(−3.32)
Intercept	0.502 8 ***	0.508 9 ***	0.024 8	0.144 1 ***	0.205 9 ***	0.020 0
	(7.26)	(17.73)	(0.63)	(9.76)	(11.21)	(0.91)
Industry	Yes	Yes	Yes	Yes	Yes	Yes
Year	Yes	Yes	Yes	Yes	Yes	Yes
Obs.	5 159	5 159	5 159	1 770	1 770	1 770
Adj. R^2	0.074 3	0.493 1	0.284 5	0.112 1	0.335 6	0.257 7

6.5.3 区分保险公司类型的进一步分析

考虑到人寿保险、财产保险和养老保险公司投资逻辑和投研策略上存在较大差异，本章在进一步分析中还将保险机构投资者实地调研细分为人寿保险公司实地调研（InsuVist_Life）、财产保险公司实地调研（InsuVist_Property）和养老保险公司实地调研（InsuVist_Annuity），检验异质性保险机构投资者实地调研对股票流动性的影响。

表6.13实证检验了不同类型保险机构投资者实地调研对股票流动性的影响。结果显示，人寿保险公司实地调研对股票流动性（ILLIQ、ROLL、ZEROS）的回归系数均在1%的水平下显著为负，说明人寿保险公司实地调研能够显著降低股票流动性成本、提升股票流动性。此外，笔者并未发现财产保险公司实地调研、养老保险公司实地调研与股票流动性存在显著的相互关系，说明对于财产保险和养老保险公司而言，其实地调研对股票流动性的影响相对较弱，这可能是因为现阶段我国财产保险和养老保险公司的股票投资业务规模相对较小，其投资调研活动受到的市场关注相对也就较低，从而制约了其实地调研活动对股票流动性的提升作用。

表 6.13　区分保险公司类型的进一步分析

变量	ILLIQ	ROLL	ZEROS
	（1）	（2）	（3）
InsuVist_Life	−0.009 6***	−0.007 3***	−0.008 9***
	（−4.44）	（−6.16）	（−5.97）
InsuVist_Property	−0.004 0	−0.001 2	−0.002 1
	（−1.24）	（−0.74）	（−0.89）
InsuVist_Annuity	−0.002 3	0.000 6	−0.000 1
	（−0.74）	（0.32）	（−0.07）
InsuRate	−0.001 3	−0.001 9***	−0.002 4***
	（−1.16）	（−4.50）	（−4.27）
Soe	0.003 9	0.002 4	−0.003 0
	（0.96）	（1.24）	（−1.18）
Size	−0.018 9***	−0.020 2***	−0.006 7***
	（−9.03）	（−20.34）	（−5.40）
Profit	0.005 8	0.014 9***	0.014 9***
	（0.94）	（5.12）	（3.88）
Age	−0.015 0***	−0.005 6***	0.017 2***
	（−3.50）	（−3.15）	（8.22）
Lev	0.033 4***	0.026 5***	0.019 2***
	（3.37）	（5.21）	（3.37）
Roa	−0.084 2**	−0.151 8***	−0.203 7***
	（−2.35）	（−8.25）	（−10.07）

表6.13(续)

变量	ILLIQ	ROLL	ZEROS
	（1）	（2）	（3）
Dturn	0.005 1	-0.017 3 ***	-0.011 1 ***
	（0.76）	（-11.64）	（-7.08）
Growth	0.013 9 ***	0.002 6 ***	0.001 1
	（3.54）	（2.66）	（0.79）
AEM	0.043 6	-0.001 0	-0.031 8 ***
	（1.30）	（-0.13）	（-3.39）
REM	-0.003 7	0.004 1	0.001 8
	（-0.50）	（1.07）	（0.36）
Intercept	0.478 6 ***	0.552 8 ***	0.167 6 ***
	（10.84）	（27.73）	（6.76）
Industry	Yes	Yes	Yes
Year	Yes	Yes	Yes
Obs.	6 929	6 929	6 929
Adj. R^2	0.080 1	0.477 3	0.255 7

进一步地，借鉴董永琦等（2019）的处理方式，笔者还区分了保险机构投资者单独调研和与其他机构投资者联合调研两种不同的调研形式对股票流动性的影响。表6.14是区分实地调研类型的进一步分析结果，笔者发现，保险机构投资者单独调研对股票流动性（ILLIQ、ROLL、ZEROS）的回归系数在1%或10%的水平下显著为负，表明保险机构投资者单独调研能够发挥"眼球效应"、降低股票流动性成本；联合调研的估计系数都在1%的水平下显著为负，意味着保险机构投资者与其他机构投资者对上市公司的联合调研同样能够引起投资者关注、提升股票流动性。

而且，关于单独调研和联合调研的系数差异性检验结果显示，保险机构投资者两种不同实地调研形式对股票流动性的影响不存在显著差异，这表明对于外部投资者而言，保险机构投资者无论是单独调研还是联合调研都能引起他们的注意力，进而通过"眼球效应"影响被调研公司的股票流动性。以上发现为前文关于保险机构投资者实地调研提升股票流动性的研究结论提供了进一步的经验证据。

表 6.14 区分实地调研类型的进一步分析

变量	ILLIQ	ROLL	ZEROS
	(1)	(2)	(3)
InsuVist_Indep	−0.010 2 ***	−0.004 6 *	−0.009 4 ***
	(−3.76)	(−1.66)	(−2.75)
InsuVist_Joint	−0.013 3 ***	−0.008 0 ***	−0.009 2 ***
	(−4.71)	(−7.61)	(−6.50)
Difference：（Indep− Joint）	0.003 1	0.003 4	0.000 2
	(1.29)	(1.46)	(0.01)
InsuRate	−0.001 1	−0.001 8 ***	−0.002 3 ***
	(−0.99)	(−4.95)	(−4.04)
Soe	0.003 6	0.002 2	−0.003 2
	(0.88)	(1.43)	(−1.26)
Size	−0.018 7 ***	−0.020 2 ***	−0.006 7 ***
	(−9.04)	(−24.79)	(−5.46)
Profit	0.005 7	0.014 8 ***	0.014 9 ***
	(0.93)	(5.39)	(3.89)
Age	−0.015 1 ***	−0.005 6 ***	0.017 2 ***
	(−3.54)	(−4.02)	(8.23)
Lev	0.033 5 ***	0.026 6 ***	0.019 4 ***
	(3.39)	(6.59)	(3.40)
Roa	−0.080 7 **	−0.150 4 ***	−0.202 9 ***
	(−2.26)	(−9.78)	(−10.09)
Dturn	0.005 2	−0.017 3 ***	−0.011 1 ***
	(0.77)	(−10.79)	(−7.12)
Growth	0.014 1 ***	0.002 8 ***	0.001 2
	(3.57)	(2.87)	(0.88)
AEM	0.042 4	−0.001 6	−0.032 5 ***
	(1.26)	(−0.21)	(−3.45)
REM	−0.003 6	0.004 2	0.002 0
	(−0.48)	(1.29)	(0.41)
Intercept	0.476 1 ***	0.552 8 ***	0.168 0 ***
	(10.88)	(33.67)	(6.85)
Industry	Yes	Yes	Yes
Year	Yes	Yes	Yes
Obs.	6 929	6 929	6 929
Adj. R^2	0.081 1	0.478 0	0.256 2

6.5.4 区分保险机构投资者是否为股东的进一步分析

前文研究表明，保险机构投资者实地调研活动一方面能够降低投资者与公司间的信息不对称程度，提升信息效率并降低流动性成本，另一方面还能够以"眼球效应"的形式吸引普通投资者注意力，驱动其股票交易行为并提升股票流动性。这种情况下，普通投资者对保险机构投资者实地调研的关注是否会因保险机构投资者在上市公司中角色的不同而呈现差异？具体而言，当保险机构投资者作为"潜在卖方"和作为"潜在买方"实地调研上市公司时，普通投资者对保险机构投资者实地调研活动的关注是否会呈现差异，这将如何影响股票的流动性成本？

表 6.15 是区分保险机构投资者是否为股东，考察其实地调研活动对公司股票流动性影响的回归结果。笔者发现，险资非股东实地调研（InsuVist_NSH）对股票流动性（ILLIQ、ROLL、ZEROS）的估计系数均在 1% 的水平下显著为负；相对应地，险资股东实地调研（InsuVist_SH）对买卖价差和零收益天数的估计系数都在 1% 的水平下显著为负。这些结果表明，无论保险机构投资者是重仓持有上市公司股票的"潜在卖方"，还是未持有公司股票的"潜在买方"，其实地调研活动都能引发普通投资者关注，进而降低股票流动性成本和提升股票流动性。此外，从险资非股东实地调研和险资股东实地调研的系数差异性检验结果可以看出，保险机构投资者实地调研对股票流动性的影响不会因保险公司"潜在买方"和"潜在卖方"角色不同出现显著性差异。

表 6.15　区分保险机构投资者是否为股东的进一步分析

变量	ILLIQ	ROLL	ZEROS
	（1）	（2）	（3）
InsuVist_NSH	−0.013 8 *** （−5.03）	−0.007 9 *** （−6.88）	−0.009 2 *** （−6.33）
InsuVist_SH	−0.008 6 （−1.32）	−0.010 2 *** （−3.21）	−0.011 0 *** （−3.28）
Difference：（InsuVist_NSH − InsuVist_SH）	0.004 6 （0.68）	−0.002 3 （0.52）	−0.001 8 （0.34）
InsuRate	−0.001 2 （−1.00）	−0.001 6 *** （−4.00）	−0.002 2 *** （−3.71）

表6.15(续)

变量	ILLIQ	ROLL	ZEROS
	（1）	（2）	（3）
Soe	0.003 6	0.002 2	−0.003 2
	（0.89）	（1.13）	（−1.27）
Size	−0.018 5***	−0.020 0***	−0.006 5***
	（−8.90）	（−20.23）	（−5.36）
Profit	0.005 4	0.014 6***	0.014 6***
	（0.88）	（5.05）	（3.83）
Age	−0.015 2***	−0.005 7***	0.017 2***
	（−3.55）	（−3.21）	（8.21）
Lev	0.033 1***	0.026 3***	0.019 1***
	（3.35）	（5.19）	（3.36）
Roa	−0.078 8**	−0.148 4***	−0.201 3***
	（−2.21）	（−8.12）	（−9.97）
Dturn	0.005 2	−0.017 2***	−0.011 0***
	（0.78）	（−11.67）	（−7.10）
Growth	0.014 0***	0.002 7***	0.001 2
	（3.57）	（2.75）	（0.85）
AEM	0.041 7	−0.002 1	−0.032 9***
	（1.25）	（−0.25）	（−3.49）
REM	−0.003 5	0.004 3	0.002 0
	（−0.47）	（1.12）	（0.42）
Intercept	0.472 4***	0.549 8***	0.165 8***
	（10.77）	（27.69）	（6.77）
Industry	Yes	Yes	Yes
Year	Yes	Yes	Yes
Obs.	6 929	6 929	6 929
Adj. R^2	0.081 3	0.478 3	0.256 4

6.6 结论

保险机构投资者通过实地调研与公司经理人私下沟通获取的信息优势，究竟是提升还是降低股票流动性？理论上，保险机构投资者获取的信息优势既可能加重逆向选择问题从而降低股票流动性，同时也可能促进股票价格反映更多的公司信息，提高信息效率并提升股票流动性。因此，保险机构投资者实地调研获取的私有信息对股票流动性的影响取决于两类因素的作用大小。基于2013—2017年深圳证券交易所上市交易的A股上市公司的样本数据，本章实证考察了保险机构投资者实地调研对股票流动性的影响，并进一步分析这种影响是否是由实地调研带来的投资者关注增加导致的，最后本书还考察了实地调研这一非正式治理机制与审计监督、融资融券等正式治理机制在提升股票流动性上的作用关系，并区分保险机构投资者类型、实地调研类型以及保险机构投资者是否为股东展开了进一步分析。

研究发现：①保险机构投资者实地调研能促使股票价格包含更多上市公司价值的信息，降低股票流动性成本，增强股票流动性，即保险机构投资者实地调研更多地提高公司股票信息效率，而不是加重逆向选择问题。②区分作用机制分析发现，保险机构投资者实地调研引起的投资者关注能够显著提升股票流动性。③保险机构投资者实地调研提升股票流动性的结论经过Heckman两阶段回归内生性分析、控制其他机构和个人投资者实地调研影响、替代变量测量及PSM配对方法调整等稳健性检验之后依然成立；而且，以深圳证券交易所"互动易"平台尚未强制披露投资者调研信息的2009—2012年深圳证券交易所上市交易的A股上市公司为样本的稳健性检验发现，当市场投资者无法实时获取保险机构投资者实地调研信息时，保险机构投资者实地调研对股票流动性的提升作用并不显著。④进一步分析表明，保险机构投资者的实地调研对股票流动性的提升效应，在外部信息监督机制不够健全、非融资融券标的的公司中更加显著。⑤最后，区分人寿保险、财产保险和养老保险公司实地调研，保险机构投资者单独调研和联合调研，以及险资股东调研和险资非股东调研分析发现，保险机构投资者实地调研对股票流动性的影响，在不同类型保险公司、不同类型实地调研和保险机构投资者不同角色中有一定差异。

相较于现有文献，本章的贡献主要体现在基于保险机构投资者实地调研视角，为有关机构投资者究竟是逆向选择降低了股票流动性，还是信息效率提升了股票流动性的争论提供了新的经验证据。不同于现有研究更多关注公募基金、私募基金、QFII、银行等机构投资者（Brockman et al.，2009；雷倩华 等，2012；邓柏峻 等，2016；张燃 等，2019），本章通过实证检验保险机构投资者通过信息效率能有效降低股票流动性成本，进一步补充和丰富机构投资者与股票流动性领域的现有文献。

7 保险机构投资者实地调研
与资本市场定价效率

前文第 5 章从信息提供者视角，第 6 章从信息使用者视角，验证了保险机构投资者实地调研的信息治理效应，表明保险机构投资者一方面在实地调研过程中与公司经理人的私下沟通，促使公司进行更高质量的信息披露；另一方面则通过"眼球效应"吸引更多信息使用者的注意力，从而提升信息效率，降低股票流动性成本。

在前述研究的基础上，本章将保险机构投资者实地调研信息治理效应从信息提供者和使用者视角，进一步拓展到资本市场治理。具体而言，本章基于股价反应时滞和股价信息含量两个维度识别资本市场定价效率，检验保险机构投资者实地调研的信息治理效应。本章对于理解和认识如何引导保险资金股票投资行为，发挥保险资金长期、稳定和大规模的优势以促进保险资金服务实体经济，提升我国资本市场信息效率和维护资本市场稳定，具有重要现实启示。

7.1 引言

证券市场的本质是信息市场，信息引导市场各类资产价格的形成和变化，以及治理结构的构建与重组，进而衍生出代理问题及其治理、股票交易和流动、定价效率与市场稳定等系列命题。市场信息环境对证券市场健康发展与国家金融安全的重要意义已被广泛证实（游家兴，2008；Armstrong et al.，2010；吴晓求，2017）。Morck 等（2000）首次运用资本资产定价模型的拟合系数（R^2）测量股价同步性[①]，反映不同国家证券市场"同涨同跌"程度的差异，被后续研究广为采用（Fernandes & Ferreira，2008；Gul et al.，2010；辛清泉 等，2014）。尤其是，自 20 世纪末亚洲金融危机爆发以来，资本市场失灵以及由此引发的金融系统性风险使得各国政府、业界及学界都在重新思考投资者治理对于改善市场信息环境和维护市场稳定的重要意义。

在我国资本市场的建设过程中，引入机构投资者主要出于两个目的：一是优化公司治理，二是稳定资本市场（陈辉 等，2012）。机构投资者是资本市场重要的参与者和信息中介，信息是促成机构投资者进行股票交易的根本原因（Karpoff，1986），故尽可能地降低信息不对称程度是机构投资者密切关注的问题，而且这种关系也会影响公司和市场信息环境以及定价效率，从而发挥外部信息治理效应。大量研究表明，公司治理机制的良好安排能够抑制控股股东和管理层的机会主义行为，推动公司信息披露水平的提高，从而有助于公司层面的特征信息纳入股票价格（Gul et al.，2010；辛清泉 等，2014；Li et al.，2017）。而机构投资者能够优化公司治理机制，这将有助于提升公司信息披露水平，进而促进资本市场定价效率的提升。众多学者验证了机构投资者对于公司盈余管理（Kim et al.，2016；Sakaki et al.，2017；薄仙慧 等，2009；李青原 等，2018）、会计稳健性（Ramalingegowda et al.，2012；李争光 等，2015）、负面信息隐藏（Callen et al.，2013；高昊宇 等，2017）、管理层业绩预告（Ajinkya et al.，2005；高敬忠 等，2011；Boone et al.，2015）等信息披露行为的外部治理效应。

除此之外，理性的机构投资者能够通过规范有序的市场交易行为纠正市场有偏信息和投资者非理性情绪，从而缓解信息不对称问题并将更多公司层面的特质信息纳入股票价格，提升资本市场定价效率。事实上，证券分析师（Dasgupta et al.，2010；伊志宏 等，2019）、机构投资者（An et al.，2013；周林洁，2014）的研究验证了这一推论，他们发现证券分析师和机构投资者能够通过其信息搜寻向市场传递更多公司层面特质信息，进而提升股票定价效率、降低股价同步性。钟覃琳和陆正飞（2018）以"沪港通"为自然实验检验了境外投资者的外部信息治理效应，他们发现，境

[①] 股价同步性，是指某一时间段绝大多数股票价格同时上涨或同时下跌，表明股票价格包含的公司层面特质信息较少，这也意味着证券市场对股票的定价效率偏低。

外投资者的市场参与直接促进了公司特质信息纳入股票价格和优化公司治理机制，从而最终提升了股价信息含量。

虽然大量文献考察了机构投资者的外部信息治理效应，但他们往往以机构投资者是否持股以及持股多少，或者选择"沪港通""深港通"或融资融券试点等自然实验进行实证检验，对于信息的产生、传递与使用的流程分析较少。然而，机构投资者对于公司原始信息产生和信息加工、传递至关重要，其中，实地调研就是机构投资者获取原始信息较为有效的方式之一。曹新伟等（2015）是研究实地调研如何影响市场定价效率为数不多的研究者之一，他们发现分析师实地调研强度越大，被调研公司的股价同步性相应越低，且这一影响在信息披露较差的公司中作用更加明显，验证了分析师的信息媒介作用。

不同于其他研究者主要关注信息媒介的分析师，本章重点考察作为实际使用信息进行投资决策的重要机构投资者之一，保险机构投资者基于实地调研获取的私有信息将会如何影响资本市场的定价效率，这个问题的解答不仅有助于弥补现有研究的不足，而且对于相关监管机构如何认识、理解并引导保险资金服务实体经济，提升资本市场信息效率也有重要现实启示。

7.2　理论分析与假设推导

股价同步性是公司股价波动和市场波动关系的反映，是资本市场定价效率的重要体现（King，1966）。公司股价中包含了市场和行业层面的信息，但这并不能很好地解释股价波动性，因为这忽略了具有重要影响的公司层面的信息，因而用个股收益和市场收益回归的 R^2 代表股价同步性才能真正反映市场定价效率（Roll，1988；Morck et al.，2000），当公司层面的特质信息融入股价才能降低股价同步性（Durnev et al.，2003；Gul et al.，2010）。股价同步性较高会影响管理层的投资决策行为（杨继伟 等，2010），也会降低识别和更换业绩较差高管的可能性，影响公司治理（DeFond et al.，2004），加大股价崩盘风险（Hutton et al.，2009），损害资本市场的资源配置效率（Wurgler，2000）。因此，探讨与股价同步性较高的相关因素，并寻求降低股价同步性的途径，一直以来都是学术研究中的重要议题。

证券市场的本质是信息市场，公司控股股东和管理层产出的原始信息，以及机构投资者的信息加工和传递，将会影响市场信息环境建设，进而对资本市场定价效率产生决定性影响。保险公司作为第二大机构投资者，对于资本市场的稳定发展具有重要作用。保险资金成本低、期限长，适合逆周期投资，具有承受短期浮亏的能力，从中长期看，能把握买入便宜资产的战略时机。这使得保险机构投资者实地调研既可能通过与公司内部人的私下沟通，影响原始信息的生产和披露过程，也可能通过自身股票交易行为，以及"眼球效应"影响其他投资者交易，从而通过影响公司信息的加工、解读与传递，进而作用于资本市场信息环境与定价效率。具体而言，保险机构投资者实地调研对于资本市场定价效率的影响主要体现为以下两个方面：

第一，保险机构投资者实地调研能够对上市公司机会主义信息披露行为发挥有效的治理效应，从而提升公司信息披露质量。这是因为，一方面保险机构投资者能够通过在实地调研过程中与公司内部人的私下沟通提出自身对高质量信息披露的实际需求，影响经理人的信息披露决策；另一方面，包括经理人在内的公司内部人出于稳定股价和缓解融资约束的现实需要，极有可能响应保险机构投资者在实地调研过程中所表达的对高质量信息披露的需求，以争取吸引这些潜在保险机构投资者与其合作。Healy 和 Palepu（2001）指出，信息披露是决定资本市场定价效率的核心微观因素，而公司信息披露水平的提高，使投资者能更准确地评估公司价值并以此做出投资决策，加快公司经营、盈余等公司特征信息融入股价的速度，最终促进资本市场定价效率的提升（Gul et al.，2010；辛清泉 等，2014；Li et al.，2017）。

第二，保险机构投资者实地调研可以通过降低股票流动性成本，进而增加投资者通过股票交易将公司信息更快地融入股票价格的可能性，从而提升资本市场定价效率。Holmstrom 等（1993）的研究显示，股票流动性的增加会带来私人信息的边际价值提升，因而非知情交易者愿意付出相应的信息费用，以获取知情交易者掌握的信息优势，促使股价能融入更多的公司特质信息。孔东民等（2015）实证发现，较高的流动性意味着较低的潜在交易成本，从而有助于投资者的套利交易行为，这将提升信息效率和资本市场定价效率。因此，保险机构投资者实地调研能够通过私下沟通所获信息，发挥"眼球效应"引起外部投资者关注并影响其股票交易行为的作用机制，提升股票流动性，这将有助于更好地减少市场信息不对称程度和投资者非理性情绪，促进公司特征信息更快地反映到股票价格中，最终提升资本市场定价效率。基于以上分析，本章提出假设 7-1：

假设 7-1：其他条件相同的情况下，存在保险机构投资者实地调研的上市公司市场定价效率更高。

7.3　实证研究设计

7.3.1　样本选择和数据来源

本章的初选样本为 2013—2017 年所有的深圳证券交易所 A 股上市公司，并经过以下筛选程序获取研究所需的最终样本：①剔除金融保险类公司，因为它们受到严格的监管并且其财务数据与其他行业相比不具有可比性；②剔除数据缺失的公司；③剔除样本研究期间被 ST、＊ST 的公司。经过处理，本书最终获得 7 604 条公司-年度的观测值，其中保险机构投资者调研数据主要来源于为深圳证券交易所"互动易"平台，公司财务数据和治理数据主要来源于国泰安（CSMAR）数据库。为了消除极端值的影响，本书对连续变量进行上下 1% 的缩尾处理。

需要说明的是，鉴于保险机构投资者实地调研对象具有较为明显的"选择性偏误"，本章在确定实验组和控制组时采取了与第 5 章相同的处理方式，即以倾向得分匹配方法控制了实验组与控制组样本在公司特征和市场特征等方面可能存在的差异，以更清晰地观测保险机构投资者实地调研对市场定价效率的影响。倾向得分匹配法的详细处理过程与第 5 章类似，在此不做赘述。

7.3.2　变量说明

7.3.2.1　市场定价效率

市场定价效率，一是价格的信息含量，即资产价格是否充分且真实地反映所有的市场信息；二是价格的信息反应速度，即资产价格是否能及时且准确地吸收新的市场信息。股票价格中包含越多的公司信息，其越能反映公司的基本价值，股票市场效率越高。Morck 等（2000）认为股票市场的信息效率影响了资产的配置效率和经济增长速度，对实体经济发展来说至关重要。因此，提升搜集私有信息的经济效益，有助于促进大量的知情交易和形成更有效的股票定价（陈冬华 等，2018）。因此，与以往研究保持一致，笔者主要采用股价反应时滞和股价信息含量来测量市场定价效率。

第一种衡量方式：股价反应时滞（SYNLAG）。如果市场不能充分、及时地将信息反映到股票价格中，那么在随后的时间这些信息将被陆续吸收，进而形成滞后的价格反应。因此，笔者借鉴 Hou 和 Moskowitz（2005）、Saffi 和 Sigurdsson（2011）、李志生等（2015）的研究方法，利用资产价格对市场信息调整速度，计算相对效率来衡量定价效率，构建价格滞后指标。这种方法的逻辑思想在于，建立含有滞后的市场收益率回归模型，可计算出价格反应的滞后程度，滞后变量的解释力越强，价格对信息反应的时间也越长。首先用单只股票的收益率对当期以及滞后四期的市场收益进行回归：

$$r_{i,t} = \alpha_i + \beta_i \times r_{m,t} + \sum_{n=1}^{4} \delta_{i,m} \times r_{m,t-n} + \varepsilon_{i,t} \qquad (7.1)$$

其中，$r_{i,t}$ 为 t 时股票 i 的收益率，$r_{m,t}$ 为 t 时的市场收益率，$r_{m,t-n}$ 为滞后 n 期的市场收益率，$\varepsilon_{i,t}$ 为随机误差项。对模型（7.1）进行估计，得到回归决定系数 R^2，然后令滞后的市场收益率的系数为 0，再对回归方程进行估计，得到限制模型的回归决定系数 R'^2。建立模型（7.2），得到第一个股价反应时滞指标：

$$SYNLAG_{i,t} = 1 - \frac{R'^2_{i,t}}{R^2_i} \qquad (7.2)$$

SYNLAG 的取值代表的是资产收益率对过去市场信息的依赖程度，当资产用来吸收市场信息所需的时间越短，那么定价效率就越高。

第二种衡量方式：股价信息含量指标 1（SYN）。由共同因素或市场整体回报引起的股价变动是系统性风险的来源，而非系统性风险源于特定因素，只对个别股票回报产生影响。笔者借鉴 Morck 等（2000）的方法，通过以下回归模型将个股收益率的方差分解为市场收益率方差和公司特质因子方差两部分：

$$r_{i,t} = \alpha_i + \beta_i \times r_{m,t} + \varepsilon_{i,t} \qquad (7.3)$$

其中，$r_{i,t}$ 为股票 i 的 t 期收益率，$r_{m,t}$ 为同期的市场收益率，$e_{i,t}$ 为残差。模型（7.3）的拟合优度 R^2 代表市场冲击对股票 i 收益率变动的影响，是公司股价变动能够被市场波动所解释的部分，$1-R^2$ 则是公司层面的特质信息对股票 i 收益率变动的影响，因此股价信息含量为

$$\text{SYN}_{i,t} = (1 - R_{i,t}^2) / R_{i,t}^2 \qquad (7.4)$$

SYN 的数值越大，股价同步性越低，此时股票价格包含更多的信息含量，市场定价效率越高。

第三种衡量方式：股价信息含量指标 2（SYNind）。笔者借鉴 Durnev 等（2003）、方红星和楚有为（2019）的研究方法，构建引入行业收益指标的股价同步性度量模型（7.5），兼顾个股和所在行业之间的同步性。

$$r_{i,t} = \alpha_i + \beta_i \times r_{m,t} + \gamma_i \times r_{n,t} + \varepsilon_{i,t} \qquad (7.5)$$

其中，$r_{i,t}$ 为股票 i 的 t 期收益率，$r_{m,t}$ 为同期的市场收益率，$r_{n,t}$ 是以公司流通市值为权重加权计算的同行业市场收益率，R^2 为模型（7.5）的估计系数，代表的是市场和行业信息对股价波动的影响。

$$\text{SYNind}_{i,t} = \ln\left[(1 - R_{i,t}^2) / R_{i,t}^2\right] \qquad (7.6)$$

模型（7.6）是对模型（7.5）的估计系数 R^2 进行对数转换，使之服从正态分布。SYNind 的数值越大，此时股票价格包含更多的信息含量，市场定价效率越高。

7.3.2.2 保险机构投资者实地调研

本书对保险机构投资者实地调研的度量主要包括：InsuVist 为是否有保险机构投资者实地调研，如果上市公司在一个会计年度内至少被保险机构投资者调研过一次则取值为 1，否则为 0；同时笔者还定义了 LnInsuVist 为上市公司被保险机构投资者实地调研次数的对数值，进行保险机构投资者实地调研的替代测量。

7.3.2.3 控制变量方面

参考关于机构投资者实地调研和上市公司的相关研究（Cheng et al., 2018），本章控制了保险机构投资者持股比例（InsuRate）以观察保险机构投资者实地调研前后是否持股以及持股比例变化情况；保险机构投资者可以通过调研国有公司来了解政府的法规或政策变化，笔者控制了公司产权性质（Soe）；保险机构投资者可能通过对行业领先的公司实地考察来获得对行业的了解，笔者控制了市场份额（Mshare）和公司规模（Size）来捕获上市公司在其行业中的相对重要性以及公司自身实力，一般来说，规模越大的公司与市场、行业的关联度越高，越易受到宏观环境或行业环境的影响，进而对定价效率产生影响；保险机构投资者更有可能对于市场参与

者有较高信息需求的公司进行实地考察，笔者控制了机构投资者持股比例（Inst）来捕获投资者的信息需求；Morck 等（2000）的研究表明，当公司代理问题较严重时会阻碍公司基本面信息融入股价的速度，影响股价定价效率，笔者控制了代理问题相关变量，包括董事会规模（Board）、独立董事比例（Indep）和高管薪酬（Inpay）来捕获代理问题的复杂性；财务风险越大的公司其未来经营的不确定性也越大，越易引发股价异常波动，因此控制公司财务杠杆（Lev）；公司的盈利能力（Roa）会影响投资者的投资决策，太高或太低都会背离市场平均盈利能力，从而影响股价定价效率。最后，本书还控制了行业固定效应（Industry）和年度时间效应（Year），变量的定义和说明可具体参见表 7.1。

表 7.1　变量定义和说明

Panel A：保险机构投资者实地调研与资本市场定价效率	
SYNLAG	股价反应时滞指标，参见上文计算方法
SYN	股价信息含量指标 1，参见上文计算方法
SYNind	股价信息含量指标 2，参见上文计算方法
InsuVist	上市公司在一个会计年度内至少被保险机构投资者调研过一次则取值为 1，否则为 0
LnInsuVist	上市公司保险机构投资者实地调研次数取对数值
Panel B：控制变量	
InsuRate	保险机构投资者持股比例，根据 CNRDS 数据库中机构投资者持股数据库获得
Soe	产权性质，若公司最终控制人为政府或其他部门则为 1，反之为 0
Lnpay	高管前三名薪酬的自然对数
Board	董事会规模，等于董事会总人数的自然对数
Indep	独立董事比例，等于独立董事人数/董事会人数
Inst	机构投资者持股比例，根据 CNRDS 数据库中机构投资者持股数据库获得
Mshare	公司市场份额占比，用公司销售额除以同行业内总销售额
Size	公司规模，等于期末总资产的对数
Lev	财务杠杆，等于期末总负债/总资产
Roa	盈利能力，等于总资产收益率

7.3.3 模型设定

7.3.3.1 倾向得分匹配（PSM）模型

考虑到保险机构投资者实地调研公司和非保险机构投资者实地调研公司两类样本间在资产规模、信息缓解等方面存在比较明显的差异，笔者借鉴 Chen 等（2015）、李春涛等（2018）的处理方式，通过倾向得分匹配（PSM）模型选择尽可能与保险机构投资者实地调研公司相似的控制组，以更加清晰地观测保险机构投资者实地调研对市场定价效率的影响。具体而言，我们根据一对多有放回匹配原则，以最近邻匹配方法进行 PSM 配对分析，表7.2中 Panel A 是基于 PSM 模型的预测样本公司是否被保险机构投资者实地调研的回归结果，与前文第5章和第6章的预测结果基本一致，符合研究预期。

表7.2中 Panel B 是 PSM 配对的平衡性假设检验结果，可以看出 PSM 配对之后各匹配变量在实验组和控制组之间的差异得到明显缓解，各匹配变量在 PSM 配对后的标准偏差绝对值基本控制在5%以内，且在实验组和控制组间的均值差异性检验结果都不显著，说明 PSM 配对的平衡性假设得到了满足。

表7.2 PSM 配对结果分析

Panel A：预测样本公司是否被保险机构投资者实地调研的 Probit 回归结果		
	系数值	z 值
InsuRate	0.054 1***	4.74
Analyst	0.306 9***	21.56
Soe	−0.021 2	−0.42
Inst	0.084 7	1.00
Mshare	0.178 5	0.85
Bhar	−0.402 5**	−2.06
Bm	−0.160 2***	−3.82
Size	0.212 6***	7.14
Lev	−0.184 5	−1.47
Roa	1.199 7**	2.46

表7.2(续)

Profit	−0.129 7	−1.51	
Age	0.080 4*	−1.93	
Intercept	−6.373 7***	−10.67	
Industry	Yes		
Year	Yes		
Observations	7 767		
Pesudo R²	0.175 1		

Panel B："平衡性假设"检验

	Unmatched（U）/ Matched（M）	Mean		% bias	% reduction in bias	T-test
		Treated	Control			
InsuRate	U	0.009	0.005	27.2	97.1	11.36***
	M	0.008	0.008	0.8		0.25
Analyst	U	3.860	2.326	102.1	98.7	37.08***
	M	3.834	3.814	1.3		0.52
Soe	U	0.215	0.270	−13.1	56.2	−4.94***
	M	0.212	0.236	−5.7		−1.90
Inst	U	0.304	0.284	9.1	96.8	3.52***
	M	0.302	0.302	0.3		0.09
Mshare	U	0.050	0.038	11.9	93.1	4.70***
	M	0.048	0.049	−0.8		−0.25
Bhar	U	−0.149	−0.143	−5.3	73.4	−2.05***
	M	−0.149	−0.147	−1.4		−0.45
Bm	U	0.659	0.733	−10.5	84.4	−4.02***
	M	0.657	0.668	−1.6		−0.56
Size	U	22.227	21.828	37.0	92.4	14.35***
	M	22.198	22.228	−2.8		−0.91
Lev	U	0.389	0.404	−7.1	74.7	−2.68***
	M	0.388	0.384	1.8		0.60

表7.2(续)

Roa	U	0.054	0.031	44.9	98.2	17.00***
	M	0.053	0.054	-0.8		-0.27
Profit	U	0.955	0.893	23.4	96.5	8.40***
	M	0.954	0.952	0.8		0.33
Age	U	2.159	2.252	-15.8	83.4	-5.97*
	M	2.157	2.172	-2.6		-087

7.3.3.2 基本回归模型

为了检验假设7-1,本章构造如下回归模型:

$$\text{Efficiency}_{i,t} = \alpha + \beta\,\text{InsuVist}_{i,t} + \gamma\text{Controls}_{i,t} + \varepsilon_{i,t} \qquad (7.7)$$

其中,i 表示上市公司,t 表示年度。本章主要采用股价反应时滞和股价信息含量(SYN)这两个指标测量资本市场定价效率。保险机构投资者实地调研,如果上市公司在一个会计年度内至少被保险机构投资者调研过一次则取值为1,否则为0。控制变量的定义和说明详见表7.1,在此不再赘述。本书主要关注回归系数 β 的方向及其显著性,根据假设7-1,笔者预期 β 显著为正,即保险机构投资者实地调研能够通过改善信息披露质量和增加股票流动性的方式提升资本市场定价效率。

7.4 实证结果分析

7.4.1 描述性统计结果分析

本章对研究中的主要变量进行了描述性统计,结果如表7.3所示。可以看出,股价反应时滞指标的均值为0.052 9,中位数为0.029 0,标准差为0.076 5,股价信息含量指标1的均值为0.615 6,中位数为0.535 5,标准差为1.037 2,股价信息含量指标2的均值为0.472 1,中位数为0.393 1,标准差为0.988 1,说明公司间的股价信息含量存在较大差异。保险机构投资者实地调研的均值为0.296 4,说明样本中有29.64%的公司年度内至少被保险机构投资者进行了一次实地调研,标准差为0.456 7,变异系数(标准差/均值)达到1.54,说明保险机构投资者实地调研在不同上市公司之间存在比较明显的差异；在这些公司中，产权性质的均值是 0.245 1，说明有 24.51% 的公司是国有公司；董事会规模的均值是 2.111，说明样本公司中董事会成员大约为 8 人；独立董事比例的均值是 0.375 8，说明独立董事比例大约为 1.46；机构投资者持股比例的均值是 0.288 9，机构投资者的平均持股比例达到 28.89%；公司市场份额占比的均值为 0.040 8，这些公司的平均市场份额为 4.08%；财务杠杆均值为 0.396 4，说明样本公司资产负债率较低。其余变量的描述性统计结果基本符合中国现实情况，与已有文献的统计结果基本一致，在此不再赘述。具体情况可见表 7.3。

表 7.3　主要变量的描述性统计

变量	观测值	平均值	标准差	1/4 分位数	中位数	3/4 分位数
SYNLAG	7 604	0.052 9	0.076 5	0.014 3	0.029 0	0.059 0
SYN	7 098	0.615 6	1.037 2	−0.136 9	0.535 5	1.242 5
SYNind	7 162	0.472 1	0.988 1	−0.248 3	0.393 1	1.069 4
InsuVist	7 604	0.296 4	0.456 7	0.000 0	0.000 0	1.000 0
LnInsuVist	7 604	0.344 1	0.597 7	0.000 0	0.000 0	0.693 1
InsuRate	7 604	0.526 8	1.183 4	0.000 0	0.000 0	0.462 7
Soe	7 604	0.245 1	0.430 2	0.000 0	0.000 0	0.000 0
Lnpay	7 604	14.261 5	0.647 2	13.837 7	14.223 0	14.641 7
Board	7 604	2.111 0	0.194 0	1.945 9	2.197 2	2.197 2
Indep	7 604	0.375 8	0.054 3	0.333 3	0.333 3	0.428 6
Inst	7 604	0.288 9	0.225 1	0.083 3	0.245 1	0.469 1
Mshare	7 604	0.040 8	0.097 6	0.003 1	0.008 8	0.029 6
Size	7 604	21.936 7	1.077 0	21.185 3	21.816 0	22.565 4
Lev	7 604	0.396 4	0.204 2	0.230 6	0.380 1	0.545 1
Roa	7 604	0.071 0	1.130 9	0.026 4	0.060 5	0.103 7
AEM	7 604	0.067 6	0.077 4	0.020 4	0.045 7	0.087 1
AEM2	7 604	0.069 3	0.078 7	0.020 8	0.047 0	0.089 5
abCFO	7 375	0.002 6	0.193 2	−0.038 1	0.007 7	0.053 1
abPROD	7 330	−0.006 2	0.200 6	−0.079 1	−0.019 6	0.053 2
abDISEXP	7 330	−0.002 4	0.217 4	−0.047 9	−0.014 6	0.024 5
ILLIQ	7 604	0.060 8	0.195 6	0.017 4	0.030 7	0.056 2

表7.3(续)

变量	观测值	平均值	标准差	1/4分位数	中位数	3/4分位数
ROLL	7 604	0.069 3	0.061 7	0.029 9	0.051 3	0.086 9
ZEROS	7 604	0.040 1	0.068 5	0.005 0	0.016 2	0.046 5

7.4.2　基本回归结果

本节主要考察保险机构投资者实地调研的市场定价效率治理效应，即保险机构投资者进入上市公司调研，如何影响公司的股价反应速度和股价信息含量。表7.4的第（1）列结果显示，在未控制其他因素的影响下，保险机构投资者实地调研和股价反应时滞的估计系数在10%的置信水平上显著为负。第（2）列进一步控制了上市公司基本特征等变量之后的回归结果依旧显示，保险机构投资者实地调研和股价反应时滞的估计系数在1%的置信水平下显著为负。说明保险机构投资者实地调研降低了资产收益率对过去市场信息的依赖程度，资产用来吸收市场信息所需的时间越短，市场的定价效率就越高。第（3）列结果显示，在未控制其他因素的影响下，保险机构投资者实地调研和股价信息含量指标1的估计系数在1%的置信水平上显著为正。第（4）列进一步控制了上市公司基本特征等变量之后的回归结果依旧显示，保险机构投资者实地调研和股价信息含量指标1的估计系数在5%的置信水平上显著为正，说明保险机构投资者实地调研显著降低了公司股价的同步性，股票价格具有更多的信息含量，从而验证了本章的假设7-1。

以上结果表明，保险机构投资者实地调研上市公司，一方面可以通过知情交易直接促进公司价值相关信息被纳入股票价格中。基于保险机构的资金规模和信息搜寻优势能帮助其做出最优的交易决策，有效消除潜在的错误定价，促使股票价格迅速回归基本面价值，进而提升股票的定价效率。另一方面，保险机构投资者实地调研可以通过提升公司信息披露质量间接地提升股价的信息效率。实地调研通过参观公司生产经营活动场所和与管理层互动了解公司的经营、运作状况，加强了对内部经理人的监督，提升了公司内部信息的披露质量和流动性，降低了外部投资者获取公司层面信息的难度和成本，股票价格中能包含更多的公司信息，降低了股价同步性，提高了资本市场运行效率。

表 7.4 保险机构投资者实地调研与市场定价效率

变量	SYNLAG		SYN	
	（1）	（2）	（3）	（4）
InsuVist	−0.003 4*	−0.005 3***	0.126 3***	0.059 7**
	（−1.76）	（−2.70）	（4.88）	（2.36）
InsuRate		0.000 0		0.005 0
		（0.04）		（0.53）
Soe		−0.008 7***		−0.119 1***
		（−3.12）		（−3.57）
Lnpay		0.004 2*		0.022 1
		（1.84）		（0.95）
Board		−0.016 9**		−0.131 6
		（−2.54）		（−1.60）
Indep		−0.019 2		−0.152 5
		（−0.87）		（−0.52）
Inst		0.014 0***		0.273 7***
		（2.61）		（4.61）
Mshare		0.022 1		0.079 6
		（1.46）		（0.45）
Size		0.001 6		0.106 0***
		（0.95）		（5.66）
Lev		0.020 9***		0.209 2***
		（2.60）		（2.59）
Roa		0.003 6		0.225 8***
		（1.52）		（2.72）
Intercept	0.059 3***	−0.005 8	1.122 0***	−1.281 5***
	（7.81）	（−0.13）	（9.34）	（−2.85）
Industry	Yes	Yes	Yes	Yes
Year	Yes	Yes	Yes	Yes
Obs.	7 604	7 604	7 098	7 098
Adj. R^2	0.044 7	0.061 3	0.237 5	0.259 2

7.4.3 内生性分析与稳健性检验

7.4.3.1 基于 Heckman 两阶段模型的内生性分析

与前文的处理类似，为缓解保险机构投资者实地调研与市场定价效率之间可能存在的自选择问题对本书主要结论的潜在干扰，本章借鉴逯东等（2019）的方法，以 Heckman 两阶段模型进行内生性分析。表 7.5 中第（1）列的第一阶段回归结果显示，工具变量（Num_firms）的估计系数达到了 0.162 7，并且在 1% 的水平上显著，因而不存在"弱工具变量"问题。表 7.5 中第（2）列的逆米尔斯比例（IMR）的估计系数显著为正，说明保险机构投资者实地调研与上市公司股价反应时滞存在较为显著的自选择问题，第（3）列的逆米尔斯比例（IMR）的估计系数不显著，说明保险机构投资者实地调研与上市公司股价信息含量指标 1 不存在自选择问题。

结果显示，保险机构投资者实地调研在控制自选择问题之后，与股价反应时滞的估计系数显著为负，表明保险机构投资者实地调研能够显著缓解股票价格的反应时滞；与股价信息含量指标 1 的估计系数显著为正，表明保险机构投资者实地调研能够显著提升公司股票价格对特质信息的吸收程度、降低股价同步性，以上结果均与表 7.4 的主回归结果相一致。综合以上分析，在控制保险机构投资者实地调研与市场定价效率自选择问题干扰之后，本章关于保险机构投资者实地调研提升股票市场定价效率的主要结论依然成立。

表 7.5　基于 Heckman 两阶段模型的内生性分析

变量	第一阶段	第二阶段	
	InsuVist	SYNLAG	SYN
	（1）	（2）	（3）
InsuVist		−0.004 7 **	0.062 5 **
		（−2.33）	（2.43）
InsuRate	0.116 9 ***	0.000 1	0.005 2
	（8.08）	（0.10）	（0.54）
Soe	−0.275 6 ***	−0.009 0 ***	−0.120 8 ***
	（−4.53）	（−3.23）	（−3.62）
Lnpay	0.183 1 ***	0.005 1 **	0.026 2
	（4.84）	（2.21）	（1.09）
Board	0.171 9	−0.017 2 ***	−0.133 3
	（1.32）	（−2.59）	（−1.62）
Indep	0.005 3	−0.018 9	−0.150 9
	（0.01）	（−0.85）	（−0.52）

表7.5(续)

变量	第一阶段	第二阶段	
	InsuVist	SYNLAG	SYN
	（1）	（2）	（3）
Inst	0.181 3*	0.013 8**	0.272 9***
	（1.87）	（2.56）	（4.59）
Mshare	0.137 5	0.023 4	0.086 3
	（0.54）	（1.55）	（0.49）
Size	0.306 4***	0.001 3	0.104 4***
	（10.93）	（0.74）	（5.52）
Lev	−0.774 7***	0.020 9***	0.209 8***
	（−6.12）	（2.61）	（2.59）
Roa	0.014 1	0.003 7	0.225 6***
	（1.11）	（1.53）	（2.72）
Num_firms	0.162 7***		
	（8.85）		
IMR		0.012 5*	0.056 3
		（1.87）	（0.71）
Intercept	−10.742 6***	−0.030 1	−1.388 8***
	（−14.87）	（−0.65）	（−2.87）
Industry	Yes	Yes	Yes
Year	Yes	Yes	Yes
Obs.	7 604	7 604	7 098
Pesu R^2／ Adj. R^2	0.104 6	0.062 0	0.259 3

7.4.3.2 控制其他机构投资者和个人投资者调研的影响

前文关于保险机构投资者实地调研提升市场定价效率的研究结论，可能受到来自其他机构投资者实地调研以及个人投资者实地调研的干扰。一般而言，保险机构投资者、其他机构投资者和个人投资者在选择实地调研对象上存在显著相关性①，因而保险机构投资者实地调研与市场定价效率的正相关关系，可能源于其他机构投资者调研和个人投资者调研的影响。

---

① 未披露的结果显示，保险机构投资者实地调研与其他机构投资者实地调研、个人投资者实地调研的相关性达到了0.395和0.145，为排除多重共线性对保险机构投资者实地调研与市场定价效率的可能干扰，笔者在主回归中并未控制其他机构投资者实地调研和个人投资者实地调研的影响，而在稳健性检验中加以控制，以确保本书主要结论的稳健可靠。

因此，笔者进一步控制了其他机构投资者实地调研和个人投资者实地调研两个变量，并重新检验了保险机构投资者实地调研对市场定价效率的影响。

表 7.6 中结果显示，保险机构投资者实地调研对股价反应时滞的估计系数在 1% 的水平下显著为负，对股价信息含量指标 1 的估计系数在 5% 的水平下显著为正，说明保险机构投资者实地调研显著提升了市场定价效率，与前文结论基本一致。其他机构投资者实地调研对股价反应时滞的估计系数在 1% 的水平下显著为负；其他机构投资者实地调研对股价信息含量指标 1 在估计系数在 1% 的水平下显著为正，表明其他机构投资者实地调研活动有助于提升市场定价效率，与现有文献结论基本一致（曹新伟等，2015；李昊洋 等，2017）。此外，系数差异性检验结果显示，保险机构投资者实地调研与其他机构投资者实地调研对市场定价效率的影响不存在显著差异。

个人投资者实地调研对股价反应时滞的估计系数不显著，说明个人投资者的实地调研活动对被调研公司股价反应时滞的影响并不显著；个人投资者实地调研与股价信息含量指标 1 在 5% 的水平下显著正相关，表明个人投资者的实地调研活动能够显著提升被调研公司的股价信息含量。系数差异性检验结果表明，相较于个人投资者调研，保险机构投资者实地调研对股价反应时滞的降低作用更显著，但对股价信息含量的影响则并未发现存在显著差异。

以上结果表明，控制其他机构投资者和个人投资者实地调研的影响之后，本章关于保险机构投资者实地调研降低被调研公司股价反应时滞后和提升股价信息含量的主要结论依然成立，且对比保险机构投资者、其他机构投资者和个人投资者实地调研对市场定价效率的影响后发现，三类投资者实地调研活动对市场定价效率的影响基本存在，且并未发现彼此间存在显著差异。

表 7.6　控制其他机构和个人投资者调研的稳健性检验

变量	SYNLAG	SYN
	（1）	（2）
InsuVist	−0.016 0***	0.120 6**
	（−5.21）	（2.64）
OthInstVist	−0.016 6***	0.131 5***
	（−6.14）	（4.61）
Difference：（InsuVist−OthInstVist）	0.000 6	−0.010 9
	（0.08）	（0.12）
IndiVist	0.003 4	0.125 8**
	（0.90）	（2.19）
Difference：（InsuVist−IndiVist）	−0.019 4***	−0.005 2
	（16.81）	（0.07）
InsuRate	0.000 3	0.006 6
	（0.29）	（0.69）
SOE	−0.010 6***	−0.134 0***
	（−3.76）	（−4.03）
Lnpay	0.005 2**	0.028 0
	（2.23）	（1.22）
Board	−0.016 4**	−0.128 0
	（−2.52）	（−1.56）
Indep	−0.019 6	−0.161 4
	（−0.89）	（−0.56）
Inst	0.014 4***	0.277 8***
	（2.70）	（4.71）
Mshare	0.020 8	0.072 3
	（1.39）	（0.41）
Size	0.002 8	0.113 7***
	（1.64）	（6.13）
Lev	0.016 3**	0.178 2**
	（2.05）	（2.20）
Roa	0.003 6	0.232 9***
	（1.47）	（2.79）
Intercept	−0.030 7	−1.436 4***
	（−0.68）	（−3.22）
Industry	Yes	Yes
Year	Yes	Yes

表7.6(续)

变量	SYNLAG	SYN
	（1）	（2）
Obs.	7 604	7 098
Adj. R^2	0.061 0	0.261 4

7.4.3.3　其他稳健性检验

为了增强本书主要结论的稳健性，笔者还通过对保险机构投资者实地调研的替代测量、调整倾向得分匹配方法等多种方式进行稳健性检验，见表7.7所示。

表7.7　基于替代变量的稳健性检验

变量	SYNLAG	SYN	SYNind
	（1）	（2）	（3）
InsuVist			0.059 1**
			(2.46)
LnInsuVist	−0.004 7**	0.097 1***	
	(−2.23)	(4.82)	
InsuRate	0.000 0	0.002 4	0.004 5
	(0.00)	(0.25)	(0.50)
Soe	−0.008 6***	−0.112 1***	−0.146 6***
	(−3.10)	(−3.36)	(−4.81)
Lnpay	0.004 2*	0.014 6	−0.015 1
	(1.81)	(0.63)	(−0.70)
Board	−0.016 9**	−0.133 3	−0.162 3**
	(−2.55)	(−1.63)	(−2.19)
Indep	−0.019 0	−0.160 5	−0.328 4
	(−0.86)	(−0.55)	(−1.23)
Inst	0.014 0***	0.266 4***	0.159 5***
	(2.61)	(4.51)	(2.86)
Mshare	0.022 2	0.063 4	−0.099 1
	(1.47)	(0.36)	(−0.67)
Size	0.001 6	0.099 9***	−0.006 1
	(0.91)	(5.35)	(−0.35)
Lev	0.021 0***	0.224 6***	0.429 0***
	(2.62)	(2.78)	(5.80)

表7.7（续）

变量	SYNLAG	SYN	SYNind
	（1）	（2）	（3）
Roa	0.003 6	0.216 1***	0.140 0**
	(1.52)	(2.67)	(2.01)
Intercept	−0.004 1	−1.040 7**	1.383 8***
	(−0.09)	(−2.32)	(3.32)
Industry	Yes	Yes	Yes
Year	Yes	Yes	Yes
Obs.	7 604	7 098	7 074
Adj. R^2	0.061 0	0.261 4	0.236 2

第一，本章选取保险机构投资者实地调研和股价同步性的替代测量展开稳健性检验。具体而言，笔者首先选取保险机构投资者实地调研次数的对数值指标（LnInsuVist）替代衡量保险机构投资者调研，表7.7中的第（1）列、第（2）列结果显示，保险机构投资者实地调研提升市场定价效率的原有结论保持不变。同时，笔者还借鉴 Durnev 等（2003）、方红星和楚有为（2019）的相关研究，选取引入行业收益指标的股价信息含量指标2度量资本市场定价效率，具体的计算方法已在前文中有所阐述。表7.7中的第（3）列结果显示，保险机构投资者实地调研和股价信息含量指标2的估计系数均在5%的置信水平下显著为正，说明保险机构投资者实地调研降低股价同步性的原有结论保持不变。

第二，在前文回归分析中，主要采用"最近邻匹配"方法选择控制组，在稳健性检验中采取"最近邻匹配"法的1∶1无放回配对和"半径匹配"（radius mathcing）方法执行与前文完全相同的分析过程，重新定义实验组和控制组。表7.8是调整倾向得分匹配方法后的稳健性测试结果，可以发现保险机构投资者实地调研对资本市场定价效率（SYNLAG、SYN）的回归系数均在5%和10%的水平下显著。这些结果表明，本章关于保险机构投资者实地调研提升资本市场定价效率的结论在经过倾向得分匹配方法调整之后依然成立，意味着本章主要结论是稳健可靠的。

表 7.8　基于 PSM 配对方法调整的稳健性检验

变量	1：1 匹配		半径匹配	
	SYNLAG	SYN	SYNLAG	SYN
	(1)	(2)	(5)	(6)
InsuVist	−0.004 3*	0.047 4*	−0.004 6**	0.064 3**
	(−1.86)	(1.70)	(−2.53)	(2.54)
Soe	0.001 2	0.006 4	−0.000 2	−0.000 7
	(1.24)	(0.64)	(−0.22)	(−0.08)
InsuRate	−0.007 1**	−0.074 0*	−0.007 6***	−0.128 0***
	(−2.14)	(−1.92)	(−2.72)	(−3.70)
Lnpay	0.006 0**	0.008 8	0.003 6*	0.018 8
	(2.35)	(0.32)	(1.70)	(0.80)
Board	−0.016 2**	−0.120 6	−0.019 4***	−0.117 7
	(−2.06)	(−1.26)	(−2.91)	(−1.39)
Indep	−0.028 1	0.261 8	−0.026 3	−0.188 8
	(−1.16)	(0.81)	(−1.20)	(−0.64)
Inst	0.012 9**	0.172 1**	0.011 7**	0.283 6***
	(2.17)	(2.53)	(2.37)	(4.74)
Mshare	0.020 9	0.013 0	0.024 7	0.018 7
	(1.28)	(0.07)	(1.51)	(0.11)
Size	0.006 3***	0.148 3***	0.002 7	0.110 7***
	(3.19)	(6.87)	(1.53)	(5.57)
Lev	0.009 2	0.143 3	0.017 1**	0.147 4*
	(0.90)	(1.44)	(2.24)	(1.78)
Roa	0.003 8	1.069 1***	0.003 6	0.109 2***
	(1.44)	(5.58)	(1.51)	(2.62)
Intercept	−0.131 4**	−2.002 5***	−0.010 0	−1.332 6***
	(−2.41)	(−3.59)	(−0.22)	(−2.75)
Industry	Yes	Yes	Yes	Yes
Year	Yes	Yes	Yes	Yes
Obs.	4 134	3 929	7 351	6 903
Adj. R²	0.085 9	0.308 4	0.060 1	0.254 6

第三，与第 6 章的处理类似，2009—2012 年投资者无法通过深圳证券交易所"互动易"平台实时获取机构投资者实地调研信息，因而保险机构投资者实地调研通过"眼球效应"提升股票流动性的方式，进而影响资本

市场定价效率的作用相对较弱。因此，本章进一步以2009—2012年深圳证券交易所A股上市公司为样本，实证检验了保险机构投资者实地调研与股票流动性的关系。表7.9的结果显示，保险机构投资者实地调研对资本市场定价效率（SYNLAG、SYN）的影响均不显著，说明当保险机构投资者实地调研信息无法及时披露给市场其他未参与调研的投资者时，其对市场定价效率的影响相对较弱；降低外部投资者与公司信息不对称程度、降低股票流动性成本是保险机构投资者实地调研影响资本市场定价效率的主要作用机制，进一步验证了前文主要结论。

表 7.9　基于 2009—2012 年样本期间的稳健性检验

变量	SYNLAG	SYN
	（1）	（2）
InsuVist	0.001 2	0.043 4
	（0.66）	（1.36）
SOE	−0.000 1	0.018 1 **
	（−0.16）	（2.23）
InsuRate	0.000 9	−0.100 8 ***
	（0.47）	（−3.27）
Lnpay	0.000 9	−0.005 2
	（0.62）	（−0.26）
Board	0.001 1	−0.020 9
	（0.24）	（−0.27）
Indep	−0.008 6	0.124 5
	（−0.52）	（0.45）
Inst	−0.001 0	0.117 6 *
	（−0.24）	（1.95）
Mshare	−0.004 1	−0.107 0
	（−0.65）	（−0.95）
Size	−0.003 3 **	−0.165 0 ***
	（−2.48）	（−8.96）
Lev	0.023 8 ***	0.529 7 ***
	（3.85）	（7.49）
Roa	0.000 4 ***	0.014 9 **
	（20.74）	（2.42）
Intercept	0.084 0 ***	3.306 8 ***
	（3.01）	（7.79）

表7.9(续)

变量	SYNLAG	SYN
	(1)	(2)
Industry	Yes	Yes
Year	Yes	Yes
Obs.	2 985	2 940
Adj. R^2	0.059 3	0.076 1

7.4.3.4 区分作用机制的进一步分析

根据前述理论分析，保险机构投资者实地调研主要是通过两个途径提升资本市场的定价效率：一方面，实地调研可以通过知情交易直接促进价值的相关信息纳入股票价格中，即信息效率渠道。另一方面，实地调研可以通过提升公司信息披露质量间接地提升股价的信息效率，即公司治理渠道。以上实证检验了保险机构投资者实地调研能够显著提升股票市场的定价效率，那么其具体的作用机制是什么？笔者将从这两个维度对这些潜在的影响渠道进行检验分析。

（1）保险机构投资者实地调研、公司信息披露与市场定价效率

从公司治理渠道来说，保险机构投资者实地调研将能显著提高公司治理较差的（信息披露水平低）公司的定价效率，提高上市公司的信息透明度，降低股价同步性。因为公司信息披露质量高的公司其定期报告、临时公告等提供的信息更加完整、充分、准确，保险机构投资者调研可以获得的私有信息相对较为有限，并且其股价中已充分反映了公司经营、盈余等特质信息，所以保险机构投资者实地调研对股价信息效率的提升作用在信息披露质量较高的公司中会相对减弱。

因此，本节基于公司信息披露的变量，分析公司治理渠道。公司治理渠道本节选取应计盈余管理（REM）和三个真实盈余管理指标，异常经营现金净流量（abCFO）、异常酌量性费用（abDISEXP）和异常生产成本（abPROD）。借鉴李春涛等（2018）的处理方式，根据主成分分析法构建综合信息披露指数，以此进行分组。本节对以上四个具体指标进行主成分分析后，选取第一大主成分作为综合信息披露的度量指标，指数越大表明公司信息披露质量越高。本节通过对上述信息披露特征按中值设置分组。

表7.10的回归结果显示，相较于信息披露质量高的公司，保险机构投

资者的实地调研在信息披露质量较差的公司中能显著降低其股价同步性，提高资本市场的定价效率。由此说明，当公司的信息披露质量较低时，保险机构投资者实地调研能挖掘更多的公司信息，显著地提高上市公司的信息透明度，进而验证了保险机构投资者实地调研提升股票定价效率的公司治理渠道。

表 7.10 保险机构投资者实地调研、公司信息披露与市场定价效率的回归结果

变量	高信息披露质量		低信息披露质量	
	SYNLAG	SYN	SYNLAG	SYN
	（1）	（2）	（5）	（6）
InsuVist	−0.002 4	0.035 8	−0.004 8**	0.068 2*
	（−1.12）	（0.98）	（−2.08）	（1.92）
InsuRate	0.001 0	0.017 4	−0.001 0	−0.000 1
	（1.10）	（1.16）	（−1.26）	（−0.01）
Soe	−0.009 4***	−0.136 5***	−0.005 5	−0.114 7**
	（−3.84）	（−3.32）	（−1.42）	（−2.23）
Lnpay	0.001 6	−0.016 1	0.003 5	0.046 7
	（0.79）	（−0.51）	（1.34）	（1.41）
Board	−0.018 9***	−0.102 2	−0.014 2*	−0.171 1
	（−2.67）	（−0.93）	（−1.86）	（−1.46）
Indep	−0.038 3*	−0.086 4	0.019 9	−0.184 8
	（−1.75）	（−0.23）	（0.73）	（−0.43）
Inst	0.014 5***	0.339 8***	0.015 3**	0.266 7***
	（2.87）	（3.98）	（2.28）	（3.28）
Mshare	0.004 5	−0.176 8	0.026 6*	0.420 8*
	（0.38）	（−0.80）	（1.80）	（1.83）
Size	−0.000 4	0.082 2***	0.005 3**	0.148 7***
	（−0.27）	（3.30）	（2.56）	（5.60）
Lev	0.017 2**	0.203 4*	0.014 0	0.206 7*
	（2.54）	（1.86）	（1.60）	（1.72）
Roa	0.007 5	0.074 0	0.016 4***	0.405 0**
	（1.48）	（0.85）	（2.94）	（2.30）
Intercept	0.080 8**	−0.544 7	−0.089 7*	−2.232 2***
	（2.09）	（−0.91）	（−1.80）	（−3.54）
Industry	Yes	Yes	Yes	Yes
Year	Yes	Yes	Yes	Yes

表7.10(续)

变量	高信息披露质量		低信息披露质量	
	SYNLAG	SYN	SYNLAG	SYN
	(1)	(2)	(5)	(6)
Obs.	3 665	3 422	3 665	3 422
Adj. R^2	0.067 6	0.265 6	0.094 5	0.277 9

（2）保险机构投资者实地调研、股票流动性与市场定价效率

从信息效率渠道来看，保险机构投资者实地调研可以显著提高信息效率较低的公司的定价效率，提高上市公司的知情者交易水平，降低股价同步性。因为信息效率高的公司其股价已充分反映了公司特质信息，所以保险机构投资者实地调研对股价信息效率的提升作用就会相对减弱。因此，笔者基于公司股票流动性的三个衡量指标，非流动性指标、买卖价差、零收益天数比率，分析信息效率渠道。借鉴李春涛等（2018）的处理方式，根据主成分分析法构建综合股票流动性指数，以此进行分组。对以上三个具体指标进行主成分分析后，选取第一大主成分作为综合股票流动性的度量指标，指数越大表明公司股票流动性越好。本节通过对上述流动性特征按中值设置分组。

表 7.11 的回归结果显示，对股票流动性低的公司来说，保险机构投资者实地调研显著提高资本市场的定价效率。由此说明，当公司的股票流动性较低时，保险机构投资者实地调研能显著地促进公司私有信息融入股票价格中，进而验证了保险机构投资者实地调研提升股票定价效率的信息效率渠道。

表 7.11　保险机构投资者实地调研、股票流动性与市场定价效率的回归结果

变量	高股票流动性		低股票流动性	
	SYNLAG	SYN	SYNLAG	SYN
	(1)	(2)	(5)	(6)
InsuVist	−0.002 6	0.041 1	−0.004 8**	0.079 2**
	(−1.26)	(1.15)	(−2.17)	(2.26)
InsuRate	0.001 1	−0.006 7	−0.002 2***	0.021 3
	(1.19)	(−0.56)	(−3.39)	(1.58)

表7.11(续)

变量	高股票流动性		低股票流动性	
	SYNLAG	SYN	SYNLAG	SYN
	(1)	(2)	(5)	(6)
Soe	−0.011 4 ***	−0.092 1 **	−0.000 4	−0.143 6 ***
	(−4.45)	(−2.18)	(−0.10)	(−3.14)
Lnpay	0.006 2 ***	−0.025 6	−0.000 8	0.059 1 *
	(3.05)	(−0.81)	(−0.29)	(1.95)
Board	−0.014 8 **	−0.087 4	−0.020 8 **	−0.184 2
	(−2.21)	(−0.80)	(−2.31)	(−1.62)
Indep	−0.013 0	−0.117 6	−0.023 6	−0.229 7
	(−0.54)	(−0.30)	(−0.87)	(−0.57)
Inst	0.022 7 ***	0.273 9 ***	0.003 3	0.347 8 ***
	(4.25)	(3.75)	(0.56)	(3.85)
Mshare	0.012 4	0.017 7	0.010 7	0.031 4
	(0.95)	(0.07)	(0.79)	(0.15)
Size	0.005 4 ***	0.054 6 **	−0.002 5	0.180 0 ***
	(3.36)	(2.15)	(−1.14)	(7.17)
Lev	0.003 1	0.260 9 ***	0.030 5 ***	0.085 0
	(0.40)	(2.65)	(3.62)	(0.73)
Roa	0.005 4 **	0.091 4	0.020 8 **	0.330 4 ***
	(2.54)	(0.96)	(2.32)	(2.79)
Intercept	−0.115 2 ***	0.225 0	0.145 4 **	−3.268 7 ***
	(−2.84)	(0.35)	(2.45)	(−5.47)
Industry	Yes	Yes	Yes	Yes
Year	Yes	Yes	Yes	Yes
Obs.	3 761	3 511	3 761	3 511
Adj. R^2	0.105 4	0.235 9	0.057 6	0.313 0

7.5 结论

信息不对称的广泛存在使得投资者不能完全观测到公司的特质性信息，故股票价格也难以反映公司所有信息，由价格主导的资源配置因此会导致市场失灵（Debondt et al., 1985）。而市场信息环境对证券市场健康发展与国家金融安全的重要意义已被广泛证实（游家兴，2008；Armstrong et al., 2010；吴晓求，2017）。基于此，本章分别从公司治理和信息效率两个视角，实证检验了保险机构投资者实地调研影响资本市场定价效率的具体作用机制。

研究发现：①保险机构投资者实地调研能显著降低资产收益率对过去市场信息的依赖程度，同时还将提升股票价格的信息含量、降低股价同步性，提升资本市场定价效率。②保险机构投资者实地调研提升资本市场定价效率的结论，在经过 Heckman 两阶段分析、控制其他机构投资者和个人投资者实地调研影响、替代变量测量、以及调整 PSM 配对分析方法等内生性和稳健性检验之后，依然成立；而且，基于投资者无法实时获取保险机构投资者实地调研信息的 2009—2012 年样本分析发现，保险机构投资者实地调研对资本市场定价效率的影响并不显著，进一步支撑本章主要结论。③区分作用机制分析发现：一方面，当公司的股票流动性较低时，保险机构投资者实地调研能显著地促进公司私有信息融入股票价格中，提高上市公司的知情者交易水平，进而验证保险机构投资者实地调研提升股票定价效率的信息效率渠道；另一方面，当公司的信息披露质量较低时，保险机构投资者实地调研能挖掘更多的公司信息，提高上市公司信息透明度，证明实地调研可以通过提升公司信息披露质量间接地提升股票定价效率的公司治理渠道。相较于现有研究，本章的贡献主要体现在以下两个方面：首先，本章从保险资金这一发展迅速且作用特殊的机构投资者出发，为机构投资者如何发挥资本市场治理效应提供了新的大样本经验证据。现有研究主要考察了证券投资基金（杨竹清，2012）、社保基金（唐大鹏 等，2014）、QFII（许年行 等，2013）等不同类型机构投资者对于资本市场定价效率的影响，而本章则从保险机构投资者出发，基于实地调研这一特殊的信息获取渠道，验证了保险机构投资者对资本市场定价效率的促进作用，拓展和丰富了机构投资者异质性与资本市场定价效率的现有文献。另一方面，对于监管机构进一步认识保险资金服务实体经济的作用也有重要现实意义。国家金融监督管理总局等相关监管机构不能视保险资金为"洪水猛兽"加以全盘否定，这将制约保险资金作为证券市场重要交易主体通过股票交易行为降低流动性成本的作用发挥。而且，保险机构投资者作为规模巨大、限制较多的重要"财务投资者"，他们往往难以通过股东大会投票、派驻董事等正式治理机制发挥作用，这也制约了他们以股东积极主义发挥信息治理效应。例如，这可能促使保险机构投资者在利差损风险的压力下凭借规模效应通过低买高卖的频繁炒作进行市场投机，以追逐短期超额投资收益。而且，还可能导致保险公司更多以"举牌"的形式争夺上市公司控制权，正如近期频频出现的保险资金"野蛮人"，以及由此引发的公司治理事件（郑志刚 等，2019）。因此，我国相关证券监管部门在监管保险资金股票投资的过程中，要注意保险资金来源和交易逻辑的特殊性，通过引导保险机构投资者更多地利用诸如实地调研等非正式治理机制发挥作用，从而推动他们更多以上市公司长期稳定的"财务投资者"分享公司增长红利，作为资本市场的稳定力量发挥信息治理效应，最终有助于我国资本市场信息效率的提升。

8 主要结论与政策建议

机构投资者、信息不对称与资本市场稳定，一直是会计与金融领域历久弥新的研究主题。信息是促成机构投资者进行股票交易的根本原因（Karpoff，1986；Kim et al.，1991），故尽可能降低信息不对称是机构投资者密切关注的问题，而且这种关系也会影响公司和市场信息环境以及定价效率。随着中国保险业的快速发展，保险资金运用总量逐年提升，部分资金流向资本市场并支持实体经济发展。同时我国保险资金规模巨大，且其股票投资行为受到国家金融监督管理总局等相关监管机构的严格限制，现阶段保险机构投资者股票投资占比相对较低，对于资本市场的重要作用还未完全发挥。

尤其是，保险机构投资者作为规模较大的"财务投资者"，难以通过股东大会投票、派驻董事等正式治理机制发挥积极作用，并可能对微观企业和资本市场产生一定的负面影响。例如，保险机构投资者可能在利差损风险的压力下凭借规模效应通过低买高卖的频繁炒作进行市场投机，以追逐短期超额投资收益。因此，如何引导保险机构投资者通过合理渠道发挥治理作用，推动保险机构投资者作为长期稳定的"财务投资者"分享上市公司增长红利，作为资本市场的稳定力量提升市场配置效率和服务实体经济能力，成为当前监管机构、业界与学界重点关注的研究命题。

8.1 主要结论

本书将从保险机构投资者的投资风格出发，重点观测保险机构投资者持股与实地调研对资本市场稳定的影响及其作用路径。第一，基于机构投资者投资及其绩效的基础理论——行为金融理论，本书从保险公司权益投资的"本地偏好"出发，探究保险机构投资者相较于基金、券商、社保机构等其他机构投资者的投资风格异质性，其既可能源于嵌入本地社会网络而来的信息优势效应，也可能源于熟悉本地的认知偏误。第二，基于机构投资者治理效应的基础理论——股东积极主义理论，本书探讨保险机构投资者实地调研行为对保险机构投资者自身的价值影响，并明晰其中的影响机理。第三，基于经理人信息披露决策的基础理论——信息不对称理论，本书从信息提供者视角出发，分别选取经理人在信息披露决策中的市值管理动机和融资约束缓解动机，对保险机构投资者实地调研对公司应计与真实盈余管理所发挥的信息治理效应展开实证检验。第四，将研究视角从信息提供者拓展到信息使用者，基于投资者决策的基础理论——投资者关注理论，进一步检验保险机构投资者实地调研通过"眼球效应"引发投资者关注，最终提升信息效率和降低股票流动性成本。第五，基于资本市场运行的基础理论——有效市场理论，将保险机构投资者实地调研信息治理效应进一步拓展到资本市场信息环境，基于资本市场定价效率视角检验保险机构投资者实地调研的信息治理效应。本书的主要研究结论可总结如下：

第一，保险机构投资者的权益投资存在"本地偏好"。理论上，保险公司权益投资的"本地偏好"既可能源于嵌入本地社会网络而来的信息优势效应，也可能源于熟悉本地的认知偏误。本书研究发现，保险公司显著偏好投资本地上市公司，且未发现本地投资的经营绩效和市场绩效明显好于异地投资，表明认知偏差是我国保险公司权益投资出现"本地偏好"的内在逻辑。异质性分析表明，保险公司投资的"本地偏好"在文化认同较高的地区、人寿保险公司和国有保险公司中影响更大。本章将认知偏误视角纳入保险公司权益投资的分析框架，拓展和丰富了行为金融视角下的机构投资者研究。

第二，保险机构投资者的实地调研能够显著提高自身的投资收益。本书第4章基于保险机构投资者实地调研行为对保险机构投资者自身的价值影响的实证发现：在异质性分析中，寿险、非中资、自主投资模式、采取"资产驱动负债"经营模式的保险公司的实地调研行为对自身投资收益的影响更为显著。通过分析潜在机制发现，"资产驱动负债"模式下的保险机构投资者负债端的缺口会迫使其重视资金投资的短期收益，更加依赖于实地调研来降低信息不对称程度，通过调整权益类资金的配置进而提高投资收益。最后，本章进一步分析保险机构投资者实地调研对被调研上市公司业绩表现的影响，认为实地调研行为能够提高被调研上市公司的业绩表现，从而提高保险机构投资者自身的投资收益，该结论进一步明晰了保险机构投资者实地调研行为对自身投资收益的影响机理。这为保险机构投资者提高自身资金运用水平、提高投资收益提供了积极参与实地调研活动的借鉴思路。

第三，保险机构投资者的实地调研通过降低被调研公司的应计盈余管理和真实盈余管理，最终提高被调研公司的信息披露质量。本书第 5 章基于保险机构投资者实地调研如何影响信息提供者的信息披露决策实证发现：保险机构投资者实地调研能够显著降低公司的应计盈余管理和真实盈余管理。而且，公司经理人出于稳定股价和缓解融资约束的动机会更有意愿与保险机构投资者进行私下沟通，满足其对高质量信息披露的需求，即保险机构投资者实地调研的信息治理效应在控股股东存在股权质押、融资约束较大的公司中更强。进一步引入外部信息监督机制——审计监督，以及资本市场约束机制——卖空机制的分析后发现，保险机构投资者实地调研这一非正式的治理机制与审计监督、卖空机制等正式治理机制在抑制公司信息披露的机会主义行为上呈现替代关系。

第四，基于保险机构投资者实地调研所获的信息通过"眼球效应"引发投资者关注，有利于纠正市场有偏信息和投资者非理性情绪，最终提升信息效率和降低股票流动性成本。本书第 6 章关于保险机构投资者实地调研与股票流动性的实证发现：保险机构投资者更多利用实地调研所获信息进行股票交易，使得股票价格更多地反映公司价值信息。其作用机制在于，保险机构投资者实地调研带来更多的投资者关注能够显著降低股票流动性成本。保险机构投资者实地调研与正式治理机制在提升股票流动性上呈现替代关系，相比审计质量较高的公司，保险机构投资者实地调研在非国际"四大"会计师事务所审计时更能提升股票流动性；相比纳入融资融券标的的公司而言，保险机构投资者实地调研在信息透明度较低的公司中更能降低股票流动性成本。

第五，将保险机构投资者实地调研信息治理效应的研究视角从信息提供者和信息使用者，进一步拓展到资本市场信息环境治理，基于资本市场定价效率视角检验保险机构投资者实地调研的信息治理效应。本书第 7 章关于保险机构投资者实地调研与资本市场定价效率的实证发现：保险机构投资者实地调研能显著降低资产收益率对过去市场信息的依赖程度、降低公司股价的同步性；同时还有助于提升股价信息含量、降低股价同步性。

区分作用机制分析发现：保险机构投资者实地调研提升市场定价效率的作用机制主要在于信息效率渠道，通过知情交易直接促进价值的相关信息纳入股票价格中；同时也存在公司治理渠道，通过提升公司信息披露质量间接地提升股价的信息含量。

8.2　政策建议

本书研究结论表明，保险机构投资者通过实地调研活动可以影响上市公司信息披露决策和外部投资者股票交易行为，最终有助于稳定资本市场。这意味着，保险机构投资者能够成为我国资本市场的稳定力量而发挥有效的信息治理效应，根据上述结论提出以下研究启示和政策建议：

第一，保险机构应大力培养调研团队，加强对实地调研的重视，通过开展实地调研获取更多、更充分的信息，降低上市公司内外部信息不对称程度。从本书的研究可以看到，保险机构投资者实地调研可以充分传递信息，在保险机构投资者持股上市公司前从多渠道获取公司各方面信息，尤其是在保险行业利率市场化改革背景下，保险公司经营面临更大的市场压力和业绩压力，如何在资产端获得更好的投资收益以弥补负债端的利差损失是保险机构投资者投资的一个重要目标。因此，保险公司加强对实地调研的重视，培育一批具有专业素养的调研人员，在提升实地调研次数的同时尽量保证实地调研质量，在和管理层的沟通中获得更多关于上市公司的信息，以推动保险资金投资收益的提高。

第二，对上市公司而言，管理层应重视机构投资者的实地调研，积极接待并配合保险机构投资者的相关信息需求。保险资金作为我国资本市场上最重要的机构投资者之一，其独特的内在属性、规模和回报上的稳定性、风险管理工作上的专业性使其有能力利用专业优势和以往投资经验，避免公司股权分散引发的"搭便车"问题，更好地发挥信息治理效应。因此，为引导保险机构投资者积极入市并参与公司治理，上市公司管理层应该积极配合保险机构投资者实地调研以降低彼此的信息不对称程度。同时，在调研结束后，管理层及时、准确、全面地披露调研信息有利于让更多的市场参与者了解调研相关信息，做出更为理性的投资决策，同时也能提升保险机构投资者实地调研的信息传递效果。

第三，对外部中小投资者来说，应该对保险机构投资者实地调研进行重点关注。保险机构投资者实地调研带来的"眼球效应"，能够吸引投资者对被调研公司的注意力，这将有助于他们主动搜寻并分析公司信息，尤其是保险机构投资者实地调研过程中披露的私有信息，可以纠正中小投资者在投资决策过程中可能出现的信息偏差和非理性情绪，提升信息效率并降低股票流动性成本。因此，中小投资者应合理利用保险机构投资者在信息搜集和处理上的规模优势和专业判断，从而做出更好的投资决策。

第四，对监管层来说，应继续提倡推动保险资金加大股票投资和服务实体经济的相关政策。本书的结论表明，保险机构投资者能够通过实地调研影响公司经理人信息披露和外部投资者股票交易，能够提升资本市场定价效率。因此，国家金融监督管理总局等相关监管部门在监管保险资金股票投资的过程中，要注意保险资金来源和交易逻辑的特殊性，通过引导保险机构投资者更多地利用诸如实地调研等非正式治理机制发挥作用，从而推动他们更多地以上市公司长期稳定的"财务投资者"分享公司增长红利，作为资本市场的稳定力量发挥信息治理效应。

参考文献

［1］步丹璐，屠长文. 外资持股、制度环境与审计质量［J］. 审计研究，2017（4）：65-72.

［2］卜君，孙光国. 投资者实地调研与上市公司违规：作用机制与效果检验［J］. 会计研究，2020（5）：30-47.

［3］薄仙慧，吴联生. 国有控股与机构投资者的治理效应：盈余管理视角［J］. 经济研究，2009，44（2）：81-91，160.

［4］卞小娇，李方方. 基于动态多期投资模型的寿险公司最优投资决策［J］. 保险研究，2014（5）：76-86.

［5］边文龙，王向楠. 投资职能对保险公司风险的影响研究［J］. 金融研究，2017（12）：158-173.

［6］曹春方，刘秀梅，贾凡胜. 向家乡投资：信息、熟悉还是代理问题？［J］. 管理世界，2018，34（5）：107-119，180.

［7］蔡传里，许家林. 上市公司信息透明度对股票流动性的影响：来自深市上市公司 2004~2006 年的经验证据［J］. 经济与管理研究，2010（8）：88-96.

［8］陈冬华，姚振晔. 政府行为必然会提高股价同步性吗？：基于我国产业政策的实证研究［J］. 经济研究，2018，53（12）：112-128.

［9］陈辉，顾乃康，万小勇. 股票流动性、股权分置改革与公司价值［J］. 管理科学，2011，24（3）：43-55.

［10］陈辉，汪前元. 机构投资者如何影响股票流动性？交易假说抑或信息假说［J］. 商业经济与管理，2012（6）：71-80.

［11］陈辉，汪前元. 信息传递、逆向选择与信息效率：对我国证券分析师作用的实证考察［J］. 中南财经政法大学学报，2013（3）：107-114.

［12］蔡宏标，饶品贵. 机构投资者、税收征管与企业避税［J］. 会计研究，2015（10）：59-65，97.

[13] 陈晖丽, 刘峰. 融资融券的治理效应研究: 基于公司盈余管理的视角 [J]. 会计研究, 2014 (9): 45-52, 96.

[14] 褚剑, 秦璇, 方军雄. 中国式融资融券制度安排与分析师盈利预测乐观偏差 [J]. 管理世界, 2019, 35 (1): 151-166, 228.

[15] 蔡庆丰, 杨侃. 是谁在"捕风捉影": 机构投资者 VS 证券分析师: 基于 A 股信息交易者信息偏好的实证研究 [J]. 金融研究, 2013 (6): 193-206.

[16] 陈钦源, 马黎珺, 伊志宏. 分析师跟踪与企业创新绩效: 中国的逻辑 [J]. 南开管理评论, 2017, 20 (3): 15-27.

[17] 程书强. 机构投资者持股与上市公司会计盈余信息关系实证研究 [J]. 管理世界, 2006 (9): 129-136.

[18] 崔微微, 彭雪梅. 保险机构投资者是价值选择者还是价值创造者? : 基于保险公司持股时间视角的经验证据 [J]. 保险研究, 2020 (1): 63-78.

[19] 蔡卫星, 高明华. 审计委员会与信息披露质量: 来自中国上市公司的经验证据 [J]. 南开管理评论, 2009, 12 (4): 120-127.

[20] 程小可, 李昊洋, 高升好. 机构投资者调研与管理层盈余预测方式 [J]. 管理科学, 2017, 30 (1): 131-145.

[21] 陈宪, 卢思远, 陈勇. 保险资金举牌扰乱股票市场价格了吗? : 基于险资 A 股市场举牌的证据 [J]. 中南大学学报 (社会科学版), 2018, 24 (3): 106-114.

[22] 陈小林, 孔东民. 机构投资者信息搜寻、公开信息透明度与私有信息套利 [J]. 南开管理评论, 2012, 15 (1): 113-122.

[23] 曹新伟, 洪剑峭, 贾琬娇. 分析师实地调研与资本市场信息效率: 基于股价同步性的研究 [J]. 经济管理, 2015, 37 (8): 141-150.

[24] 邓柏峻, 李仲飞, 梁权熙. 境外股东持股与股票流动性 [J]. 金融研究, 2016 (11): 142-157.

[25] 董大勇, 吴可可. 投资者注意力配置对资产定价的影响: 眼球效应与曝光效应 [J]. 系统工程, 2018, 36 (9): 51-58.

[26] 董锋, 韩立岩. 中国股市透明度提高对市场质量影响的实证分析 [J]. 经济研究, 2006 (5): 87-96, 127.

[27] 董永琦, 宋光辉, 丘彦强, 等. 基金公司实地调研与股价崩盘风

险 [J]. 证券市场导报, 2019 (1): 37-47.

[28] 段江娇, 刘红忠, 曾剑平. 投资者情绪指数、分析师推荐指数与股指收益率的影响研究: 基于我国东方财富网股吧论坛、新浪网分析师个股评级数据 [J]. 上海金融, 2014 (11): 60-64.

[29] 付从荣, 谢获宝. 保险公司参股与盈余质量关系研究: 基于我国上市公司的实证研究 [J]. 保险研究, 2014 (3): 44-53.

[30] 傅祥斐, 崔永梅, 李昊洋, 等. 机构投资者调研、信息披露质量与并购公告市场反应 [J]. 软科学, 2019, 33 (8): 1-6, 13.

[31] 高昊宇, 杨晓光, 叶彦艺. 机构投资者对暴涨暴跌的抑制作用: 基于中国市场的实证 [J]. 金融研究, 2017 (2): 163-178.

[32] 高敬忠, 周晓苏, 王英允. 机构投资者持股对信息披露的治理作用研究: 以管理层盈余预告为例 [J]. 南开管理评论, 2011, 14 (5): 129-140.

[33] 高雷, 何少华, 黄志忠. 公司治理与掏空 [J]. 经济学 (季刊), 2006 (3): 1157-1178.

[34] 高雷, 张杰. 公司治理、机构投资者与盈余管理 [J]. 会计研究, 2008 (9): 64-72, 96.

[35] 高明. 构建保险资产管理公司财务管理框架的思考 [J]. 财务与会计, 2020 (21): 77-78.

[36] 关蓉, 陈钰, 郑海涛, 等. 赔付率约束下的中国保险公司效率与全要素生产率研究 [J]. 管理评论, 2020, 32 (1): 68-79.

[37] 高翔, 龙小宁. 省级行政区划造成的文化分割会影响区域经济吗? [J]. 经济学 (季刊), 2016, 15 (2): 647-674.

[38] 郭阳生, 沈烈, 郭枚香. 沪港通改善了上市公司信息环境吗?: 基于分析师关注度的视角 [J]. 证券市场导报, 2018 (10): 35-43, 50.

[39] 高增亮, 张俊瑞, 胡明生. 审计师行业专长对股价同步性的影响研究 [J]. 财经论丛, 2019 (7): 64-73.

[40] 郝臣, 刘琦. 我国中小型保险机构治理质量研究: 基于 2016—2019 年公开数据的治理评价 [J]. 保险研究, 2020 (10): 79-97.

[41] 胡大春, 金赛男. 基金持股比例与 A 股市场收益波动率的实证分析 [J]. 金融研究, 2007 (4): 129-142.

[42] 胡宏兵, 郭金龙. 我国保险资金运用问题研究: 基于资产负债匹

配管理的视角 [J]. 宏观经济研究, 2009 (11): 51-58.

[43] 胡国柳, 赵阳, 胡珺. D&O 保险、风险容忍与企业自主创新 [J]. 管理世界, 2019, 35 (8): 121-135.

[44] 黄海杰, 吕长江, 丁慧. 独立董事声誉与盈余质量: 会计专业独董的视角 [J]. 管理世界, 2016 (3): 128-143, 188.

[45] 韩浩, 宋亚轩, 刘璐. 险资举牌对被举牌公司股价波动的影响研究: 基于事件研究法的实证分析 [J]. 保险研究, 2017 (8): 73-88.

[46] 何婧, 徐龙炳. 产业资本向金融资本渗透的路径和影响: 基于资本市场 "举牌" 的研究 [J]. 财经研究, 2012, 38 (2): 81-90.

[47] 何佳, 何基报, 王霞, 等. 机构投资者一定能够稳定股市吗? : 来自中国的经验证据 [J]. 管理世界, 2007 (8): 35-42.

[48] 胡良. 偿付能力与保险资金运用监管 [J]. 保险研究, 2014 (11): 55, 94-102.

[49] 韩琳, 程小可, 李昊洋. 高铁开通对股票流动性的影响 [J]. 金融论坛, 2019, 24 (12): 68-78.

[50] 韩晴, 王华. 独立董事责任险、机构投资者与公司治理 [J]. 南开管理评论, 2014, 17 (5): 54-62.

[51] 胡淑娟, 黄晓莺. 机构投资者关注对股票流动性的影响 [J]. 经济经纬, 2014, 31 (6): 143-148.

[52] 黄溪, 周晖. 中国保险业顺周期性的实证分析 [J]. 财贸经济, 2012 (3): 53-59.

[53] 侯旭华. 互联网保险公司财务风险预警指标构建与运用研究 [J]. 湖湘论坛, 2019, 32 (3): 89-101.

[54] 胡奕明, 林文雄. 信息关注深度、分析能力与分析质量: 对我国证券分析师的调查分析 [J]. 金融研究, 2005 (2): 46-58.

[55] 胡奕明, 唐松莲. 独立董事与上市公司盈余信息质量 [J]. 管理世界, 2008 (9): 149-160.

[56] 侯宇, 叶冬艳. 机构投资者、知情人交易和市场效率: 来自中国资本市场的实证证据 [J]. 金融研究, 2008 (4): 131-145.

[57] 姜付秀, 石贝贝, 马云飙. 信息发布者的财务经历与企业融资约束 [J]. 经济研究, 2016, 51 (6): 83-97.

[58] 眭岚, 马千惠, 李含. 中国保险机构投资者持股对上市公司经营

业绩的影响：基于保险公司经营属性视角的实证研究 ［J］．武汉金融，2022（8）：18-28.

［59］江涛，范流通，景鹏．两阶段视角下中国寿险公司经营效率评价与改进：基于网络 SBM 模型与 DEA 窗口分析法 ［J］．保险研究，2015（10）：33-43.

［60］江轩宇，伊志宏．审计行业专长与股价崩盘风险 ［J］．中国会计评论，2013，11（2）：133-150.

［61］贾琬娇，洪剑峭，徐媛媛．我国证券分析师实地调研有价值吗？：基于盈余预测准确性的一项实证研究 ［J］．投资研究，2015，34（4）：96-113.

［62］孔东民，孔高文，刘莎莎．机构投资者、流动性与信息效率 ［J］．管理科学学报，2015，18（3）：1-15.

［63］孔东民，刘莎莎，陈小林，等．个体沟通、交易行为与信息优势：基于共同基金访问的证据 ［J］．经济研究，2015，50（11）：106-119，182.

［64］林长泉，毛新述，刘凯璇．董秘性别与信息披露质量：来自沪深 A 股市场的经验证据 ［J］．金融研究，2016（9）：193-206.

［65］李春涛，赵磊，余金馨．走马观花 VS. 明察秋毫：机构调研与企业盈余管理 ［J］．财经问题研究，2018（5）：52-60.

［66］罗丹，李志骞．经济政策不确定性对企业融资影响的实证分析 ［J］．统计与决策，2019，35（9）：170-174.

［67］逯东，黄丹，杨丹．国有企业非实际控制人的董事会权力与并购效率 ［J］．管理世界，2019，35（6）：119-141.

［68］逯东，余渡，杨丹．财务报告可读性、投资者实地调研与对冲策略 ［J］．会计研究，2019（10）：34-41.

［69］刘冬姣，刘凯，庄朋涛．保险资金持股与企业创新效率：来自 A 股上市公司的经验证据 ［J］．财经论丛，2021（8）：59-68.

［70］刘汉民，陈永安．保险公司举牌与上市公司控制权竞争 ［J］．云南财经大学学报，2019，35（3）：75-82.

［71］刘京军，徐浩萍．机构投资者：长期投资者还是短期机会主义者？［J］．金融研究，2012（9）：141-154.

［72］梁丽珍，孔东民．中国股市的流动性指标定价研究 ［J］．管理科

学，2008（3）：85-93．

[73] 刘璐，王向楠，张文欣．保险机构持股行为对上市公司股价波动的影响 [J]．保险研究，2019（2）：28-40．

[74] 赖黎，玄宇豪，巩亚林．保险机构持股与银行风险决策 [J]．世界经济，2020，43（12）：176-192．

[75] 赖黎，玄宇豪，巩亚林．险资入市促进了公司创新吗 [J]．财贸经济，2022，43（2）：128-145．

[76] 雷鸣，苗吉宁，叶五一．监管压力对寿险公司风险承担的门限效应研究 [J]．保险研究，2015（8）：54-66．

[77] 李茂良．股票市场流动性影响上市公司现金股利政策吗：来自中国 A 股市场的经验证据 [J]．南开管理评论，2017，20（4）：105-113，139．

[78] 李旎，郑国坚．市值管理动机下的控股股东股权质押融资与利益侵占 [J]．会计研究，2015（5）：42-49，94．

[79] 雷倩华，柳建华，龚武明．机构投资者持股与流动性成本：来自中国上市公司的经验证据 [J]．金融研究，2012（7）：182-195．

[80] 李青原，时梦雪．监督型基金与盈余质量：来自我国 A 股上市公司的经验证据 [J]．南开管理评论，2018，21（1）：172-181．

[81] 罗庆忠，杜金燕．我国保险资金运用中股票组合的风险特征研究 [J]．保险研究，2007（1）：75-78．

[82] 梁上坤．机构投资者持股会影响公司费用粘性吗？[J]．管理世界，2018，34（12）：133-148．

[83] 李善民，王媛媛，王彩萍．机构投资者持股对上市公司盈余管理影响的实证研究 [J]．管理评论，2011，23（7）：17-24．

[84] 卢太平，张东旭．融资需求、融资约束与盈余管理 [J]．会计研究，2014（1）：35-41，94．

[85] 李维安，李滨．机构投资者介入公司治理效果的实证研究：基于 CCGI～（NK）的经验研究 [J]．南开管理评论，2008（1）：4-14．

[86] 刘玮，马玉秀，刘佳．中国寿险公司权益类投资影响因素分析：基于 TPB 理论的模型构建与实证分析 [J]．保险研究，2018（11）：71-81．

[87] 黎文靖，潘大巍．分析师实地调研提高了信息效率吗？：基于年

报市场反应的分析［J］. 会计与经济研究，2018，32（1）：21-39.

　　［88］李伟群，胡鹏. 保险机构股票投资行为的法律规制：以"金融与商业分离原则"为视角［J］. 法学，2018（8）：182-192.

　　［89］赖晓东，李利蓉. 产险结合与企业的融资约束缓解：基于西部地区循环经济上市公司的实证研究［J］. 大连理工大学学报（社会科学版），2019，40（2）：45-51.

　　［90］李秀芳，景珮. 基于多目标规划的寿险公司随机资产负债管理研究［J］. 经济管理，2014，36（3）：108-117.

　　［91］凌秀丽，姚丹，CFP. 安邦保险的投资逻辑［J］. 中国保险，2015（1）：63-68.

　　［92］刘晓星，张旭，顾笑贤，等. 投资者行为如何影响股票市场流动性？：基于投资者情绪、信息认知和卖空约束的分析［J］. 管理科学学报，2016，19（10）：87-100.

　　［93］林永坚，王志强. 国际"四大"的审计质量更高吗？：来自中国上市公司的经验证据［J］. 财经研究，2013，39（6）：73-83.

　　［94］刘颖，张晴晴，董纪昌. 有限关注视角下的股市流动性反转效应研究［J］. 管理评论，2020，32（1）：13-28.

　　［95］李增福，周婷. 规模、控制人性质与盈余管理［J］. 南开管理评论，2013，16（6）：81-94.

　　［96］李增福，曾庆意，魏下海. 债务契约、控制人性质与盈余管理［J］. 经济评论，2011（6）：88-96.

　　［97］林忠国，韩立岩，李伟. 股价波动非同步性：信息还是噪音？［J］. 管理科学学报，2012，15（6）：68-81.

　　［98］李争光，赵西卜，曹丰，等. 机构投资者异质性与会计稳健性：来自中国上市公司的经验证据［J］. 南开管理评论，2015，18（3）：111-121.

　　［99］李志辉，杨旭，郭娜. 宏观环境、投资策略与我国寿险公司风险研究［J］. 湖南大学学报（社会科学版），2019，33（4）：35-44.

　　［100］李志萍，罗国锋，龙丹，等. 风险投资的地理亲近：对中国风险投资的实证研究［J］. 管理科学，2014，27（3）：124-132.

　　［101］李志生，陈晨，林秉旋. 卖空机制提高了中国股票市场的定价效率吗？：基于自然实验的证据［J］. 经济研究，2015，50（4）：165-

177.

[102] 李志生，李好，马伟力，等. 融资融券交易的信息治理效应 [J]. 经济研究，2017，52 (11)：150-164.

[103] 孟为，陆海天. 风险投资与新三板挂牌企业股票流动性：基于高科技企业专利信号作用的考察 [J]. 经济管理，2018，40 (3)：178-195.

[104] 牛建波，吴超，李胜楠. 机构投资者类型、股权特征和自愿性信息披露 [J]. 管理评论，2013，25 (3)：48-59.

[105] 庞家任，陈大鹏，王玮. 融资融券制度与企业投资行为：基于"外部治理"和"信息学习"渠道的分析 [J]. 投资研究，2019，38 (4)：4-29.

[106] 彭利达，张文霞. 机构投资者是现金分红的内生动力吗？：基于异质机构投资者的经验研究 [J]. 财经问题研究，2016 (2)：40-45.

[107] 彭雪梅，黄鑫. "营改增"对我国保险业税负的影响：基于大中小保险公司对比研究 [J]. 保险研究，2016 (3)：32-44.

[108] 潘婉彬，廖秋辰，罗丽莎. 保险公司存在羊群行为吗 [J]. 财经科学，2014 (1)：46-52.

[109] 潘越，肖金利，戴亦一. 文化多样性与企业创新：基于方言视角的研究 [J]. 金融研究，2017 (10)：146-161.

[110] 祁斌，黄明，陈卓思. 机构投资者与股市波动性 [J]. 金融研究，2006 (9)：54-64.

[111] 秦振球，俞自由. 保险公司投资比例问题研究 [J]. 财经研究，2003 (2)：41-47.

[112] 任春生. 我国保险资金运用改革发展 40 年：回顾与展望 [J]. 保险研究，2018 (12)：29-33.

[113] 饶育蕾，王建新，苏燕青. 上市公司盈余信息披露是否存在时机择？：基于投资者有限注意的实证分析 [J]. 管理评论，2012，24 (12)：146-155.

[114] 苏冬蔚，林大庞. 股权激励、盈余管理与公司治理 [J]. 经济研究，2010，45 (11)：88-100.

[115] 施慧洪，王冠文，王佳妮. 压力还是监督机构投资者调研与企业金融化 [J]. 南京审计大学学报，2024，21 (1)：76-87.

[116] 盛军锋, 邓勇, 汤大杰. 中国机构投资者的市场稳定性影响研究 [J]. 金融研究, 2008 (9): 143-151.

[117] 宋双杰, 曹晖, 杨坤. 投资者关注与IPO异象: 来自网络搜索量的经验证据 [J]. 经济研究, 2011, 46 (S1): 145-155.

[118] 宋占军, 莫骄. 低利率环境下如何追求保险投资收益率 [J]. 中国保险, 2017 (2): 22-26.

[119] 史永东, 王谨乐. 中国机构投资者真的稳定市场了吗? [J]. 经济研究, 2014, 49 (12): 100-112.

[120] 唐大鹏, 杨紫嫣, 翟路萍. 社保基金投资组合的定价效率和投资风险研究: 基于股价同步性的实证检验 [J]. 经济理论与经济管理, 2014 (9): 96-112.

[121] 谭劲松, 林雨晨. 机构投资者对信息披露的治理效应: 基于机构调研行为的证据 [J]. 南开管理评论, 2016, 19 (5): 115-126, 138.

[122] 唐清泉, 罗党论, 王莉. 大股东的隧道挖掘与制衡力量: 来自中国市场的经验证据 [J]. 中国会计评论, 2005 (1): 63-86.

[123] 唐松莲, 李君如, 卢婧. 实地调研类型、信息优势与基金超额收益 [J]. 会计与经济研究, 2017, 31 (1): 43-64.

[124] 谭松涛, 崔小勇. 上市公司调研能否提高分析师预测精度 [J]. 世界经济, 2015, 38 (4): 126-145.

[125] 谭松涛, 甘顺利, 阚铄. 媒体报道能够降低分析师预测偏差吗? [J]. 金融研究, 2015 (5): 192-206.

[126] 唐玮, 夏晓雪, 姜付秀. 控股股东股权质押与公司融资约束 [J]. 会计研究, 2019 (6): 51-57.

[127] 童元松, 王光伟. 机构投资者资金规模对股市波动的影响研究: 基于2004—2013年季度数据的实证分析 [J]. 价格理论与实践, 2014 (3): 107-109.

[128] 唐跃军, 宋渊洋. 价值选择VS.价值创造: 来自中国市场机构投资者的证据 [J]. 经济学 (季刊), 2010, 9 (2): 609-632.

[129] 王斌, 蔡安辉, 冯洋. 大股东股权质押、控制权转移风险与公司业绩 [J]. 系统工程理论与实践, 2013, 33 (7): 1762-1773.

[130] 王辉. 低利率下险资运用绝对收益研究: 美国、日本的经验启示 [J]. 中国保险, 2016 (8): 43-47.

[131] 温军, 冯根福. 异质机构、企业性质与自主创新 [J]. 经济研究, 2012, 47 (3): 53-64.

[132] 王婧, 方志玮. 偿二代监管要求对保险公司最优化资产配置下收益和风险的影响 [J]. 投资研究, 2019, 38 (5): 123-141.

[133] 王俊, 王东. 保险公司资产组合与最优投资比例研究 [J]. 保险研究, 2010 (12): 60-67.

[134] 王建新, 饶育蕾, 彭叠峰. 什么导致了股票收益的"媒体效应": 预期关注还是未预期关注? [J]. 系统工程理论与实践, 2015, 35 (1): 37-48.

[135] 王琨, 肖星. 机构投资者持股与关联方占用的实证研究 [J]. 南开管理评论, 2005 (2): 27-33.

[136] 王建新, 杨智. 机构投资者实地调研能否抑制企业商誉泡沫? [J]. 中央财经大学学报, 2023 (6): 80-89, 103.

[137] 吴良海, 赵文雪, 吕丹丽, 等. 机构投资者、会计稳健性与企业投资效率: 来自中国 A 股市场的经验证据 [J]. 南京审计大学学报, 2017, 14 (2): 11-19, 84.

[138] 吴联生. 企业会计信息违法性失真的责任合约安排 [J]. 经济研究, 2001 (2): 77-85, 94.

[139] 王李月, 肖忠意, 陈海涛. 机构投资者实地调研、审计师选择与审计延迟 [J]. 财经问题研究, 2023 (11): 71-85.

[140] 王丽珍, 李静. 基于 RAROC 的保险基金投资策略研究 [J]. 保险研究, 2011 (5): 96-102.

[141] 王培辉, 袁薇, 谢晓松. 我国保险资产管理公司资金运用效率测度 [J]. 财会月刊, 2016 (26): 104-108.

[142] 王珊. 投资者实地调研发挥了治理功能吗?: 基于盈余管理视角的考察 [J] 经济管理, 2017, 39 (9): 180-194.

[143] 吴望春, 李春华. 近十年中国寿险公司经营效率分析及中外资对比: 基于 DNSBM 模型的寿险应用实例 [J]. 中央财经大学学报, 2020 (2): 38-55.

[144] 吴先聪. 机构投资者影响了高管薪酬及其私有收益吗?: 基于不同特质机构投资者的研究 [J]. 外国经济与管理, 2015, 37 (8): 13-29.

[145] 王秀丽, 贾吉明, 李淑静. 保险参股、经济周期波动与资本投

资［J］. 经济问题，2017（4）：6-11.

［146］吴晓求. 中国金融监管改革：逻辑与选择［J］. 财贸经济，2017，38（7）：33-48.

［147］吴璇，田高良，司毅，等. 网络舆情管理与股票流动性［J］. 管理科学，2017，30（6）：51-64.

［148］王绪瑾. 海外保险投资方式比较研究［J］. 金融研究，1998（5）：48-53.

［149］王伊攀，张含笑. 投资者实地调研对企业庞氏融资的治理效应："眼见为实"还是"雾里看花"？［J］. 上海财经大学学报，2023，25（5）：61-76.

［150］王咏梅，王亚平. 机构投资者如何影响市场的信息效率：来自中国的经验证据［J］. 金融研究，2011（10）：112-126.

［151］王媛媛，葛厚逸. 保险公司持股偏好及持股对上市公司经营业绩影响的研究：来自中国 A 股市场的经验证据［J］. 保险研究，2017（8）：89-104.

［152］王艳艳，陈汉文. 审计质量与会计信息透明度：来自中国上市公司的经验数据［J］. 会计研究，2006（4）：9-15.

［153］汪忠，孙耀吾，龚红. 机构投资者参与公司治理研究综述［J］. 经济学动态，2005（10）：109-114.

［154］温忠麟，叶宝娟. 中介效应分析：方法和模型发展［J］. 心理科学进展，2014，22（5）：731-745.

［155］肖斌卿，彭毅，方立兵，等. 上市公司调研对投资决策有用吗：基于分析师调研报告的实证研究［J］. 南开管理评论，2017，20（1）：119-131.

［156］夏常源，王靖懿，傅代国. 保险资金持股与股价崩盘风险：市场"稳定器"还是崩盘"加速器"？［J］. 经济管理，2020，42（4）：158-174.

［157］谢德仁，廖珂. 控股股东股权质押与上市公司真实盈余管理［J］. 会计研究，2018（8）：21-27.

［158］谢德仁，郑登津，崔宸瑜. 控股股东股权质押是潜在的"地雷"吗？：基于股价崩盘风险视角的研究［J］. 管理世界，2016（5）：128-140，188.

[159] 徐高林，马世兵. 保险公司股票投资实证分析 [J]. 工业技术经济，2006（10）：143-146.

[160] 信恒占. 机构投资者异质性、持股持续期与公司业绩 [J]. 山西财经大学学报，2017，39（4）：112-124.

[161] 熊家财，苏冬蔚. 股票流动性与企业资本配置效率 [J]. 会计研究，2014（11）：54-60，97.

[162] 许年行，于上尧，伊志宏. 机构投资者羊群行为与股价崩盘风险 [J]. 管理世界，2013（7）：31-43.

[163] 辛清泉，孔东民，郝颖. 公司透明度与股价波动性 [J]. 金融研究，2014（10）：193-206.

[164] 许荣，方明浩，常嘉路. 险资持股能够降低公司违规吗？：保险投资的公司治理效应研究 [J]. 保险研究，2019（12）：48-64.

[165] 玄宇豪，赖黎，巩亚林. 保险机构投资者与公司投资决策 [J]. 会计研究，2023（3）：129-144.

[166] 徐泽林，高岭，林雨晨. 买方机构调研与股价超额收益 [J]. 系统工程理论与实践，2021，41（10）：2457-2475.

[167] 徐媛媛，洪剑峭，曹新伟. 我国上市公司特征与证券分析师实地调研 [J]. 投资研究，2015，34（1）：121-136.

[168] 薛祖云，王冲. 信息竞争抑或信息补充：证券分析师的角色扮演：基于我国证券市场的实证分析 [J]. 金融研究，2011（11）：167-182.

[169] 杨枫，薛逢源. 保险资金运用与最优监管比例：分红险资产负债管理模型探讨 [J]. 保险研究，2014（10）：24-37.

[170] 杨华蔚，韩立岩. 外部风险、异质信念与特质波动率风险溢价 [J]. 管理科学学报，2011，14（11）：71-80.

[171] 杨海燕，韦德洪，孙健. 机构投资者持股能提高上市公司会计信息质量吗？：兼论不同类型机构投资者的差异 [J]. 会计研究，2012（9）：16-23，96.

[172] 余海宗，何娜，夏常源. 保险资金持股与内部控制有效性研究 [J]. 审计研究，2019（5）：77-85.

[173] 余海宗，何娜，黄冲. 企业间关系的社会资本租借效应：来自信用担保网络与融资约束的经验证据 [J]. 财经科学，2020（1）：55-66.

[174] 游家兴. 市场信息效率的提高会改善资源配置效率吗?: 基于 R^2 的研究视角 [J]. 数量经济技术经济研究, 2008 (2): 110-121.

[175] 杨继伟, 聂顺江. 股价信息含量与企业资本配置效率研究 [J]. 管理科学, 2010, 23 (6): 81-90.

[176] 姚靠华, 唐家财, 蒋艳辉. 机构投资者异质性、真实盈余管理与现金分红 [J]. 山西财经大学学报, 2015, 37 (7): 85-98.

[177] 余明桂, 钟慧洁, 范蕊. 分析师关注与企业创新: 来自中国资本市场的经验证据 [J]. 经济管理, 2017, 39 (3): 175-192.

[178] 杨鸣京, 程小可, 李昊洋. 机构投资者调研、公司特征与企业创新绩效 [J]. 当代财经, 2018 (2): 84-93.

[179] 叶松勤, 徐经长. 大股东控制与机构投资者的治理效应: 基于投资效率视角的实证分析 [J]. 证券市场导报, 2013 (5): 35-42.

[180] 杨晓兰, 沈翰彬, 祝宇. 本地偏好、投资者情绪与股票收益率: 来自网络论坛的经验证据 [J]. 金融研究, 2016 (12): 143-158.

[181] 伊志宏, 姜付秀, 秦义虎. 产品市场竞争、公司治理与信息披露质量 [J]. 管理世界, 2010 (1): 133-141, 161, 188.

[182] 伊志宏, 李艳丽. 机构投资者的公司治理角色: 一个文献综述 [J]. 管理评论, 2013, 25 (5): 60-71.

[183] 伊志宏, 杨圣之, 陈钦源. 分析师能降低股价同步性吗: 基于研究报告文本分析的实证研究 [J]. 中国工业经济, 2019 (1): 156-173.

[184] 伊志宏, 朱琳, 陈钦源. 分析师研究报告负面信息披露与股价暴跌风险 [J]. 南开管理评论, 2019, 22 (5): 192-206.

[185] 杨竹清. 证券投资基金持股与股价同步性研究 [J]. 贵州财经学院学报, 2012 (6): 49-56.

[186] 张博, 范辰辰. 文化多样性与民间金融: 基于方言视角的经验研究 [J]. 金融研究, 2018 (7): 69-89.

[187] 赵桂芹, 吴洪. 我国财产保险公司资本与风险关系研究: 兼论偿付能力监管制度的影响 [J]. 保险研究, 2013 (11): 32-42.

[188] 朱红军, 何贤杰, 陶林. 中国的证券分析师能够提高资本市场的效率吗: 基于股价同步性和股价信息含量的经验证据 [J]. 金融研究, 2007 (2): 110-121.

[189] 赵洪江, 夏晖. 机构投资者持股与上市公司创新行为关系实证

研究 [J]. 中国软科学, 2009 (5): 33-39, 54.

[190] 张宏亮, 程梦雅, 王靖宇, 等. 机构投资者调研对企业创新效率的影响及其作用机制 [J]. 科技管理研究, 2024, 44 (2): 194-202.

[191] 张继德, 廖微, 张荣武. 普通投资者关注对股市交易的量价影响: 基于百度指数的实证研究 [J]. 会计研究, 2014 (8): 52-59, 97.

[192] 张景奇. 从 A 股滚动投资回报现状看我国寿险资金投资策略 [J]. 保险研究, 2012 (7): 82-89.

[193] 张俊瑞, 余思佳, 程子健. 大股东股权质押会影响审计师决策吗?: 基于审计费用与审计意见的证据 [J]. 审计研究, 2017 (3): 65-73.

[194] 赵景涛, 刘忠轶, 刘佳诚. 超额现金持有、过度投资与代理成本: 来自我国 2006~2012 年寿险公司的经验数据 [J]. 保险研究, 2014 (9): 94-104.

[195] 周林洁. 公司治理、机构持股与股价同步性 [J]. 金融研究, 2014 (8): 146-161.

[196] 赵龙凯, 陆子昱, 王致远. 众里寻"股"千百度: 股票收益率与百度搜索量关系的实证探究 [J]. 金融研究, 2013 (4): 183-195.

[197] 占梦雅, 李静, 曾林蕊. 保险公司风险导向型资本监管约束风险了吗? [J]. 财经理论与实践, 2022, 43 (4): 35-42.

[198] 张敏, 姜付秀. 机构投资者、企业产权与薪酬契约 [J]. 世界经济, 2010, 33 (8): 43-58.

[199] 张敏, 姜付秀. 机构投资者、企业产权与薪酬契约 [J]. 世界经济, 2010, 33 (8): 43-58.

[200] 钟覃琳, 陆正飞. 资本市场开放能提高股价信息含量吗?: 基于"沪港通"效应的实证检验 [J]. 管理世界, 2018, 34 (1): 169-179.

[201] 张燃, 刘璐萍, 刘倩. 阳光私募是否改善了股价信息效率? [J]. 金融与经济, 2019 (8): 15-19.

[202] 仲赛末, 赵桂芹. 经营模式对寿险公司财务状况的影响: 基于资产负债管理视角 [J]. 经济管理, 2018, 40 (9): 155-172.

[203] 张圣平, 于丽峰, 李怡宗, 等. 媒体报导与中国 A 股市场盈余惯性: 投资者有限注意的视角 [J]. 金融研究, 2014 (7): 154-170.

[204] 翟淑萍, 袁克丽. 分析师实地调研能缓解企业融资约束吗 [J].

山西财经大学学报，2020，42（1）：113-126.

[205] 张为群. 我国股市波动的政策性及基金把握政策市能力的分析 [J]. 浙江工商大学学报，2010（5）：36-40.

[206] 曾志远，蔡东玲，武小凯. "监督管理层"还是"约束大股东"？基金持股对中国上市公司价值的影响 [J]. 金融研究，2018（12）：157-173.

[207] 刘晨，吕可夫，阮永平. 实地调研抑制了上市公司的选择性披露吗 [J]. 外国经济与管理，2021，43（2）：20-35.

[208] 周冬华，张启浩. 投资者实地调研会加剧企业过度投资吗 [J]. 山西财经大学学报，2021（7）：83-96.

[209] 张晓东. 保险公司持股偏好的实证研究 [J]. 保险研究，2013（7）：34-41.

[210] 张雪兰，何德旭. 货币政策立场与银行风险承担：基于中国银行业的实证研究（2000—2010）[J]. 经济研究，2012，47（5）：31-44.

[211] 张学勇，吴雨玲，郑轶. 我国风险投资机构（VC）的本地偏好研究 [J]. 投资研究，2016，35（6）：86-104.

[212] 张谊浩，李元，苏中锋，等. 网络搜索能预测股票市场吗？ [J]. 金融研究，2014（2）：193-206.

[213] 张原野，白彩全. 机构交易规模与市场信息环境：基于信息不对称视角的理论与实证研究 [J]. 预测，2019，38（5）：66-74.

[214] 张艳妍，吴韧强. 美国保险资金运用的分析及借鉴 [J]. 金融与经济，2008（10）：60-62.

[215] 曾颖，陆正飞. 信息披露质量与股权融资成本 [J]. 经济研究，2006（2）：69-79，91.

[216] 赵阳，沈洪涛，周艳坤. 环境信息不对称、机构投资者实地调研与企业环境治理 [J]. 统计研究，2019，36（7）：104-118.

[217] 卓志，张晓涵. 保险消费者投诉热线促进了保险消费吗？ [J]. 保险研究，2022（1）：33-48.

[218] 张峥，吴偎立，黄志勇. IPO的行业效应：从竞争和关注的角度 [J]. 金融研究，2013（9）：180-192.

[219] 张宗新，张晓荣，廖士光. 上市公司自愿性信息披露行为有效吗？：基于1998—2003年中国证券市场的检验 [J]. 经济学（季刊），2005（1）：369-386.

［220］张宗新，周嘉嘉. 分析师关注能否提高上市公司信息透明度?：基于盈余管理的视角 ［J］. 财经问题研究，2019（12）：49-57.

［221］ACKERT F L, CHURCH K B, TOMPKINS J, et al. What's in a name? An experimental examination of investment behavior ［J］. Review of finance, 2005, 9（2）：281-304.

［222］AHERN R K, DAMINELLI D, FRACASSI C. Lost in translation? The effect of cultural values on mergers around the world ［J］. Journal of financial economics, 2015, 117（1）：165-189.

［223］AJINKYAB, BHOJRAJ S, SENGUPTA P. The association between outside directors, institutional investors and the properties of management earnings forecasts ［J］. Journal of accounting research, 2005, 43（3）：343-376.

［224］AKERLOFA G. The market for "Lemons": Qualitative uncertainty and the market mechanism ［J］. The quarterly journal of economics, 1970（84）：488-500.

［225］ALLEN F, QIAN J, QIAN M. Law, finance, and economic growth in China ［J］. Journal of financial economics, 2005, 77（1）：57-116.

［226］ALMAZAN A, HARTZELLC J, STARKS T L. Active institutional shareholders and costs of monitoring: evidence from executive compensation ［J］. Financial management, 2005, 34（4）：5-34.

［227］AMIHUD Y. Illiquidity and stock returns: Cross-section and time-series effects ［J］. Journal of financial markets, 2002, 5（1）：31-56.

［228］AN H, ZHANG T. Stock price synchronicity, crash risk, and institutional investors ［J］. Journal of corporate finance, 2013（21）：1-15.

［229］ARMSTRONGS C, GUAY R R, WEBER R. The role of information and financial reporting in corporate governance and debt contracting ［J］. Journal of accounting and economics, 2010, 50（2）：179-234.

［230］ASQUITH P, MIKHAIL M, AU A. Information content of equity analyst reports ［J］. Journal of financial economics, 2005, 75（2）：245-282.

［231］ATTIG N, FONGM W, GADHOUM Y, et al. Effects of large shareholding on information asymmetry and stock liquidity ［J］. Journal of banking and finance, 2006, 30（10）：2875-2892.

［232］BAGEHOT W. The only game in town ［J］. Financial Analysts Journal, 1971 (27): 12-14.

[233] BAILEY W, KUMAR A, NG D. Foreign investments of U.S. individual investors: causes and consequences [J]. Management science, 2008 (54): 443-459.

[234] BARBERM B, ODEAN T. All that glitters: the effect of attention and news on the buying behavior of individual and institutional investors [J]. Review of financial studies, 2008 (21): 785-818.

[235] BARTOV E, BODNARM G. Alternative accounting methods, information asymmetry and liquidity: theory and evidence [J]. The accounting review, 1996, 71 (3): 397-418.

[236] BHOJRAJ S, SENGUPTA P. The effect of corporate governance mechanisms on bond ratings and yields: the role of institutional investors and outside directors [J]. Journal of business, 2003 (76): 455-475.

[237] BIAIS B, GLOSTEN L, SPATT C. Market microstructure: a survey of microfoundations, empirical results, and policy implications [J]. Journal of financial markets, 2005, 8 (2): 217-264.

[238] BOHNERT I, GATZERT N. On the management of life insurance company risk by strategic choice of product mix, investment strategy and surplus appropriation schemes [J]. Insurance: mathematics and economics, 2015, 60 (1): 83-97.

[239] BOONEL A, WHITE T J. The effect of institutional ownership on firm transparency and information production [J]. Journal of financial economics, 2015, 117 (3): 508-533.

[240] BRAUN A. Pricing in the primary market for cat bonds: new empirical evidence [J]. Journal of risk and insurance, 2016, 83 (4): 811-847.

[241] BRAUN A, SCHMEISER H, SCHREIBER F. Portfolio optimization under Solvency II: implicit constraints imposed by the market risk standard formula [J]. Journal of risk and insurance, 2017, 84 (1): 177-207.

[242] BRAV A, JIANG W, PARTNOY F, et al. Hedge fund activism, corporate governance, and firm performance [J]. Journal of finance, 2008, 63 (4): 1729-1775.

[243] BROCKMAN P, YANS X. Block ownership and firm-specific infor-

mation [J]. Journal of banking and finance, 2009, 33 (2): 308-316.

[244] BUSHEE J B. Do institutional investors prefer near-term earnings over long-run value? [J]. Contemporary accounting research, 2001, 18 (2): 207-246.

[245] BUSHEE J B, MATSUMOTO A D, MILLER S G. Open versus closed conference calls: the determinants and effects of broadening access to disclosure [J]. Journal of accounting and economics, 2003 (34): 149-180.

[246] BUSHEE J B, JUNG J M, MILLER S G. Conference presentations and the disclosure milieu [J]. Journal of accounting research, 2011, 49 (5): 1163-1192.

[247] BUSHEE J B, MILLER S G. Investor relations, firm visibility, and investor following [J]. The accounting review, 2012, 87 (3): 867-897.

[248] BUSHEE J B, CARTER E M, GERAKOS J. Institutional investor preferences for corporate governance mechanisms [J]. Journal of management accounting research, 2014, 26 (2): 123-149.

[249] BUSHMAN R, SMITH A. Financial accounting information and corporate governance [J]. Journal of accounting economics, 2001 (31): 37-333.

[250] BUSHMAN M R, CHEN Q, ENGEL E, et al. Financial accounting information, organizational complexity and corporate governance systems [J]. Journal of accounting and economics, 2004, 37 (2): 167-201.

[251] CALLEN L J, FANG X. Institutional investor stability and crash risk: monitoring versus short-termism? [J]. Journal of banking and finance, 2013 (37): 3047-3063.

[252] CALLENL J, FANG X. Crash risk and the auditor-client relationship [J]. Contemporary accounting research, 2017, 34.

[253] CAO S, GONG G, SHI H. Private information acquisition and corporate investment: evidence from corporate site visits [J]. Working paper. 2017.

[254] CHEN A, NGUYEN T, STADJE M. Optimal investment under VaR-Regulation and minimum insurance [J]. Insurance: mathematics and economics, 2018, 79: 194-209.

[255] CHEN T, HARFORD J, LIN C. Do analysts matter for governance?

Evidence from natural experiments [J]. Journal of financial economics, 2015, 115 (2): 383-410.

[256] CHEN X, HARFORD J, LI K. Monitoring: which institutions matter? [J]. Journal of financial economics, 2007, 86 (2): 279-305.

[257] CHENG Q, DU F, WANG X, et al. Seeing is believing: Analysts' corporate site visits [J]. Review of accounting studies, 2016, 21 (4): 1245-1286.

[258] CHENG Q, DU F, WANGY B, et al. Do corporate site visits impact stock prices? [J]. Contemporary accounting research, 2018, 36 (1).

[259] CHUNGH K, ELDERB J, KIMB C J. Corporate governance and liquidity [J]. Journal of financial and quantitative analysis, 2010, 45 (2): 265-291.

[260] CHUNGH K, ZHANG H. Corporate governance and institutional ownership [J]. Journal of financial and quantitative analysis, 2011, 46 (1): 247-273.

[261] COHENA D, ZAROWIN P. Accrual-based and real earnings management activities around seasoned equity offerings [J]. Journal of accounting and economics, 2010, 50 (1): 2-19.

[262] COLLINS W D, GONG G, HRIBAR P. Investor sophistication and the mispricing of accruals [J]. Review of accounting studies, 2003, 8 (2-3): 251-276.

[263] COOPER I, KAPLANIS E. Home bias in equity portfolios, inflation hedging, and international capital market equilibrium [J]. The review of financial studies, 1994, 7 (1): 45-60.

[264] CORNETT M M, MARCUS J A, SAUNDERS A, et al. The impact of institutional ownership on corporate operating performance [J]. Journal of banking and finance, 2007, 31 (6): 1771-1794.

[265] DASGUPTA S, GAN J, GAO N. Transparency, price informativeness, and stock return synchronicity: theory and evidence [J]. Journal of Financial and quantitative analysis, 2010, 45 (5): 1189-1220.

[266] DAVID P, KOCHHAR R. Barriers to effective corporate governance by institutional investors: implications for theory and practice [J]. European

management journal, 1996, 14 (5): 457-466.

[267] DA Z, ENGELBERG J, GAOJ P. In search of attention [J]. Journal of finance, 2011, 66 (5): 1461-1499.

[268] DEBOSKEYG D, JIANG W. Earnings management and auditor specialization in the post-sox era: an examination of the banking industry [J]. Journal of banking and finance, 2012, 36 (2): 613-623.

[269] DECHOWM P, SLOAN G R, HUTTON P A. Detecting earnings management [J]. The accounting review, 1995, 70 (2): 193-226.

[270] DECHOW M P, SHAKESPEARE C. Do managers time securitization transactions to obtain accounting benefits? [J]. The accounting review, 2009 (84): 99-132.

[271] DECHOW M P, SKINNER J D. Earnings management: reconciling the views of accounting academics, practitioners, and regulators [J]. Accounting horizons, 2000, 14 (2): 235-250.

[272] DEFOND L M, HUNG M. Investor protection and corporate governance: evidence from worldwide CEO turnover [J]. Journal of accounting research, 2004, 42 (2): 269-312.

[273] DEFOND L M, ZHANG J. A review of archival auditing research [J]. Journal of accounting and economics, 2014 (58): 275-326.

[274] DEGEORGE F, PATEL J, ZECKHAUSER R. Earnings management to exceed thresholds [J]. The journal of business, 1999, 72 (1): 1-33.

[275] DE LONG B J, SHLEIFER A, SUMMERS H L, et al. Noise trader risk in financial markets [J]. Journal of political economy, 1990, 98 (4): 703-738.

[276] DIAMONDW D. Financial intermediation and delegated monitoring [J]. The review of economic studies, 1984, 51 (3): 393-414.

[277] DING R, HOUX W. Retail investor attention and stock liquidity [J]. Journal of international financial markets, institutions and money, 2015 (37): 12-26.

[278] DRAKE S M, MYERS N J, MYERS A L, et al. Short sellers and the in formativeness of stock prices with respect to future earnings [J]. Review of accounting studies, 2015, 20 (2): 747-774.

［279］DRAKE S M, REES L L, SWANSON P E. Should investors follow the prophets or the bears? Evidence on the use of public information by analysts and short sellers ［J］. The accounting review, 2011, 86 (1): 101-130.

［280］DURNEV A, MORCK R, YEUNG B, et al. Does greater firm-specific return variation mean more or less informed stock pricing? ［J］. Journal of accounting research, 2003, 41 (5): 797-836.

［281］ELYASIANI E, JIA J, MAOX C. Institutional ownership stability and the cost of debt ［J］. Journal of financial markets, 2010, 13 (4): 475-500.

［282］ENGELBERG J, SASSEVILLE C, WILLIAMS J. Market madness? The case ofmad money ［J］. Management science, 2012, 58 (2): 351-364.

［283］FAMA F E. The behavior of stock-market prices ［J］. Journal of business, 1965 (38): 34-105.

［284］FANG L, PERESS J. Media coverage and the cross-section of stock returns ［J］. Journal of finance, 2009, 64 (5): 2023-2052.

［285］FERNANDES N, FERREIRAA M. Does international cross-listing improve the information environment? ［J］. Journal of financial economics, 2008, 88 (2): 216-244.

［286］FERREIRA D, FERREIRAA M, RAPOSO C C. Board structure and price informativeness ［J］. Journal of financial economics, 2011, 99: 523-545.

［287］FISMAN R, PARAVISINI D, VIG V. Cultural proximity and loan outcomes ［J］. American economic review, 2017, 107 (2): 457-492.

［288］FOSTERD F, VISWANATHAN S. The effect of public information and competition on trading volume and price volatility ［J］. Review of financial studies, 1993, 6 (1): 23-56.

［289］FRANCIS R J. What do we know about audit quality? ［J］. The british accounting review, 2004 (36): 345-368.

［290］FRANCIS J, LAFOND R, OLSSON P, et al. The market pricing of accruals quality ［J］. Journal of accounting and economics, 2005, 39 (2): 295-327.

［291］FRENCH R K, POTERBA M J. Investor diversification and international equity markets ［J］. The American economic review, 1991, 81 (2): 222

−226.

[292] GENTRY A J, PIKE R J. Rates of return on common stock portfolios of life insurance companies [J]. Journal of risk and insurance, 1969, 36 (5): 545−552.

[293] GILLAN S, STARKS L. Corporate governance proposals and shareholder activism: the role of institutional investors [J]. Journal of financial economics, 2007, 57 (2): 275−305.

[294] GRINSTEIN Y, MICHAELY R. Institutional holdings and payout policy [J]. Journal of finance, 2005, 60 (3): 1389−1426.

[295] GUERCIO DD, HAWKINS J. The motivation and impact of Annuity fund activism [J]. Journal of financial economics, 1999, 52 (3): 293−340.

[296] GULA F, KIM B J, QIU A A. Ownership concentration, foreign shareholding, audit quality, and stock price synchronicity: evidence from China [J]. Journal of financial economics, 2010, 95 (3): 425−442.

[297] HAN B, KONG D, LIU S. Do analysts gain an informational advantage by visiting listed companies? [J]. Contemporary accounting research, 2018, 35 (4): 1843−1867.

[298] HART H O. Life insurance companies and the equity capital markets [J]. Journal of finance American finance association, 1965, 20 (2): 358−367.

[299] HARTZELL J, STARKS T L. Institutional investors and executive compensation [J]. Journal of finance, 2003, 58 (6): 2351−2374.

[300] HEALY P, PALEPU K. Information asymmetry, corporate disclosure, and the capital markets: a review of the empirical disclosure literature [J]. Journal of accounting and economics, 2001 (31): 405−440.

[301] HEFLIN L F, SHAW W K, WILD J J. Disclosure quality and market liquidity: impact of depth quotes and order sizes [J]. Contemporary accounting research, 2005, 22 (4): 829−865.

[302] HOLMSTROM B, TIROLE J. Market liquidity and performance monitoring [J]. Journal of political economy, 1993, 101: 678−709.

[303] HONG H, LIM T, STEIN C J. Bad news travels slowly: size, analyst coverage, and the profitability of momentum strategies [J]. Journal of fi-

nance, 2000, 55 (1): 265-295.

[304] HOU K, MOSKOWITZ J T. Market frictions, price delay, and the cross-section of expected returns [J]. The review of financial studies, 2005, 18 (3): 981-1020.

[305] HUBERMAN G. Familiarity breeds investment [J]. Review of financial studies, 2001, 14: 659-680.

[306] HUTTON P A, MARCUS J A, TEHRANIAN H. Opaque financial reports, R2, and crash risk [J]. Journal of financial economics, 2009, 94 (1): 67-86.

[307] IVKOVICH Z, WEISBENNER J S. Information diffusion effects in individual investors' common stock purchases: covet thy neighbors' investment choices [J]. Review of financial studies, 2007, 20 (4): 1327-1357.

[308] JENSEN C M. Agency costs of free cash flow, corporate finance and takeover [J]. American economic review, 1986 (76): 323-329.

[309] JIAMBALVO J, RAJGOPAL S, VENKATACHALAM M. Institutional ownership and the extent to which stock prices reflect future earnings [J]. Contemporary accounting research, 2002, 19 (1): 117-145.

[310] JIANG H. Institutional investors, intangible information, and the book-to-market effect [J]. Journal of financial economics, 2010, 96 (1): 98-126.

[311] JIANG X, YUAN Q. Institutional investors' corporate site visits and corporate innovation [J]. Journal of corporate finance, 2018, 48: 148-168.

[312] JIN L, MYERS C S. R2 around the world: new theory and new tests [J]. Journal of financial economics, 2006, 79 (2): 257-292.

[313] KAHNEMAN D, VEKY A. On the psychology of prediction [J]. Psychological review, 1973, 80 (4): 237-251.

[314] KALE R J, LOON C Y. Product market power and stock market liquidity [J]. Journal of financial markets, 2011, 14 (2): 376-410.

[315] KANAGARETNAM K, LIMY C, LOBO J G. Auditor reputation and earnings management: international evidence from the banking industry [J]. Journal of banking and finance, 2010, 34 (10): 2318-2327.

[316] KANG K J, KIM M J. The geography of block acquisitions [J]. The

Journal of finance, 2008, 63 (6): 2817-2858.

[317] KAPLAN N S, ZINGALES L. Do financing constraints explain why investment is correlated with cash flow? [J]. Quarterly journal of economics, 1997 (112): 169-215.

[318] KARPOFF M J. A theory of trading volume [J]. Journal of finance, 1986, 41 (5): 1069-1087.

[319] KARPOFF M J, LOU X. Short sellers and financial misconduct [J]. Journal of finance, 2010, 65 (5): 1879-1913.

[320] KHANNA T, YAFEH Y. Business groups in emerging markets: paragons or parasites? [J]. Journal of economic literature, 2007 (45): 331-372.

[321] KIM B J, WANG Z, ZHANG L. CEO overconfidence and stock price crash risk [J]. Contemporary accounting research, 2016, 33 (4): 1720-1749.

[322] KIM O, VERRECCHIAE R. Trading volume and price reactions to public announcements [J]. Journal of accounting research, 1991, 29 (2): 302-321.

[323] KING B. Market and industry factors in stock price behavior [J]. Journal of business, 1966 (39): 139-190.

[324] KORAJCZYK A R, SADKA R. Pricing the commonality across alternative measures of liquidity [J]. Journal of financial economics, 2008 (87): 45-72.

[325] KRISHNAN V G. Audit quality and the pricing of discretionary accruals [J]. Auditing: a journal of practice and theory, 2002, 22 (1): 109-126.

[326] KYLE S A. Continuous auctions and insider trading [J]. Econometrica, 1985, 53 (6): 1315-1335.

[327] LENER J. Venture capitalists and the oversight of private firms [J]. The journal of finance, 1995, 50 (1): 301-318.

[328] LESMOND A D, OGDEN P J, TRZCINKA A C. A new estimate of transaction costs [J]. The review of financial studies, 1999, 12 (5): 1113-1141.

[329] LEUNG H, TON T. The impact of internet stock message boards on cross-sectional returns of small-capitalization stocks [J]. Journal of banking and

finance, 2015 (55): 37-55.

[330] LEUZ C, WYSOCKI D P. The economic consequences of financial reporting and disclosure regulation: evidence and suggestions for future research [J]. Jorunal of accounting research, 2016, 54 (2): 525-622.

[331] LI X, WANG S S, WANG X. Trust and stock price crash risk: evidence from China [J]. Journal of banking and finance, 2017, 76: 74-91.

[332] LI Y, ZHANG L. Short selling pressure, stock price behavior, and management forecast precision: evidence from a natural experiment [J]. Journal of accounting research, 2015 (53): 79-117.

[333] MASSA M, ZHANG B, ZHANG H. The invisible hand of short selling: does short selling discipline earnings management? [J]. The review of financial studies, 2015, 28 (6): 1701-1736.

[334] MENDELSON H, TUNCAI T. Strategic trading, liquidity, and information acquisition [J]. The review of financial studies, 2004, 17 (2): 295-337.

[335] MORCK R, YEUNG B, YU W. The information content of stock markets: why do emerging markets have synchronous stock price movements? [J]. Journal of financial economics, 2000, 58 (1): 215-260.

[336] NG J. The effect of information quality on liquidity risk [J]. Journal of accounting and economics, 2011, 52 (2): 126-143.

[337] NESBITT L S. Long-term rewards from shareholder activism: a study of the "CalPERS Effect" [J]. Journal of applied corporate finance, 1994, 6 (4): 75-80.

[338] PARRINO R, SIASW R, STARKS T L. Voting with their feet: institutional ownership changes around forced CEO turnover [J]. Journal of financial economics, 2003, 68 (1): 3-46.

[339] POOLK V, STOFFMAN N, YONKER E S. No place like home: familiarity in mutual fund manager portfolio choice [J]. The review of financial studies, 2012, 25 (8): 2563-2599.

[340] POTTER G. Accounting earnings announcements, institutional investor concentration, and common stock returns [J]. Journal of accounting research, 1992, 30 (1): 146-155.

[341] POUND J. Proxy contests and the efficiency of shareholder oversight [J]. Journal of financial economics, 1988, 20 (1-2): 237-265.

[342] RAMALINGEGOWDA S, YU Y. Institutional ownership and conservatism [J]. Journal of accounting and economics, 2012 (53): 98-114.

[343] REDDY S, MUELLER M. Risk-based capital for life insurers: Part 2 [J]. Assessing the impact, risk and rewards, 1993 (11): 6-8.

[344] ROBINJ A, ZHANG H. Do industry–specialist auditors influence stock price crash risk? [J]. Auditing: a journal of practice and theory, 2015, 34 (3): 47-79.

[345] ROLL R. R2 [J]. Journal of finance, 1988, 43 (2): 541-566.

[346] ROYCHOWDHURY S. Earnings management through real activities manipulation [J]. Journal of accounting and economics, 2006, 42 (3): 335-370.

[347] RYANV L, SCHNEIDER, M. The antecedents of institutional investor activism [J]. Academy of management review, 2002, 27 (4): 554-573.

[348] SAKAKI H, JACKSON D, JORY S. Institutional ownership stability and real earnings management [J]. Review of quantitative finance and accounting, 2017 (49): 227-244.

[349] SAFFIA P, SIGURDSSON K. Price efficiency and short–selling [J]. Review of financial studies, 2011 (24): 821-852.

[350] SEASHOLESS M, ZHU N. Individual investors and local bias [J]. The journal of finance, 2010, 65 (5): 1987-2010.

[351] SHIM J. Capital-based regulation, portfolio risk and capital determination: Empirical evidence from the US property-liability insurers [J]. Journal of banking and finance, 2010, 34 (10): 2450-2461.

[352] SHLEIFER A, VISHNYW R. Large shareholders and corporate control [J]. Journal of political economy, 1986, 94 (3): 461-488.

[353] SIASW R. Volatility and the institutional investor [J]. Financial analysts journal, 1996, 52 (2): 13-20.

[354] SIMON A H. Designing organizations for an information-rich world [J]. Martin greenberger computers communication & the public interest the johns, 1971: 37-72.

[355] SOLNIK B. Equity home bias and regret: an international equilibrium model [J]. Ssrn electronic journal, 2005.

[356] SOLOMON D, SOLTES E. What are we meeting for? The consequences of private meetings with investors [J]. The journal of law and economics, 2015, 58 (2): 325-355.

[357] SORENSON O, STUARTE T. Syndication networks and the spatial distribution of venture capital investments [J]. The American journal of sociology, 2001, 106 (6): 1546-1588.

[358] STEINC J. Information production and capital allocation: decentralized versus hierarchical firms [J]. Journal of finance, 2002 (57): 1891-1921.

[359] STRONG N, XU X. Understanding the equity home bias: evidence from survey data [J]. The review of economics and statistics, 2003, 85 (2): 307-312.

[360] SUBRAHMANYAM A. Risk aversion, market liquidity, and price efficiency [J]. Review of financial studies, 1991 (4): 417-441.

[361] SWITZER L, PICARD A. Idiosyncratic volatility, momentum, liquidity, and expected stock returns in developed and emerging markets [J]. Multinational finance journal, 2015, 19 (3): 169-221.

[362] TANGP A, XU L. Institutional ownership and internal control material weakness [J]. Quarterly journal of finance and accounting, 2010, 49 (2): 93-117.

[363] TESAR L L, WERNERM I. Home bias and high turnover [J]. Journal of international money and finance, 1995, 14 (4): 467-492.

[364] TIMMER Y. Cyclical investment behavior across financial institutions [J]. Journal of financial economics, 2018 (129): 268-286.

[365] TITMAN S, TRUEMAN B. Information quality and the valuation of new issues [J]. Journal of accounting and economics, 1986, 8 (2): 159-172.

[366] VELURY U, JENKINSS D. Institutional ownership and the quality of earnings [J]. Journal of business research, 2006, 59 (9): 1043-1051.

[367] WAHAL S, MCCONNELL J J. Do institutional investors exacerbate

managerial myopia? [J]. Journal corporate finance, 2000 (6): 307-329.

[368] WATTSL R, ZIMMERMAN L J. Positive accounting theory: a ten year perspective [J]. Accounting review, 1990, 65 (1): 131-156.

[369] WEBB R, BECK M, MCKINNON R. Problems and limitations of institutional investor participation in corporate governance, institutional investor participation [J]. Corporate governance: an international review, 2010, 11 (1): 65-73.

[370] WERMERS R. Mutual fund herding and the impact on stock price [J]. Journal of finance, 1999 (54): 581-662.

[371] WILLIAMSONE O. The economics of organization: The transaction cost approach [J]. The American journal of sociology, 1981, 87 (3): 548-577.

[372] WURGLER J. Financial markets and the allocation of capital [J]. Journal of financial economics, 2000, 58 (1): 187-214.

[373] YUAN Z, YUE H. Corporate site visit, information disclosure quality and analysts'earnings forecast [J]. Working paper, 2013.

[374] ZHANG Y M, RUSSELL R J, TSAY S R. A nonlinear autoregressive conditional duration model with applications to financial transaction data [J]. Journal of econometrics, 2001, 104 (1): 179-207.

[375] ZHANG Y. Analyst responsiveness and the post earnings announcement drift [J]. Journal of accounting and economics, 2008, 46 (1): 201-215.